幼児教育
知の探究 12

トポスの経営論理

青木久子＋松村和子

萌文書林

はしがき

　明治の近代国家建設を目指して学制を敷いた第一の教育改革，第二次世界大戦後の民主国家建設を目指した第二の教育改革は，教育によって国の未来を再建するという国家目的が明確にあったが，1980年以降，紆余曲折しながら模索している第三の教育改革は，今なお混沌とした状況にある。すでに40年近く経過しているが，過去の国家に依存してきた教育改革から，民意が改革を推進するだけの活力を有するようになるには，物質的・上昇的な価値から“人間の生”に基本をおいた問いへと価値の転換を図り，人々が志向する文化そのものの本質に光を当てていくことが必要であろう。

　しかし学校が社会から遊離し，子どもたちに合わなくなっていても民意が建設的に動いてこない。また行政が民意と対話し，民意を支えて施策化し，それを推進する機能が働かない。小学校の生活科や総合学習の導入，教育のプロセス・アプローチに対する第三者評価の導入等は，敗戦直後の民主化への教育が目指したものであったはずである。また，幼稚園・保育所・認定こども園等の制度的見直しも，戦前からの就学前教育の課題がそのまま積み残されてきた結果といえよう。それは家族の時間やコミュニティの人々のつながり，豊かな地域文化の醸成，そこに生きる人間の本質の発展という方向より，少子化対策，経済の維持といった国の施策が先行するものとなっている。これは，半世紀の間に国家依存，体制依存の体質が招いた混沌であり，今まさに教育理念そのものの問い直しが求められている時が来ているといえよう。

　国による民主化から，民による民主化成熟への道のりには，人間が生きることの意味への問い，生きる価値の置き所，世代循環するトポスの文化の見直しが必要である。それは，幼稚園・保育所・小学校といった分断された施設区分から，コミュニティの中での就学前から学童期を経て生涯にわたって展開される学習を構成していく視点でもある。地域の子どもたちの生きる場としての総体を受け止め，地域社会の環境・文化と共生する教育への転換は，

学校化された知の限界を超えて知のあり所や知を構築する関係のありようを転換し，知そのものへの問いを新たにするだろう。

　生の根源にまでさかのぼろうとする本企画は，人間・学び・学校・社会という共同体のトポスに焦点を当てて，従来の就学前教育が子どもたちに当てた光を再考しつつ，あわせて抱えてきた課題も浮き彫りにして，これからの知を構築する視座を掘り起こしたいと思う。

　なお20巻にわたる本企画は，次の三つの特長をもっている。一つは，幼児教育界が混沌としている現状を踏まえ，3歳児から低学年までを見据えた就学前教育に光を当てて“人間の教育”の根源に迫る。二つに，従来の幼児教育に関連した書籍の感覚としては，難しいという批判を浴びることを覚悟の上で，専門性を高めることを願う幼児教育者養成大学やキャリアアップを図る現職者だけでなく，広く一般の人々にも読んでいただけるような知のあり所を考える。三つに，現在の幼稚園教員養成カリキュラムの内容を基本におきつつ，今後の教員養成で必要とされる内容を加える。

　本シリーズ刊行に当たっては，萌文書林の故服部雅生社長の大英断をいただいた。教員・保育士養成課程の教科書内容の重複を避け，教師・保育士等の専門性を高めるとともに，就学前教育の意義を再確認するために一石を投じたいという，長年，幼児教育界の出版に携わってきた服部氏だからこそその決断だったと思う。その遺志を現社長の服部直人氏が引き継いでくださり，なかなか進まない出版を温かく見守ってくださっていることに深く感謝する。

　進捗の遅い本シリーズの難しさは，知の根源への探究とともに，現代の社会現象を踏まえて不易の内容とは何かを探り，それらを就学前教育に関係する人々の糧としてもらえるよう吟味するところにある。いつになっても，これで完成ということはない。多くの方々から忌憚のない意見を寄せていただき，次の時代への知の橋渡しができることを願っている。

　2019年8月

シリーズ編者　青木久子・磯部裕子

本書まえがき

2017年の幼稚園教育要領，小・中学校学習指導要領改訂で，就学前教育から小・中学校教育に至るまで，カリキュラム・マネジメントの考え方が提示された。従来も教育の要としてカリキュラムは経営の中核に据えてきたとはいえ，教育経営と教育実践は別のものとして位置づけられてきた歴史がある。その閉塞性を打破し新たな時代を創発するために，学校裁量を拡大し自由度の高い経営を打ち出しつつ，それに伴う情報開示，説明責任が課せられたのは，第三の教育改革（明治の学制に始まる第一の教育改革，第二次世界大戦敗戦による第二の教育改革，そして1980年代から始まった第三の教育改革で現在も進行中）の中継点であった。

第三の教育改革はまた，知識社会への移行と連動し，すでに企業をはじめ様々な組織が"経営改革なくして成長なし"として，経営の考え方を180度転換するための模索をしている。国は，それをさらに推進するために，働き方改革によって社会の形を変え，イノベーションをもたらすことで，経済発展の継続性と安定性を図る施策を展開している。

就学前教育施設は，義務教育諸学校が公的に拡大してきた過程と異なり，私学を中心に発展してきた。私財を投じた家族の貢献によって経営が支えられたり，若い就労者を雇用して活力を生み出したり，給食，バス，長時間保育といった保護者のニーズに応えることで経営を安定させたりしてきた。そうした涙ぐましい経営努力の中で，教育・保育の質を向上させたいという教職員の研鑽がなされてきたといっても過言ではない。それだけに，園経営が抱える課題は果てしない。

さて，2006年に出された政府の保育制度改革構想もすでに10年を超えて，後半に突入している。1876年に日本の幼稚園が開設されてから143年，第二次世界大戦敗戦後に保育制度が検討されたときから74年，ほぼ70年に

iv 本書まえがき

一度の大改革の真っただ中である。今回の制度改革は，経済圧とでもいおうか。人間の飽くなき欲望を満たすために豊かさを模索する中での社会のありよう，人間の生のありようと結びついている。

　保育制度が動くことで経営を根本から再構築するよい機会が訪れてはいるのだが，制度改変による経営実践がある程度の安定をみるまでには 10 年や 20 年はかかるであろう。内容はともかく制度上の改革は順調に進み，就学前教育の無償化が実現した。

　第 1 部第 1 章では，場所における経営理念の生まれる根拠と，理念によって形づくられる経営姿勢，経営内容を，法との関係において捉えている。また，教育経営革新の変遷にみる時代のテーゼを整理している。第 2 章では，ペーターゼンのイエナプランと安部富士男の経営デザインを捉えて，法に示された質的基準の枠組みをいかに最善の実践につなげるかを考えている。さらに，人々と対話し，協働する過程が経営の質を方向づける共同体のイノベーションについてドラッカーの視点も浮上させている。

　第 2 部第 1 章では，異文化との出会い体験をもとにして，同質性を重んじる日本の社会の課題を捉えている。そして，「和を以て貴しとなす」という日本人の心底に埋め込まれた意識からみて，グローバル化していく社会の中で差異に気づくための対話のあり方に言及している。第 2 章では，こうした課題を卒園式の国旗，国歌という具体的な実践に照らして，私たちが日常いかに狭い思考の中に閉じ込められているかを浮き彫りにしている。また，ジェンダーセンシティブな教育・保育を目指して，日常，再生産しやすい性意識の課題をどう解決していくかにも言及している。

　第 3 部第 1 章では，就学前教育を巡る場所の経営ビジョンに触れ，その多様性とそこでの意味生成に視点を当てている。園経営は一世一代の営み事，次の時代につなぐかどうかは，また次の担い手たちの人生という循環の中に

あり，国の置かれた状況，抱える課題と連動し，教育諸関係法規や世論の動向とも深く関係することを捉えている。第2章では，園評価について触れている。カリキュラム・マネジメントは，日常の実践の測定・分析・評価に左右される。子どもも含めた関係者の評価に対する考え方の歴史的な流れと，形骸化しがちな園経営の評価，および保育実践の評価観点の考え方について課題を提供している。

　書き始めて7年というため息がでるほど長い歳月に，法律も制度も変わり，教育実践現場も社会も激変したため何回も手直しをした。これでひとまず手を休めようと思った矢先の2017年，大幅な就学前教育・保育の課程基準（幼稚園教育要領・保育所保育指針等）の改訂（定）があり，全面的な見直しを余儀なくされた。しかしその改訂は，次の10年へのベクトル上にあるだけに大きな意味があるものであった。と同時に，経営は一時も休むことなく動いているものだということを実感させてくれる機会でもあった。第2部を担当していただいた松村和子氏には，海外経験で得た視点からの切り口を提案していただき，ご自身の園経営に反映していただいた。また半世紀にわたり数え切れないほどの多くの経営者に出会い，いろいろな視点から学ばせていただいたことは光栄であった。

　最後に，この経営論を生み出すために喘ぎ喘ぎ歩む私たち二人を支えてくださった萌文書林の服部直人社長をはじめとして編集者，校正者ら，すべてのみなさまに深く感謝申し上げたい。今日の原稿は明日には古いという制度改革の渦中にあって，みなさまのご支援なくしてはこの巻の完成はなかったのではないかと振り返っている。

　2019年10月1日

青木久子

目　次

第 1 部　就学前教育機関の経営革新

第 1 章　就学前教育経営の基底 ………………………………………　2

　§ 1　経営における理念形成 ………………………………………　2

　　1．教育経営の場所 ………………………………………………　2
（トポス）

　　　(1) 教育経営，教育運営と教育管理の概念 ……………………　3

　　　(2) 社会的資産としての場所 …………………………………　5
（トポス）

　　　(3) 公務精神の源流 ……………………………………………　8

　　2．組織体が掲げる理念 …………………………………………　10

　　　(1) 機能体および共同体としての園・学校 …………………　11

　　　(2) 理念の誕生とその必然性 …………………………………　13

　　　(3) 理念に投資する社会 ………………………………………　14

　§ 2　国民総意の理念 ………………………………………………　21

　　1．理念の三重構造 ………………………………………………　21

　　　(1) 基底となる憲法の理念 ……………………………………　21

　　　(2) 理念法と施策法の分離統一 ………………………………　23

　　　(3) 教育理念の法定化 …………………………………………　24

　　　(4) 教育基本法の課題 …………………………………………　25

　　2．精神的な態度としての理念 …………………………………　26

　　　(1) 民主主義の精神と態度 ……………………………………　27

　　　(2) 民主主義にみる大衆の反逆 ………………………………　29

　　3．教育にみる理念掲出の実態 …………………………………　30

　§ 3　法と経営の相克 ………………………………………………　33

　　1．法治国家の仕組み ……………………………………………　33

　　　(1) 法の起源 ……………………………………………………　33

(2) 経営を支える法の構造 ……………………………………34

　　(3) 法と教育行財政の仕組み ………………………………36

　　(4) 教育権と学習権の解釈 …………………………………38

　　(5) 私立園・学校存続の意味と法との関係…………………39

　2．教育経営革新の変遷史………………………………………42

　　(1) 第1期：児童中心主義へ ………………………………43

　　(2) 第2期：産業構造化する学校経営 ……………………45

　　(3) 第3期：脱学校化への模索 ……………………………47

　　(4) 第4期：関係・システムの再構築……………………48

第2章　場所（トポス）の経営論理 ………………………………………51

　§1　経営構造のデザイン ………………………………………51

　1．教育実践共同体の経営構造………………………………51

　　(1) イエナ・プランにみる経営デザイン…………………52

　　(2) 安部幼稚園にみる経営デザイン ………………………58

　2．経営構造を支える質基準の枠組み………………………61

　　(1) EU の質基準にみる経営構造の枠組み …………………61

　　(2) 日本の就学前教育の質基準の枠組み…………………64

　§2　経営革新への構造転換の内容………………………………70

　1．イノベーションに向かう共同体…………………………70

　　(1) 支配機構から計画機構へ ………………………………70

　　(2) 権力的管理からリーダーシップ制へ…………………74

　　(3) 国家の学校からコミュニティ・スクールへ …………75

　2．イノベーションの経営的視点……………………………77

　　(1) 計画的な人材登用と人財確保の施策…………………77

　　(2) OJT の必要性とイノベーション ………………………80

　　(3) 権限委譲内容の相互了解 ………………………………81

　　(4) 資財・資源の投資 ………………………………………85

viii　目　次

第2部　経営革新の契機となる「差異」

第1章　差異が生みだす主題の位相 ……………………………………90

§1　異文化との出会い ……………………………………………90

1．就学前教育の世界はガラパゴス…………………………………90

（1）なぜガラパゴスになるのか …………………………………91

（2）ガラパゴス化からの脱却は可能か………………………………92

2．単一民族といわれた日本—Ethnicity（民族性）との出会い—…94

3．異文化を前提としたアメリカ社会…………………………………98

（1）多民族社会—前提としての差異— …………………………99

（2）差異の縮小化と行き詰まり …………………………… 102

（3）差異の肯定とその影響 ………………………………… 104

（4）統一か，それとも多様性か ………………………… 105

（5）これからの日本の民族的多様性 ……………………… 107

4．距離の取り方にみる差異………………………………………… 107

（1）Harquin とごんぎつね ………………………………… 108

（2）赤いにわとりと白いにわとり ………………………… 111

5．同質性を重んじる日本—差異を明らかにしない日本—……… 112

（1）四季のもたらすもの ……………………………………… 113

（2）学校教育において共通に獲得される知………………… 113

（3）宗教性の有無—差異を学習しない弱さ— ………………… 115

（4）目に見える民族性の有無 ……………………………… 116

（5）見える差異，見えない差異 …………………………… 119

§2　差異に気づけないのはなぜか ………………………………… 120

1．園の組織文化を捉える…………………………………………… 120

（1）経営危機に対する姿勢 ………………………………… 120

（2）園の組織文化 …………………………………………… 122

（3）保育研究における組織文化への言及…………………… 128

目　次　ix

　　2．「学習する組織」とは ………………………………………… 130

　　3．対話とは何か………………………………………………… 132

　　　(1) 西欧式の対話から ………………………………………… 132

　　　(2)「妥協点」としての対話 ………………………………… 134

第2章　実践のイノベーション―日々新たに― ……………………… 140

　§1　卒園式をめぐって ………………………………………………… 140

　　1．ガラパゴスの日々―何が「差異」と映ったのだろうか―…… 140

　　2．卒業式の起源………………………………………………… 142

　　3．比較教育学にみる卒業式…………………………………… 146

　　4．実践を振り返る
　　　　―子ども，保護者，教師・保育士等の三者の出会う場に―… 152

　　5．国旗と国歌…………………………………………………… 156

　　　(1) 日本の国旗と国歌 ………………………………………… 156

　　　(2) 日本の国旗の歴史 ………………………………………… 157

　　　(3) 日本の国歌の歴史 ………………………………………… 159

　　　(4) 外国の国旗，国歌に対する考え方……………………… 160

　§2　ジェンダーセンシティブな教育・保育へ ……………………… 163

　　1．園のジェンダー意識，社会のジェンダー意識…………… 163

　　　(1) ジェンダーによる二分化の現状 ………………………… 163

　　　(2) 性別カテゴリーの使用における問題点………………… 164

　　2．保育現場における黙示的なジェンダーバイアスの検討……… 168

　　　(1) 教師・保育士等のかかわりから ………………………… 168

　　　(2) 子ども同士の相互交渉の中で ………………………… 173

　　3．ジェンダー社会化の相互エージェントとしての子ども……… 175

　　　(1) ジェンダー社会化を再生産する子ども………………… 175

　　　(2) 子どもの性自認の時期 …………………………………… 177

　　　(3) 子ども同士の相互関係における性自認のプロセス ……… 178

　　　(4) 教師・保育士等の中に構築されてきたジェンダー意識 ……… 181

第3部 経営革新を生みだす教育評価

第1章 教育内容を創造する経営ビジョン ……………………… 186

§1 一世一代の挑戦 ………………………………………… 186

1．経営の断片にみる論理……………………………………… 186

  (1) 世代循環する生涯学習の場所〈トポス〉への挑戦………………… 186

  (2) 人権尊重に徹する生活への挑戦 ……………………… 188

  (3) 人材が生きる組織への挑戦 ………………………… 189

  (4) 社会の子どもと生きる ……………………………… 190

  (5) 家族経営の意味への問い ………………………… 191

  (6) 森の幼稚園が捉えた日本の教育課題………………… 192

  (7) 企業やNPO法人等が目指す幼児教育の場所〈トポス〉 ………… 193

2．経営の循環構造…………………………………………… 194

  (1) 場所〈トポス〉の意味生成 …………………………… 195

  (2) 循環型社会の中の就学前教育 ……………………… 198

§2 教育課程経営 …………………………………………… 200

1．定まらぬ教育課程の概念………………………………… 200

  (1) 小学校の教育課程 ………………………………… 201

  (2) 幼稚園・幼保連携型認定こども園の教育課程 ………… 203

  (3) 保育所の全体的な計画 …………………………… 205

2．民族が求め，時代が求めるカリキュラム…………………… 207

  (1) 伝統文化伝承のカリキュラムがもつ特質 ……………… 207

  (2) 未来社会の指導者養成カリキュラムがもつ特徴 ………… 209

  (3) 教育の大衆化と標準的カリキュラムの特質 …………… 211

  (4) 未来へチャレンジするカリキュラムの特質 …………… 214

3．視座を転換する基礎研究の必要性……………………… 216

  (1) 教育課程基準（学習指導要領）にみる領域の考え方 ……… 217

（2）教育内容研究の現在 …………………………………………… 218

　　（3）就学前教育における主体側面と内容側面 ………………… 221

　　（4）教育課程経営の今日的課題 ………………………………… 224

　4．地域社会の教育力と学校…………………………………………… 225

　　（1）社会過程の理解と教育課程の構造…………………………… 226

　　（2）教育課程の構造化の視点 …………………………………… 228

§3　内的事項に関する経営実践 …………………………………………… 231

　1．教育課程経営の実際………………………………………………… 231

　　（1）時代を読む ……………………………………………………… 232

　　（2）理念を謳いあげる保育の計画 ……………………………… 239

　　（3）環境から生まれる生活デザイン …………………………… 242

　2．子どもとつくる生活………………………………………………… 244

　　（1）実践記録に基づく生活予想 ………………………………… 244

　　（2）三者によって綴られる実践ノート………………………… 245

　　（3）生活を原点とした教育実践のカリキュラムへ ………… 250

第2章　場所（トポス）の共通感覚をつくりだす評価 ……………………………… 252

§1　評価の機能とシステム ………………………………………………… 252

　1．己を知るシステム…………………………………………………… 252

　　（1）エウダイモンな人生 ………………………………………… 253

　　（2）関係する人々との共通感覚と価値の制度化によるその喪失 … 256

　　（3）実践を綴るオムニバス ……………………………………… 258

　2．子どもを値踏みする教育評価……………………………………… 262

　　（1）指導要録の趣旨 ……………………………………………… 263

　　（2）保育評価への科学的アプローチ …………………………… 265

§2　学校評価と説明責任 …………………………………………………… 268

　1．学校評価の構造の大転換…………………………………………… 268

　　（1）自己責任・説明責任と学校・園の自立 …………………… 269

　　（2）学校評価ガイドラインの意味すること …………………… 270

（3）幼稚園，保育所等の評価内容 ……………………………… 272

2．世界の学校評価の方向と日本の課題……………………………… 274

§3　教育経営の質評価を証明するもの ……………………………… 280

1．教育実践評価に資する資料の分析・考察……………………… 280

（1）ポートフォリオ評価法 ……………………………………… 281

（2）評価資料と指導要録の関係 ……………………………… 288

2．組織マネジメントに資する資料の分析・考察………………… 294

（1）保護者からの情報の解読とずれの発見……………………… 295

（2）組織マネジメントの見直し改善の観点……………………… 296

3．経営センスを磨く……………………………………………… 299

【引用・参考文献】……………………………………………… 302

【索引】………………………………………………………… 324

第1部

就学前教育機関の経営革新

　経営は生きているだけに面白い。ことに就学前教育の場は，発達の可能性が著しい時期の子どもと人間の行為的現象である教育・保育を営みとするからである。また，保護者や地域社会も含めたそこに暮らす人々との相互作用によって生活様式やものの考え方，価値観を身体にしみ込ませていく場だからである。教科書のない教育の面白さは，また難しさでもある。

　経営の論と理に，巨視的な眼と微視的な眼から迫るために，第1章では理念とは何かを問いつつ教育の理念に投資する人々の歴史や実態を捉えている。そして第2章では，二つの経営デザインをもとにしながら，衰退したコミュニティの再興，人間の自立と教育の自立について，知識社会へと変貌する時代の場所の経営を考える。

第1章

就学前教育経営の基底

§1　経営における理念形成

1．教育経営の場所^{トポス}

　「経営」という言葉からは，利潤追求を目的とした企業体の活動が連想され，経済活動を目的としない学校教育，とりわけ就学前教育（以下，幼稚園・認定こども園・保育所の3歳以上児を対象とする教育をいう）とは無縁の感がするに違いない。まして設置者でもなく園長でもない者にとっては，経営などは関与することが許されない領域と考えてきた歴史が長いだけに，経営の論理と実践とは無縁で，教師・保育士等（以下，保育教諭も含む）が「どんな理念に向かうか」などと問われることもなく，それを考える機会もなく，日々無難に過ごしてきた感は否めない。

　しかし，時代が動き，少子高齢化や経済成長停滞の波は保育制度の変動をもたらして組織の改廃に影響し，経営者の世代交代は組織論なく行われ，組織の維持を困難にしているのが現状である。また働く者の意識も大きく変わ

り，従来の枠組みでは意見も言えずに不適応を起こしたり，自己実現できない職場の改革を目指すより新しい天地を求めて去就を選択したりするため，今後ますます人材不足，人材の流動化が進むことが予想される。長時間労働で低賃金，精神的・肉体的にも過重な仕事でありながらも，子どもとともに生きることを選択した教師・保育士等の献身によって支えられてきた従来の構造から，理念や目的実現を目指す民主的で創造的な組織体へと脱皮する必要に迫られているといえよう。近代学校が成立してまもなく150年になろうとする時代の転換期を迎えて，物事を思考する風土も大きく変化している。東日本大震災は政治だけでなく企業，学校，家庭などすべての経営の根幹を揺るがし，社会全体が従来の内容を一旦，判断中止して再構築する必要に迫られているのである。本節では，経営の理念について考える。

（1） 教育経営，教育運営と教育管理の概念

経営の「経」とは，織物のたて糸を語源として，不変の道理から筋道をつける，治める，管理するといった意味を含んでいる。「経」自体に筋の通った道理，つまり理念をもって治めるという意味が込められているのである。一方「営」とは，砦をめぐらした住居を語源として，つくり整える，営む，仕事を切り盛りするという意味を含む。この経と営を合わせた「経営」は，筋を通して事が成り立つようにつくり整える言葉として使われている。しかし，教育界においては「教育行政」「教育管理」「教育経営」「教育運営」などの語が多様な意味で用いられており，その概念規定が一定しているわけではない。「学制」によって国家が教育の強力な推進者となってきた過程では，「教育行政」「教育管理」という言葉の概念が中心だったからである。

「教育経営」という言葉は世界の新教育運動と連動する1920年代から盛んになった学校の主体性を強調する新しい概念である。持田栄一は「教育経営とは『個別的教育事業が目ざす教育目的をより効率的に達成し得るように動かせるための計画的活動』であり，―（中略）―これに対し『法』を手段として教育の総体制を秩序づける機能―国家権力による教育の組織化機能が

みられるが，このような機能を称して，教育の国家的管理—教育管理と呼ぶことにしよう」[1]とする。つまり，教育目的を達成するために教育主体と教育機能の全体を捉え統合し関連づける経営と，法に従い地域全体の教育条件を整備する教育行政・設置者による学校管理である。そして，現代社会における学校の本質は，「教育に関係する教師父母児童生徒が直接参与し，学校を，関係する者すべての生活共同体として構成する」[2]点にあり，教職の専門性と教育の自由論議はそこに収斂されるとする。中谷彪も学校経営の本質について「子どもの学習権という教育目的を達成するために，学校諸組織，諸施設を管理運営することとし，学校経営は学校管理の上位に位置するもの」とする[3]。また児島邦宏も「学校経営」概念について，①学校という組織体の中心機能である教育活動の充実・改善をどう図っていくかという学校経営の中核を占めた「教育の論理」を内実とし，②教育目的の達成を目指した「維持・実現機能」と「創意・創造機能」の二つから成り立っているもので，学校内部で完結するものではなく地域に開かれ，教育行政とも連なっている，とする[4]。

　一方，『教育法学辞典』では，これらについて概略を次のように説明している[5]。

　　学校運営とは学校教育法施行規則で用いられている語で「学校の内部的な経営管理」をさす。そして教職員が主体的に行う学校活動の意味に近い学校経営の語は，二つのニュアンスを含む概念である。「第1に学校の経営ないし管理を効率的，主体的に行うための学校内部の組織化過程」であり，「第2に教職員の主体性を含んだ概念」である。また，学校運営は，教育基本法第16条（注：2006年法では旧法の教育行政の直接責任規定，任務規定は削除されている）の定める教育行政の役割分担と協力の原則，学校自治の原理とつながる概念である。そして，「学校経営」は，教育現実から出発して教育目標をどう達成するか，そのための方策（主観的側面）を強調する概念であるが，「学校管理」は教育関係法規の

解釈と適用（客観的側面）を重視する概念である。

　教育行政側の学校管理が主体者たちの学校経営論に先行してきた歴史があるが，これらの言葉の解釈や実態からいっても，「教育経営」は行政による学校管理でも，組織の長の独善的なものでもなく，組織体の構成員や関係する人々の主体的・能動的な働きによって発展するものであると考える。
　子どもや市民の願い，教職員集団の願いや夢と離れた理念のない独善的な経営，あるいは倫理観や慈悲心がない機械的な経営が生まれるのは，市民，保護者，教職員，子どもの現実存在と遊離する管理偏重の現れであろう。そうした場所・組織は，人々とのつながりや共同感情を生みださない無機質な空間となっていきやすい。21世紀になって，学校だけでなく企業等の経営も大きな転換点を迎えている。

（2）　社会的資産としての場所

　社会が共同で保有する資源には，地球上に生息する人類をはじめ，いろいろな生き物の"生"を支える水や太陽や空気といった宇宙を自律的に生成させている複雑系の世界を構築するものがある。もう一方で，自然界が産出してくれる石油や鉱物等の資材が，その複雑系の世界に資源を提供している。社会的動物としての人間は，こうした資源に生かされて生活を営むわけであるが，生活を営む場，営み事の中で形成する資産がある。共産主義・社会主義国家であれば，個人資産はわずかな身の回りのものだけで多くは国家社会のものであるが，自由主義国家であれば個人的資産と社会的に共有する資産がある。たとえ個人所有の資産でも歴史的建造物の町並み，歴史的な自然空間，食文化などは，社会資産として文化財やユネスコ遺産となって保護され，次世代に継承されていくことを人々は願う。また，学校，鉄道，公園やコミュニティ・ホールなどの公共性を有するものも，社会資産として人々が共有する。
　特に就学前教育施設は，保護者や地域環境の中で学び生活した人々の汗や

涙がしみ込んだ時間を歴史として刻み，社会資産として地域社会に支えられてきたものである。地域社会の人々との関係の意味を創造した歴史が埋め込まれている場所（トポス）である。しかし，学校や就学前教育施設がこうした社会資産としての意味を失った場合は存立が難しくなる。なぜなら，教育経営によって生みだされるものは，まさに営みによって地域社会の人々との関係の意味を創造する知的財産だからである。

　関係の意味を生成する場所（トポス）について，中村雄二郎がいう次の2つの視点と4つの側面は，『トポスの経営論理』と銘打つ本巻の神髄でもあるので確認しておきたい。

　中村は，想起を始める出発点としての場所＝ロキ（トポイ──トポスの複数形）が，記憶と想起に深く関係しているとする[6]。トポス（topos）の

　A〈自然的な場所〉は，
　①象徴的なものとしての場所─濃密な意味と有意味的な方向性をもった場所のことで，世俗的な空間と区別された意味での空間，聖なる空間をいう。その空間があるまとまりをもった土地，場所として醸し出す独特な雰囲気がある。学校精神といわれる雰囲気も象徴的な意味をもっている
　②身体的なものとしての場所─身体的に内面化された空間であると同時に意識的自我あるいは精神の基体＝場所としての身体であり，身体的に内面化された空間は活動する身体を通して分節化されテリトリー（縄張り）化された空間である
　B〈ものをそのうちに含む容器〉は，
　③問題の具体的な考察と議論にかかわるものとしての場所─場所は議論の隠されたところで，隠された場所が分かれば隠されたものが見つかるように，十分な議論をしようとすればその場所を知ることが必要になる。場所は問題のテーマ，議論と議論にかかわる決め手となっている
　④根拠的なものとしての場所─存在の根拠としての場所で，主語＝主体

と存在＝有を意味したり，述語＝（ものではない）場所と無を意味し
たりする。後者は存在同士の間隙＝空白でありながら存在を活気づけ
る働きをもっており，日本語の「間（ま，あいだ）」の考え方に重要
な意味をもつ

とする[7]。就学前教育施設等の場所も，A，Bの2つの視点と4つの側面を
含み，隠されたものから常に新しい意味を生成している場所であり，本稿で
は物理的な場所とを区分して使っている。つまり，教育は個々の子どもの人
間形成に関与することを通して"関係の意味を創造する"という社会資産を
生みだしていくことになる。換言すれば建造物や自然的な場所は社会資産を
創出する空間ではあるが，その空間で人々が創造してきた"場所"としての
意味世界が共有されて社会資産となっていくといえよう。人間は一人でそれ
を生みだすことはできない。意味はあくまで集う人々の関係によって築かれ
るもので，その土地の気候風土や風俗習慣，言葉や価値規範といった歴史的
社会的文化を背景にしている。それゆえ，より質の高い教育の過程をつくり
だし，未来に向けた課題を解決していく積極性が，社会が認める公教育機関・
福祉施設としての就学前教育の場所をつくりだすといえよう。
　こうした場所論に立つと，これからの教育経営の基礎理論は，社会とのつ
ながりの中から内部の創意・創造的な機能が生みだされ，外部がそれを支え
る理念共同体に変わることが求められる。公設民営の就学前教育施設がつく
られるようになったのも，税で市民が必要とする建物を建て，経営・管理は
民意に任せ，関係する人々に知的財産を創造してもらうという現れである。
経営・管理はその内発する意味世界の過程を市民や行政が支えることによっ
て社会的資産が常に活性化され，意味を生成しつづける場所が継続性をもつ。
この歴史的社会的な文脈における場所の視点から教育経営の論理が生まれ
る。

（3）　公務精神の源流

　社会資産として存立する学校は，「公教育」と呼ばれる。一般に公教育と呼ばれる組織体には二つの立場がある。一つは，広い意味で人間教育という人類普遍の営みの一部を担う社会の一組織であること，もう一つは狭い意味で市民の税金を投入した国民の委託機関としての組織であるということである。今日の学校は，国民の税を投入した委託機関であるが，江戸時代の学び舎であった私塾や寺子屋は前者に当たる。幕府や諸藩の保護を受けない代わりに，いつでもどこでも誰でも開業できた自然発生的な教育の場である。多田建次は，年齢も時期も問わない「親が子どもに勉強させる必要を感じたときに随意に入門させ，子どもは師匠から課された教材を手習い，手習いをとおして社会生活に密着したさまざまな知識や道徳を身につけて，実社会へと巣立っていく」[8]寺子屋の経営特徴をあげている。それは①自宅の一部を使った場所で，②一人の師匠が設立者・経営者・職員を兼ねており，③資格の必要がないが，師匠となるのは武士，平民，僧侶，神官，医者等がその大半を占め，④維持経費も家族の生活費程度で，保護者からの謝礼，師匠の自己負担，有力者からの援助のいずれかでまかなわれる，というものである。そしてその意義を「寺子屋は庶民にとって唯一の教育施設であり，教育という公共的使命をになっていた」[9]とする。つまり富者は富者なりに，貧者は貧者なりに感謝の意を込めて束脩，謝儀として物納，金納していることから，まさに「相互扶助による公教育機関」である。こうした公としての社会資産の意味が，江戸時代後期の子どもの居場所をつくり，大人社会に共同参画する機会をつくって，識字率の高さや共有する倫理感を生みだしていたといえよう。

　「私に背く」，私欲を抑えて全体のために尽くすという公（こう）の意味を自認して，組織体は理念の末尾に社会貢献をあげる。しかし，日本では「公」が公家（くげ），公方（くぼう），ご公儀のように統治者やお上（かみ）を指す言葉として使われてきた歴史があり，明治になってパブリック（public）の概念が入ってきてからも勅命によって決められてきたため，民衆一般が「公」として認識されたわけではない。

第二次世界大戦の敗北により，憲法によって"主権在民"が宣言されてから公の立場が変わった。しかし，役人が公僕（パブリック・サーバント）となってもなお，お上の方が偉く市民は税を納めるのではなくお上に税を取られるといった主客転倒した意識は抜けていない。お上に対する民衆の根強い不信感，人々が表向き権力者にへつらいながら裏では警戒しているのも，公に支配され搾取されてきた歴史の遺産であろうか。かつての年貢米徴収に始まり今日の年金制度の乱用，天下り体制，不明瞭な議員調査費などへの猜疑も，公の主客転倒した名残であり，搾取されてきた民衆の公への不信の現れである。

　それは就学前教育施設という小さな組織においても同様の関係をつくりだしている。たとえば，研究会のレセプションで，舞台の下に全教職員を侍らせカラオケに酔いしれる園長とそれに喝采を送る教職員の関係や，私物の購入など私事に教職員を使う上司とそれに従う教職員の関係がある。また「親分（会長）の言うことを聞け」と力関係に屈しさせる経営者集団もある。公私への問いが見失われた経営者と下から権力者をつくりあげてしまう組織体の軟弱さをそこに見ることができる。特に，私立園は大半が法人経営に移行したとはいえ，組合もなく国家の縛りも少なく，設置者個人の家内経営で進められてきた歴史が長いだけに，今日，税からの補助金が多額に提供される組織体になっても「公教育」としての概念をどこに置くかは曖昧である。本来なら，「公」の意味をつくりだし，国民に「公益尊重」の精神を醸成することこそ教育の力に待つところである。その教育者たちが「公」を見失うほどに，「寄らば大樹の陰」「現実への妥協」といった相互依存する関係構造が，判断中止（エポケー）を妨げてきた。これは就学前教育施設等の組織だけではない。企業であれ学校であれ，最高学府の大学といえども，まさに『白い巨塔』[10] のような内部腐敗が日常化し意味生成を失った退廃的な現実が横行している場所もあるのである。しかし，すべての場所がそうだというわけではない。ほとんどの場所（トポス）では本来の公務精神を発揮し，民衆に奉仕してきた"公の源流"をもっている。

吉田豊は「我が国の公務精神の源流の第一，その最も基底にあるものは，日本民族の誕生以来，この国土において培われてきた共同体意識である」[11]とする。農耕民族が平和と繁栄を願って生まれた共同体意識は，身内の連帯感，故郷への愛郷心，職場への愛着となって生き続ける。源流の第二は，国が治まる根本にある秩序と道義は，統治者，被統治者が負うものとする儒教精神である。多くの天子，家臣，一般民衆が論語などの四書五経を学び，武士道として伝えてきた倫理観，儒教的潔癖感が日本の安定を支えてきたともいえる。第三の源流は，仏教の衆生済度の慈悲心で「人々の幸せのために尽くすことこそが，御仏の心の実践であり，自らが救われる道である」[12]という教えは，意識するしないにかかわらず日本人の心の底に流れているとする。

細長い列島で自然災害が多い地勢が豊かな自然資源を提供し，それを享受する人々が分かち合い，儒教思想と仏教の教えによって徳性を高めたとすれば，自然離れし無宗教になっている今日，公務精神が失せるのもやむを得ないのであろうか。時代の歪みを是正するために，国を挙げて法律による規制を強めるのか，人間のつながりを取り戻し相互扶助する共同体をつくるのか，様々な模索が始まっている。就学前教育の場所は，地域社会とのつながりの中にあり，地域社会の人々との合意を形成してこそ公の位置に置かれる。幼児期の子どもの生活経験に対して，保護者だけでなく市民も参画して共同感情の一旦を担うといった，民族のもつ平和と繁栄を願うルーツと同様の意味を生成しているかどうかに，公務精神の現れを見ることができる。

２．組織体が掲げる理念

群れの中で育つ動物には群れが必要である。どんな動物も成員の生命維持のための営みを行い，それを次世代につないでいる。人間の群れは，衣食住の営みとともに言葉や道具を使って文化の再創造を行っている。その営みが地域共同体の中にあり，子どもたちがそこに参画することが群れを生きる動

物の知の循環である。就学前教育施設は，幼児後期の子どもたちを共同体の一員として編成し群れの生活を営む。その営みの目指す方向を規定する要因は，一つは人々のそうせざるをえない内的衝動であり，二つに社会的な慣習や法の精神という外的基準である。それを関係する人々と現実を踏まえてすり合わせながら理念として高めていく。

　そうした意味で経営が問われるのは，まずは組織体の理念であり，理念が生活化された場所（トポス）の文化であり，それらを支える地域社会に共有された思想であろう。しかし，就学前教育施設があって当たり前の今日は，なぜそれをつくるのかという問いを発することも少ない。法の理念を実現することを目的として教育管理下に置かれた公立園や，世襲経営者による園に思想性が弱いといわれるのは，あるがままに自分を合わせていく大衆の時代の経営者だからであろう。“なぜ就学前教育施設の経営なのか”は，人間の生の原点に立ち返って問い続けるテーマである。なぜなら，この経営は利潤追求の商売としては成立しがたく魅力はない。幼児のためにわが身を削っても実践したい，献身したい衝動に魅力が生まれるところだからである。

(1)　機能体および共同体としての園・学校

　秀でた経営者は，地域社会，職場などの場所（トポス）に意味をつくりだす構成員によって育てられる。また組織の構成員は地域社会の共同感情に支えられ秀でた経営者のもとで育つ。双方が育ち合う場所（トポス）には，確かな理念の共有と組織的・創造的な実践がある。

　組織体が保育の充実にどのような作用を及ぼすのかを考えるために，まず組織とは何かを考えてみよう。一つに，共同体として，その構成員の満足を目的にする組織がある。家族や自治会，あるいは趣味の会などの共同体は，そこに所属する人々の健康で安全な生活の場として，参加することによって満足を得ることが目的である。共同体は，世代を超え，終身所属することが可能で，そこに存在する心地よさと安住感を与えるために，競争のない状態が理想とされる。自治会長やサークル活動のリーダーが能力より人柄といわ

れるのはここに起因する。

　二つに機能体として，ある目的達成のためにその機能を働かせる組織がある。企業だけでなく学校も法的にはある目的達成のための機能体となる。機能体は最初に組織をつくった人々の理念を継続するのは難しく，時間が経過し構成員が変わると変質していきやすい。そのうえ，機能体の経営者は構成員の能力がある間だけ雇用し拡大をねらおうとするが，構成員もそれぞれ家計を担わなければならないとか仕事の生き甲斐を得たいといった目的をもっているので，経営者の意に従わせ能力のある間だけ参加させるという方法では構成員の士気と帰属意識が伴わない。そのため双方とも常に，組織の理念と，組織自体を拡大する目的と，構成員の目的との間に矛盾を抱えていることになる。

　昨今の電子媒体によるネットワークは，前二者の性格を有しており，直接的対面によって交流するより，文字記号と画像・映像という間接的コミュニケーションにより，ときには機能体としてときには共同体としてその目的を実現しようとする。通信制の高校や大学・大学院などは，実在する本校は機能体でありながら生徒や学生とのネットワークは情報共有する共同体の役割を果たす。また，電子媒体によるオークションや商品販売などは人を機械に変えて組織化した機能体として働き，私信や連絡，趣味の共有などは，共同体として個々に発するバーチャルな情報が人をつなげるという関係をつくっている。それが，ともすると犯罪の温床になる危険を伴うのは周知のとおりである。

　この組織体の中で大きな差異を抱えている一つが学校教育機関といえよう。組織の理念と拡大目的，構成員である教師の目的だけでなく，もう一方の主体である子ども，保護者，地域社会の人々の目的との間にずれを抱えるからである。つまり教育の場所は，法的には設立理念に基づき人間形成を目的にその実現を図ろうとする機能体だが，子ども，保護者，地域社会の人々とともに織りなす生活は共同体としての営みを旨とする。この機能体でありつつも実践共同体であるという中間的な位置づけのために，一般的には経営

と教育実践が遊離しやすい構造を抱えてきた。経営と実践を二区分する構造自体が，今，見直しの時期に入ったといえよう。

(2) 理念の誕生とその必然性

多くの組織体は，目的達成のための理念を掲げている。組織体が掲げる理念は，"理性によって到達する最高の概念" という意味をもつ。理念として掲げる言葉が，社員の士気を鼓舞し，社会にサービスとは何か，人間尊重とは何かといったメッセージを具体的な生産活動を通して届ける。どんな組織体も理念を経営活動によって具現化し，よりよい社会を実現しようとするのである。しかし，理念と経営活動のずれが広がったとき，組織は混乱と悪へ，崩壊へと突き進む。学校組織においては，教育は "教育目的の達成を目指した維持・実現機能と創意・創造機能の二つ" から成るとする考え方が一般的で，教育が理念の実現とは捉えられていないところもある。

本来，目的・目標は子どもの姿に現れる教育の方向性であり，子ども自身が描く志向性であって，その目的・目標がどんな理念に基づいているのかが重要になる。つまり，目的・目標達成の教育は，理念を教育基本法に置いて教育行政の管理が上位に位置する旧来（1956年当時からできた体制。例えば，地方教育行政の組織及び運営に関する法律の制定など）の国公立学校を基本とした教育管理の論理で，教育経営を上位に置いた論理ではない。まして私学の教育経営についてはこの範疇外ということになろう。

では，理念という言葉はいつごろから誕生したのであろうか。理念があるからこそ組織体に志向性が生まれる反面，理念に覆い隠された嘘も発生する。

安藤昌益は，"現世に真実の言葉や行為があるのか" との問いに，ない根拠を次のように述べる。「儒教の聖人が出て五倫五常などという私法を立て，嘘の話を教えて天道天下を盗んだからだ。釈迦が現われて方便とかいう嘘を教え，人々の上にあがってお布施を貪欲したからだ。老子が出て谷神死せずなどと嘘の話をして人々に寄食したからだ。—（中略）—聖徳太子が三法なるものを立てて嘘の話を世にひろめたからだ。—（中略）—世の人間がすべ

14 第1部 就学前教育機関の経営革新

て嘘を語り，虚偽を行うのはそこに始まるのだ。これらはみな文字・書物・学問のさせたことである」[13]と。聖人が自ら耕さず貧食・寄食し天道を盗んだ時代，つまり法世によって人間の上下や差別が始まった時代に理念の誕生を置く。そして「宇宙の活真の妙道は，互性，生々，直耕というにつきる」[14]として，老荘思想に始まり旧事記（くじき），古事記，日本書紀の誤りを正していく。昌益は，もともと宇宙万物はすべて一元的な気によって構成され，自然として一なるもの，天と海，日と月，惑星と恒星などの互性が運回して止まることなく万物を生成すると考えた。「上もなければ下もない。すべて互性であって，両者の間に差別はない。世界あまねく直耕の一行一情である。これが自然活真の人の世であって，盗み・乱れ・迷い・争いといった名目のない真のままの平安の世なのである」[15]と考え，額に汗して働く人間に真を見たのである。

　この独自な論調は，1750年代の前半に書かれたが，日の目を見たのは150年以上もたってからである。江戸時代には封印されていたものであり，自然の世に四民（士農工商）はないとする思想性は封建の時代において強烈である。

　結局，理念の誕生は，もともと一つであった宇宙の互性が分離して，聖人の法世から理念と実践という二層になり，聖人と四民という階層ができてきたということになる。階層が生まれるような場所（トポス）には，リーダーが必要であり，組織が生まれることになる。今日では当たり前の組織論も，そもそもをひもとけば，自然から離れ中央集権国家建設に向けて冠位十二階や十七条憲法を制定し，官僚制度に移行した頃からの1400年余にわたって模索しながら実践されてきた組織論であり理念のあり所なのである。

(3)　理念に投資する社会

　組織の経営が理念と現実との拮抗によって形づくられていくものであるならば，掲げる理念がどう形成されるのか，その理念を誰が支えるのか，誰が具現化するのか，である。かつて就学前教育の必要性が認識されていない時

代，子どもが集い遊ぶ園をつくろうとした先達には，現実を直視し，やむにやまれぬ国への思い，子どもへの讃歌，貧困にあえぐ親への慈しみなど，腹の底から己を突き動かす衝動があり動機がある。その動機から夢を描いて行動する過程で理念が形づくられ明文化されている。ここでは時代を映す先達の実践から，動機と理念が言葉として掲げられ，それに協賛する人々が投資して就学前教育を発展させてきた原点を捉えてみよう。

① 子どもを子どもの世界に

1921年，外遊途上から病気をもって帰った橋詰良一は，床に伏しながら9人のわが子らの喧噪を戒めるまわりの大人の険悪な様に，「大人の要求希望と子供の要求希望とが一致するものではない，—（中略）—大人と子供とを雑居させて置くことは双方の間に損失のみあって利益のない」[16]として幼稚園設立を構想する。社会に呼びかけた檄文の一端から設立動機とその夢（実践の道程が理念を形づくる）を捉えることができる。

　　天下は実行よりも，空論を尊いものと考へ，空論を学者のする事だと思って居ます。空論は往々に理想と混同されます。理想は実行の可能と不可能とを問わないものです。—（中略）—学者でもない私達は，直ちに実行を成就することが人間としての最も大切な事だと考へて居ります[17]。
　　子供は子供同志の世界に住まはせるが何よりの幸福—（中略）—ほんとに子供を喜ばせる道，子供をよくする道は，子供同志の世界に置いてやることです。さうして子供自身に，自覚，自省，自衛，互助，互楽する世界を創ってやらなければ真の子供の幸福は望まれません[18]。

その場所として「子供同志の世界をつくるのに最もよい所は，大自然の世界です。—（中略）—建物に拘泥して人工的の汚れに憧がれやすい人々の心を清く革むるためにも，自然に没入することが，どれくらい簡便で意義深いものであるかを三思したいものです」[19]という。

これを人間道として構想し，幼児の教育は人間としての成育を心の内からも，身の外からも健全に基礎づけることとしているのである。彼の理念は，大自然という場所（トポス）で，自らの行為を自覚し，省察し，衛り，互いに助け合い，楽しみを生みだしていく生活を目指すというものである。この自覚，自省，自衛，互助，互楽の五語は，今日においても幼児のみならず人間教育の普遍といえよう。かつて幼稚園教育の祖フレーベルが，人間の本質を，人間の中にある神的なものを意識し，十分に認識し，明確に洞察すること，さらに自己の決定と自由とをもって自己の生命のなかで表現し，活動させ顕現する方法や手段を提示することが人間の教育である[20]とした思想と底流するものである。

橋詰のように，子どもを子ども同士の自覚，自省，自衛，互助，互楽の世界においてやりたいという願いから出発して就学前教育を興した人々は多い。大自然の中で夢中で遊ぶ世界，仲間と絡み合い悪戯し助け合う世界，大人の干渉がない中で自分の限界と可能性に目覚める世界，そんな子どもの生きる時間と場と意味生成の関係をつくってやることが，発達の道筋にかなうものであると考えるのである。

② 親子の最低限度の生活を保障するために

貧窮家庭の子どもたちの救済を目指した野口幽香，森島峰らの二葉幼稚園の設立趣意書には，

幼稚園の必要はこと新しく述ぶるまでもなきことにして―（中略）―多くの幼稚園は主として中等以上の子女を保育すべき傾きあり，これらはその家庭に於ても，両親の保護監督あるが上に，―（中略）―何一つ欠くることなきに，尚幼稚園に通ひて，喜びと楽の内に生育せらるるに反し，社会の下層に沈倫せる貧民に至りては，全くかかる恩沢に浴すること能はず，加ふるに彼等の両親は概して教育思想無く，かつ生計の為に心志を労すること多く―（中略）―嗚呼，これらの幼児をして未だ悪しき感化の浸潤せざる時代より，良き境遇に置き教育を施し，良

き国民と為すこと—（後略）—[21]

〈趣意書第一条〉

　本園ハ虚飾ヲ去リ簡易ヲ旨トシ，満三年以上就学年齢ニ達スル迄ノ幼児ニシテ普通幼稚園ニ入園シ能ハザル事情アル者ヲ保育スルヲ目的トシ，傍ラ父母ガ育児上ニ於ケル煩労ヲ省キ家事ヲ営ム余裕アラシムルヲ期ス[22]。

と掲げられている。ここには，児童福祉法第1条に掲げられた今日の福祉の原点，相互扶助の原点ともいえる思想がみられる。恵まれない環境に置かれた子どもを「よい環境に置く」ため，保護者との協働によって未来の国民を育成しようとするこの理念が，二葉幼稚園（後に保育園に改称）を今日まで牽引してきたといえよう。

　経済的に困窮を極めた人々に手を差し伸べるには，人々の協賛を得て，寄付によらなければならないが，人々にはその理念に寄付することで社会を発展させようとする気概がある。高い理念に協賛する人々がいれば設立できるという自由度があり，世襲化した今日より理念を実践によって評価する社会的なシステムが働いていた。橋詰にしても野口にしてもお金があって設立したわけではない。子どもの置かれた問題状況を社会と共有し解決するために理念を掲げて寄付を求めたのである。強い思いで現実の社会問題を担い自立した人間を目指す相互扶助を先導してきた先に，理念法が生まれるのである。

③　子どもの自由・真実・感性の保障を

　第二次世界大戦後の混乱が収束に向かう頃から幼稚園等は急増する。敗戦による政治体制の変革や国民生活の困窮，子どもたちの置かれた境遇は，次の時代への新しい理念を生みだすことになる。

　小学校の音楽教師として2回の外遊によってリトミックの真髄を学んだ小林宗作[23]が大きな夢を描いて設立した巴学園が戦火で焼かれ，戦後になっ

てふたたび幼稚園・小学校長としてその夢を実現しようとしたのは，保育に高い芸術性をみたからである。彼のいう芸術とは，今日の純粋芸術，大衆（商業）芸術とは一線を画した場としての現代芸術であり限界芸術である。彼が関与し経営した成城幼稚園，巴幼稚園，そして国立音楽大学附属幼稚園では一貫して，人間のもつ内的に発達する力を信じ，人間発達の本質をゆがめない教育の理想を掲げている[24]。

【保育は芸術なり　音楽や舞踊などの芸術より一段と高い　偉大なる芸術なり】
　　・教育は何ものにも束縛されない自由なものでなければならない
　　・教育は子どもに本当のことだけを教えなければならない
　　・子どもの感性を無視して教育を他の目的に利用してはならない

　福沢諭吉のように，宗作もまた教育は何ものにも束縛されない自由を謳う。戦争の悲惨さ，人間の愚かさを目の当たりにした者だからこそ掲げられる自由と真実と感性を尊ぶ理念である。その自由と真実と感性の場に「保育は芸術である」とする生活芸術の内容が生まれるという理念は，彼の人間観でもある。新しい知見と理念でもって日本の幼年期教育を打ち立てようとして帰国した宗作を迎えたのは小原国芳である。日本の新教育が成城を拠点にして，そこに集まった教師集団，保護者集団，子ども集団によって樹立したのも，理念を共有する人々の輪といえよう。
　このように，理念は人間の核心となる共同性に支えられながらもその人自身を規定している信条でもある。児童文学者として世に多くの作品を送り出してきた灰谷健次郎らが設立した太陽の子保育園には「子どもを真ん中にしたユートピア」としての場所（トポス）を描くドキュメンテーションが綴られている。灰谷は，その作品の中で園長の園子に理念を実現するための共同体をつくる夢を語らせている[25]。それは，①かけがえのない命が表現する喜び，悲しみを共有することによって，共に生きる美しい人間集団を創造する，②対等で

自由で，楽天的で前進的な広い意味の遊び場で，生きることの意味を考え学び，共に語り合う共同体をつくる，③保育の理念の達成を一方の献身によって果たそうとするのではなく，幼い命の成長に添おうとするすべての人々の叡知と誠実な実践によって共に学び合う世界をつくる，というものである。

灰谷はなぜ，太陽の子保育園をつくり，このような実験的保育に踏み切ったのか，そこに彼の創造精神がありそれを確たるものにしている理念がある。知育偏重，能力主義が強化される教育の現状に危機感を抱いた仲間と“子どもに添う”教育の実現を目指したドキュメンテーションからは，保育行政，福祉行政に圧殺されないで，行政と共同して子どものユートピアをつくる過程が綴られている。そこに，本当の意味での法の精神と理念を支える行政の役割，理念実現の教育経営が生まれることを実証している。

創立96年目にして園児減のため閉園になり，2002年に再興した仙台市のみどりの森幼稚園（現・幼保連携型認定こども園　みどりの森）は，新たな出発に当たって今まで自分たちが嫌だと思いながら子どもにやらせてきたことはやるまいと決め，“自分がいやなことは人にはしない，自分がしてほしいことはすすんで人にしてあげる”という行為として見える理念の言葉を掲げている。新約聖書の「人々にしてほしいとあなたがたの望むことを，人々にもそのとおりにせよ」[26] が律法だというように，秩序は他者との関係の中で幼児の内からつくられていくという精神・態度を自らの保育行為の中から発見したのである。また自由が丘幼稚園の吉田敬岳が，“仏教でいうところの「布施」は，要は相手のことを思いやる心，かけがえのないことは体で味わう，体で覚える”[27] として小さな気づきを大切にするように，あるいは高羽幼稚園の田川智が，「高羽の教育は，困難を乗り越える人間教育の哲学と実践であり，変化を怖れず，自己を変革する勇気を育てることを目指し」「教育の目的は，その国の文化や伝統を生かし，子どもたちに思想や哲学を刷り込んでいくことにある」[28] として，内観による心の教育：身・心相即を掲げて教職員が論語や宮沢賢治の詩を朗誦するのも，理念や哲学を身体化し，教育理念の共有化を行う実践である。健伸幼稚園の柴田昭夫は，“生きる力とは本来，

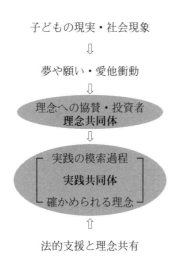

図表1-1-1 理念投資の構造

本能的で野性的で凶暴で陰湿で自己防衛的なものだと思います。幼いころから「優しさ」「思いやり」「親切」「協調性」だけを重視した教育を積み重ねるのではなく，生きていくためのエネルギーとなる生命力を発散させる教育，生命の泉である野性的な「赤」の遺伝子を生きていく力のエネルギーとして育てていく環境"[29]であるとして「子どもは子どもらしく」を掲げて実践する。

こうした理念はどこかにあるものではなく上から下りてくるものでもない。図表1-1-1のように，現実の子どもの置かれた状況，姿から課題を把握し，夢を描き言語化し，そこに協賛する人々と共有し実践によって確かめられていくものである。明治時代には，学校や幼稚園の建設，銀行や企業の設立，町の造成や産業振興に至るまで，多くの人々が新国家の理念に向けて投資した。1977年に始まった知床100平方メートル運動を支えた人々は，レッドリストにあげられている動植物を絶滅から救い，自然の生態系を保護する理念に協賛した。今日の知床世界遺産[30]を生んだのも理念への投資である。高い理念に人々が協賛する社会，NPO（Non-Profit Organization）やNGO（Non-Governmental Organization）の理念を共有しわが身を献身に向ける社会があるかぎり，真善美に向かう意志が人々に醸成される。就学前教育施設も子どもとの生活を通して自らの行為によって自発し，信念として成長し，理念として掲げられるところに人々が価値を置いていく場所(トポス)なのである。

§2 国民総意の理念

1. 理念の三重構造

　わが身の実践から生まれてくる理念は，共感者の輪＝理念共同体の実践によって自らの人生歴で獲得してきた"最高と認識する概念"に仕立て上げられていく。身体にしみ込んでいない理念は言葉の綾・空論になってしまうが，各自の理念は意識的であれ無意識的であれ，幼い頃から身体にしみ込んだ日本人としての価値観を拠り所にしている。それは立ち居振る舞いから言葉，習慣にいたるまで実生活として行為される主権在民，人権尊重，平和主義のありようである。これら民主主義の理念実現は，各家庭で，地域社会で，企業で，そして何より次世代が育つ学校・園という小社会において学習され，探求されて次世代に継承される。その民主主義を定めているのは日本国の憲法である。つまり，園・学校経営が掲げる理念はどこにあるかというと，一つは設立者の強い内的衝動や理念共同体であるが，もう一つは国民が誓い身体化している国の憲法にある。そして，その憲法を支えているのは国民の日常生活であるという三重構造の中にある。憲法を意識しないで生活しているとすれば，それは平和で平穏で安定した日常があるということで，憲法の是非は非常時にこそ自覚化される。その国民が支える憲法の理念を，仲間との生活や遊び，労働など日常の生活に織り込み習慣化していくのが就学前教育といえよう。

(1) 基底となる憲法の理念

　第二次世界大戦後の教育は，1945 年 8 月 15 日沖縄から始まったといわれる[1]。それは奇しくも天皇の玉音放送があった日に重なるが，内陸戦に見舞われた沖縄の人々の下から突き上げる新生の教育への模索の始まりである。

22　第1部　就学前教育機関の経営革新

一方，上からの国家新生の動きはポツダム宣言受諾によって，国の再建のために軍国主義を排し基本的人権の尊重を確立する必要に迫られた憲法改正から始まる。ここに国と市民双方の普遍的な理念の模索が始まった歴史がある。つまり天皇の人間宣言を受けて政府，政党だけでなく民間研究団体も憲法私案を提出し，民主主義への道が徐々に開かれていくのである。マッカーサー案も含め結果として落ち着いたのが今の日本国憲法（1946年制定）で，その基本原理は，①国民主権，②基本的人権の尊重，③平和主義，の三つで，権力分立，福祉教育国家，地方自治，国際協調主義なども重要なキーワードとして掲げられている。

　国民主権は，国の政治は国民が決定するという原理で，国民の選出による議会制は国民主権の一つの形態である。また基本的人権の尊重は，一人ひとりの個人をかけがえのないものとする「個人の尊厳」を基礎にしており，民主政治の究極の目的でもある。さらに，平和を徹底的に追求するために，「戦争の放棄」を定め，戦力の不保持を宣言するなど，崇高な平和への希求を掲げて，国の経営（政治）があるということである。この憲法の理念は前文にあるように「日本国民は国家の名誉にかけ，全力をあげてこの崇高な理想と目的を実現することを誓ふ」として，国民の自覚を明文化したものであり，政党の意に反していても，あるいは国民が自覚するにしろしないにしろ，国民の総意として了解し誓った理念ということになる。

　この憲法の理念がどのような教育・保育をつくりだそうとするのか，それも法律によって象られている。主権在民とはいえ憲法公布から4か月後「教育基本法」という法律の形式で公示した最大の理由は，第二次世界大戦の敗戦によって国中が混迷していた当時，教育勅語に代わる国民主権の教育宣言が必要であったこと，教育が国家新生の最重要事項だったこと[2]である。そして軍国主義から民主主義への過程で，①勅命主義から議会制による国民の総意としての法律に委ねることが妥当とみたこと，②個人の尊厳，人権尊重，民主主義，平和主義の教育理念は人類普遍の原理であること，③以後制定される教育関係法規の基本となる教育憲法的性格が必要だったこと，である。

いずれも国の基本を為す理念法といえよう。学校や就学前教育の理念に,「平和」「真理と正義」「個性」「勤労と責任」「自主」「健康」といった言葉が盛り込まれたり,教育目標に掲げられたりするもとをここに見ることができる。憲法の理念は,草案に関与した人々が敬愛した新渡戸稲造の『武士道』[3]の思想を土台としている。正義の道理としての「義」,義を為すための正しい「勇気」の信念・敢為堅忍の精神,最高の徳とされる「仁」・惻隠の心,敬愛なる精神をもった「礼儀」,礼儀を行う真実と誠実の心,人格の尊厳とその価値にかかわる「名誉」,目上の者に対する忠誠の「徳」といった品性を修得することが知性以上に求められた武士道は,まさに克己の精神への道である。この精神が,仏教・神道・禅が融合された日本人のルーツであり,品性を重んじる国民性が敗戦による混乱期にありながらも新しい時代の理念を展望できたということになる。

(2) 理念法と施策法の分離統一

日本の法律は,もう一方で憲法 25 条に謳う健康で文化的な最低限度の生活保障,人間の生きる権利を基本に置いている。特に,就学前教育施設の理念形成の根拠となっているのが「児童憲章」である。児童は,人として尊ばれ,社会の一員として重んぜられ,よい環境の中で育てられる権利を掲げ,「すべての児童は個性と能力に応じて教育され,社会の一員としての責任を自主的に果たすように導かれる」としている。また,「児童の権利に関する条約」には,児童の最善の利益,生命・生存・発達への権利,意見表明権や表現・情報の自由権などとともに,親権者の指導責任と教育する権利・義務も謳っている。そうした意味では,世界でいち早く教育における子どもと親権者の人格保障を謳っている国といえよう。

しかし,施策法である学校教育法および同法施行規則には,保護者や関係者とともに理念形成やその実現を共同するという視点はない。施策法は憲法や教育基本法,児童の権利に関する条約などの上位法令を受けたものなので,脈絡をもって読み解かれれば問題ないが,制度の枠組みとその目的,手続き

の方法を定めた法律に拘束されてしまうのである。法律は，普遍の原理・理念と関連づけられていても，現場が読む法律は，枠組みや方法といった具体的な施策の部分になっているためといえよう。それらを統一するのは私たち自身のはずであるが，そこに理念を忘れた経営が生まれる要因の一つがある。

（3）　教育理念の法定化

　教育理念が法定化されている各国の内容は，図表 1-1-2[4)] のようである。いずれの国も理念の法定化がされているとはいえ，法の構造の違い，内容の違いは顕著である。教育学関連 15 学会シンポジウムによると，隣国中国では憲法で「国家は祖国を愛し，人民を愛し，労働を愛し，科学を愛し，社会主義を愛するという公共道徳を提唱し，人民の愛国主義，集団主義，および国際主義，共産主義の教育をすすめ―（中略）―資本主義的，封建主義的その他の腐敗思想に反対する」[5)] ことを規定し，教育法で社会主義事業の建設者・後継者の育成として愛国主義，集団主義，社会主義の教育，思想，道徳，規律，法則，国防および民族の団結の教育を掲げている。一方，ノルウェー

図表 1-1-2　教育理念が法定化されている各国の内容

		日本	中国	韓国	露国	独国	仏国	米国	英国	伊国	ノルウェー	豪州
形式	憲　　法		○			○[*1]	△	△			○[*2]	
	教育基本法	○	○	○	○		○					
	教育法規など	○				○	○	△	○	○	○	△
内容	人格の完成など	○		○	○	○	△		○	○	○	
	愛国心・伝統の尊重	△		△		△					△	

[*1] 州憲法による　　　　　　　　　　　　　　　　（○は法定化されている，△は中間）
[*2] 宗教教育…宗教教育のみ憲法で定められている
　　教育学関連 15 学会共同公開シンポジウム準備委員会編『教育理念・目的の法定化をめぐる国際比較』つなん出版，2004，p.92

では，憲法に「自由・独立・不可分且つ不可譲の王国」として宗教の自由を謳い，教育法で「人間の平等，精神の自由と寛容，生態学的理解および国際的協同責任を促進する」ことを掲げ，「教育は，より広い教育及び学習の基礎を提供し，共通の知識，文化及び基本的価値の基礎，並びに人々の高い水準の能力を支持しなければならない」[6]，としている。

　つまり，教育の理念は，国家体制，国家の思想下において掲げられるもので，法定化が緻密であればあるほど個人への制約が大きくなる。ノルウェーが自由・平等を謳い，フランスが自由・平等・友愛を憲法に掲げた民主的社会的な共和国として幼児期から高等教育まで無償の教育を構想するとすれば，中国は国家中心に都市や農村部などの経済格差に応じて構想されるといった違いがある。こうした国家の理念が個人の教育理念に影響を及ぼしながら歴史をつくっていくのである。

（4）　教育基本法の課題

　教育基本法が改正されたのは 2006 年である。前文および第 1 条の理念を引き継ぎつつも，新たに規定する理念として，①個人の自己実現と個性，能力，創造性の涵養，②感性，自然や環境とのかかわりの重視，③社会の形成に主体的に参画する「公共の精神」，道徳心，自律心の涵養，④日本の伝統，文化の尊重，郷土や国を愛する心と国際社会の一員としての意識の涵養，⑤生涯学習の理念，⑥時代や社会への変化への対応，⑦職業生活との関連の明確化，⑧男女共同参画社会への寄与，が盛り込まれた。教育基本法の理念は不易であるとともに，不易の見直しを必要とする根拠は憲法と連動しているだけに，今後の推移を見ていくことが必要になる[7]。

　戦後 60 年を経た時代の要請を受けて改正された教育基本法は，「われら」が「我々」「我々日本国民」に，といった主体の明確化の下で「公共の精神」「伝統」が強調された国家主義的表現がみられ，「平和を希求」が「正義を希求」へと後退した印象も否めない。軍隊を棄てた国コスタリカが自然環境との共生を図るような正義なのか，同盟国と共同歩調をとる正義なのか，どこ

に正義を置くかで平和の解釈が異なる。また，筆者の世代が諳んじてきた理念「真理と正義を愛し，個人の価値をたつとび，勤労と責任を重んじ，自主的精神に充ちた心身ともに健康な国民の育成」は割愛され，「平和で民主的な国家及び社会の形成者として必要な資質を備えた心身ともに健康な国民の育成」に変更されている。そして，目標規定に真理や正義，自主的精神といった内容が移されている。これらの言葉が"目的"から下位の"目標（めあて）"に下ろされたことにより，"国家及び社会の形成者として必要な資質"が時の政権により，いかようにも解釈できることが危惧される。第3条の〈生涯学習の理念〉の新規定は，すでに生涯学習社会に移行しているので当然ではあるが，個人的な生涯設計としての学習の位置づけが強調されて「教育の非権力性の原則」の中に位置づけられてはいない。また〈大学〉〈私立学校〉〈家庭教育〉〈幼児期の教育〉などの新規定も立てられているが，"理念法"である教育基本法が"振興法"的色彩を併せもつことは，基本法の性格を曖昧にするとともに，大学の自治や私学の独自性に対する行政の統制がおよぶ危険も懸念される。この教育基本法の改正によって，各園の教育理念が見直されたのかどうかは定かでないが，実践を支える基底にある以上，法改正時における理念を私たちはしっかり確認していくことが重要であろう。

2．精神的な態度としての理念

　第二次世界大戦直後の人々は民主主義を学ぶ機会が多かったが，民主主義が当たり前の時代になるとそれは風化していく。三重構造の基本的な部分，つまり言葉としての理念ではなく生活行為に現れる身体化した態度が風化を促進していくのである。そして，「民主主義よ！　おまえもか」と言いたくなるような理念の衰退ぶりが日常的になる。民主主義は政治の一形態であり，人民統治の方法である以上，社会意志の形成にかかっている。しかし，絶対主義の恐怖政治が行われるわけでもなく，政治体制が激変するわけでもなく，平和ボケした感覚によって生活文化の伝承が薄らいでいく。25年から30年

で新世代に入れ替わっていくと仮定した場合，戦前の自由民権運動や政党政治の堕落，民主主義とその凋落過程を学んだ世代はもはや少なくなり，高度経済成長以降，自由を謳歌する人々が民主主義を自認し，標榜している。

(1) 民主主義の精神と態度

　かつて，民主主義という言葉が人々の口の端にのぼったのは，明治政府の掲げた「四民平等」「公議輿論」であり，福沢諭吉の「天は人の上に人を作らず，人の下に人を作らず」に始まる『学問のすゝめ』[8]である。またミルの『自由論』[9]『代議制統治論』[10]，モンテスキューの『法の精神』[11]，ルソーの『社会契約論』[12]などが邦訳され，多くの人々に読まれて民主主義が掲げる自由と平等の意識は広がった。城戸幡太郎は，"民主主義は世論形成にあり，国民に世論を喚起できなかった責任は国民にある"[13]とする。民主主義は政治の一方法であって「学校教育はとかく社会教育と明確に区別されるものではない。教育の本質は人と人の社会的交通による思想及び行動の相互影響作用であるから，社会生活の存するところには必ず教育が行はれている」[14]として，自由・正義を基底に置く民主主義という社会意志の形成の困難さを力説した。その予見どおり，自由民権運動が掲げた自由と平等は成熟にいたらず，政党政治の堕落と統帥権の独立による軍部の独走で敗戦を迎えた。そして再び民主主義が浮上したのが，前述のように第二次世界大戦で敗北し，新しい国家の理念法としての憲法，教育基本法が築き上げられる過程である。今日，あまりにも日常化した民主主義とは何か，改めて戦後の民主主義を確認しておくことが，国の教育の理念，ひいては各園の理念を風化させないことにつながると考える。1948年に文部省著作教科書として出された『民主主義』から，戦後の民主主義の思想の全体を捉えてみよう。

　一つに，民主主義は人間尊重という「精神的な態度」であり，「民主主義を体得するためにまず学ばなければならないのは，各人が自分自身の人格を尊重し，自らが正しいと考えるところの信念に忠実であるという精神」[15]である，とするところから出発した。その精神を具現化する一つが国民による

政治である。国民が選挙の権利と義務をもち，選挙によって代表者を選出する。その代表者たちは，国民の意思に基づいて国民のための政治を行う。誰を選出するかが民主政治が栄えるか否かの分かれ目で，選挙の権利は健全な良識と強い責任感をもった国民の道徳的義務と裏腹にある。国政は遠いが町村の政治は身近で，これを自分たちの仕事と考えるのが民主政治の第一歩としている。

　二つに，民主主義は「社会生活のあり方であり，社会生活を営むすべての人々の心の持ち方である」[16]と述べている。人々の身体にしみ込んできた精神を民主化するには，身分や家柄，才能や経験の深さ，家族のありようなど，封建制度によって価値づけられた意識や態度を，人間尊重，個人尊重という視点に切り替えることである。西洋の民主国家は，「人間の自由と個人の権利とを，あくまでも守り抜こうとする強い意志を持っている。日本人には，自由と権利とを自分たちでたゝかい取った経験が少ない」[17]とする。自分の信念も主張できず，卑屈な陰口を言い合う社会生活の気分を払拭するのは，市民自身で，"自分にしてほしいと思うことは，人にもまたそのようにする"ことによって改善していくのである。勤労と努力によって幸福を築き上げ，他者の自由も尊重して，真実を語り，真実を実行する誠意と，正義のために断固として譲らない勇気，公共福祉のために尽くそうとする誠意と勇気によって社会生活のあり方が方向づけられるとする。

　三つに，民主主義の精神は衣食住の生活を豊かにする経済生活の中にも生かされるようにすることである。「経済活動における民主主義の使命は，お互が尊厳な人間として生きる権利を尊重し，公平な経済的配分を保障するとともに，すべての人々の生活水準をできるだけ高めて，暮らしよい社会を作りあげて行く」[18]ところにあるとする。

　デューイも民主主義について，「単なる政治形態でなく，それ以上のものである。つまり，それは，まず第一に，共同生活の一様式，連帯的な共同経験の一様式なのである」[19]と述べているように，連帯的な共同経験の一様式が，人々に共通の倫理感，道徳観などを培っていくといえよう。

(2)　民主主義にみる大衆の反逆

　この『民主主義』には民主主義の理念のもつ弊害も併記されていて，民主政治の落とし穴や国民の無関心による政治の腐敗，政治の腐敗がもたらす人々の生活の不安定さと個人主義の行き過ぎ，資本集中による労働者の酷使や貧困などといった課題と，課題解決のための地方自治，個人の自覚，労働組合の任務，民主主義を学ぶ教育のあり方と教育を支える保護者や市民のありよう，世界平和実現のためのユネスコへの参画などがあげられている。ルソーが，「真の民主政はこれまで存在しなかったしこれからも決して存在しないだろう」[20]というほどに，民主主義は難しい。"奴隷の平和より危険な自由を選ぶ"市民の自覚がないかぎり，民主主義は衆愚によって崩壊する。真の民主主義の精神が態度として表れ日常化するには，長い時間とたゆみない努力が必要なのである。主権在民という大衆は，必ずしも理想国家建設に向かうとは限らず，教育経営もまたしかりである。オルテガはそれは一度ならず繰り返される「大衆の反逆」に起因すると警鐘を鳴らす。彼は，「大衆とは，みずからを特別な理由によって—よいとも悪いとも—評価しようとせず，自分が《みんなと同じ》だと感ずることに，いっこうに苦痛を覚えず，他人と自分が同一であると感じてかえっていい気持ちになる」人々で「自分に多くを要求し，自分の上に困難と義務を背負い込む人」ではなく「自分になんら特別な要求をしない」[21]人々だとする。波に漂う浮き草のような人々の無責任，無道徳の病理を内包した大衆化社会を浮き上がらせ，「大衆という平均人がもつ思想は本当の思想ではないし教養でもない」とする。

　生の根元において人間をみたオルテガの卓見にならえば，学校教育によって教養をもち思想をもっているとうぬぼれ，満足している時代は内部の死んだ時代だといえよう。つまり，衆愚の主権によって成熟した場合は社会が衰退する。当然，教育理想も衰退し，教育が死んだ現象に見舞われるということである。内部の停滞状態を生の根元に戻して理想を追い求めることは容易ではない。それが組織体が教育理念を共有し，日常に生活化する信念としてではなく，言葉だけの飾り物になっていたり，理念すら忘れて利潤追求があ

30 第1部 就学前教育機関の経営革新

るのみといった現象をつくりだしているともいえよう。

3．教育にみる理念掲出の実態

　日本の就学前教育も，憲法，児童憲章や児童の権利に関する条約，教育基本法の理念を受け継いだ民主国家下における教育機関によってなされる。しかし，明治の草創期や第二次世界大戦後の民主主義国家建設に燃えるような時代を過ぎ，高度経済成長期に急増する需要を満たすために設立された園が多くなるにつれ，掲げる理念はあまり明確ではなくなっている。インターネットに公開されているウェブサイトで1都1道3県の区市私立幼稚園各20園（合計100園）を無作為抽出して，理念の有無と内容を精査した結果は，次のとおりである（図表1-1-3）。

　ウェブサイトのメディア情報として掲出する内容は，理念表明が18園，教育方針が41園，教育目標が85園，教育内容が66園である。理念や方針，目標の記載もなくイラストや活動の写真等で構成しているところもあり，全

図表 1-1-3　幼稚園教育における理念等の表明有の数

	理念表明	教育方針	教育目標	教育内容
北海道S市	4	12	16	19
富山県T市	4	2	20	8
千葉県K市	3	11	15	13
東京都S区	6	16	15	15
大分県O市	1	0	19	11
合計	18	41	85	66

掲げる理念の内容

全人格教育	1
生きる力	3
自然から学ぶ・平和	1
感性豊かな心	1
神と人に愛される子	4
主体性の尊重・個人の尊重	2
人間形成・環境との共生	1
小さな社会・共に生きる	2
自立と友愛	1
仏教の精神	2
	18

（文京学院大学大学院人間学研究科 保育運営研究，2007：集計 東智子）

体的に就学前教育の神髄を社会に発信する意識は低い。また理念の内容が，教育目標と重なっている場合もあり，理念自体を言葉にする難しさも考えられる。O市はフォーマットが一律のため，園の理念があっても記載されていない場合も考えられるが，いずれにしろウェブサイトで教育理念が社会に向けて発信されている率は少ない。

　これは幼稚園だけの問題ではない。1971年，全国教育研究所連盟が行ったフィールド調査[22]によると公立小学校93校中，目標設定の根拠として法律を中心にしたもの52校，都道府県や市町村の教育目標や要望を重視したもの48校，児童の実態46校，地区の実態43校，前年度の実態31校で法律や教育委員会の目標に従っている学校が多い（複数回答）。中学校になると90校中，法律関係重視15校，県や地教委の教育目標重視54校，地区の実態31校，生徒の実態26校，前年度の実態25校である（複数回答）。この調査の翌年，中高対象に実施した全国調査によると，地区や生徒の実態重視が中学校で54%，高校で30%，校長の教育理念重視が中学校で48%，高校で38%，創立当時からの教育理念重視が中学校14.4%，高校40.3%と多くなっている（複数回答）。さらにこの調査で対象とした私立高校は理念重視の数値は75%と高い。しかし，私立高校においても教師集団の意向重視は，中学校で21.5%，高校で19.1%と極めて少ない。

　また曽余田浩史の調査[23]によると，勤務校で教育理念が「ある」学校長は239名，「ない」は39名，教務主任においては，「ある」が225名，「ない」が53名であったと報告している。さらに，曽余田は教育理念の内容について，①子ども像，②教師像，③学校像，④故事成語・校訓・スローガン，⑤人権尊重や健康等，⑥経営のあり方，の6項目に分類しているが，これらほとんどは教育目標や運営目標といったもので，全国教育研究所連盟の調査と同じ傾向を示している。理念と目標が同一であったり，あるいは教育に当たる教師集団の意向が重視されていなかったりする現状は，今日もそれほど変わらないといえよう。ましてわが子の教育権をもつ保護者集団の意向が理念として斟酌されるなどということはほとんど見られない。

自ら働く場所で，理念が感じられないということは，教育共同体の意識が弱いのか，連帯的な行為による共感性が獲得されていないのか，あるいは言葉としてあっても行為としての方向性がないのか，日常に見えない惰性に見舞われているのであろう。理念実現を目指しての経営であり組織である。それを明文化して社会に掲げる視点が，実践によって検証されることが経営内容・教育内容の中軸になる。義務教育諸学校だけでなく就学前教育施設も，経営の基軸に理念が掲げられている例は意外に少ないのが現状である。

　教育・保育行為は，身体に沈殿した理念に基づいて関係の意味をつくりだす場所(トポス)の相互作用だけに，組織体としての共通認識を形成しない限り，精神や態度として表れにくいのである。本来なら公教育は，市民の願いを共有し実現する機関のはずであるが，明治期あるいは 1956 年以降，教育が国家から下りてくるという思想の中では，学校管理が上位にあり，教育経営の中核をなす理念は育ちにくかったといえよう。

　そう考えると，教育理念の始まりは人々の生活様式や態度，行為から生まれてたものが凝縮されて国家の法に掲げられるが，やがて法から下りてきて人々の思想に作用するものに変貌する。そして文言としての理念は形骸化し飾り物になっていく運命にある。教育経営に対する社会の協賛を得るものであったはずの理念が，民主主義が無自覚となった 1970 年代以降は，法の目標を掲げるだけで，保護者と理念を語り合うこともなく，意味生成を失った場所の枠組みがつくられている。保護者，教職員双方の対話のテーマは理念に向かうのではなく方法に向かうため，やがて保護者の保有する教育権への自覚も失われ，軋轢が多く発生する現象に見舞われたのである。21 世紀になり，再び地域社会と教育を協同する時代を迎えて，民主主義が第二段階に入り，これからが期待されている。

§3 法と経営の相克

1. 法治国家の仕組み

現代における教育経営の基底を考える一つの柱が，前述のように組織体の理念の生活化と共有化とすれば，もう一つの柱は教育経営を支える法治国家の仕組みや教育行財政との関連である。本節では，教育経営の枠組みを形づくっている法治国家の仕組みについて捉えておきたい。

(1) 法の起源

プラトンは『法律』において，国家の法律をつくるという対話を通してモデルとなる国制と法律を説いている。大衆は誰もが国に対し，生涯を通じて不断の戦いにさらされていることを理解していないため，立法者が彼らの財産や一切を守るため，戦いに備えて法を制定しているとするクレイニアスに対して，アテナイ人（プラトン自身ともいわれる）は国家と国家，村と村，家と家，個人と個人の関係にも戦いがあるのかと問い，立法者は最善のものを目的として，法令を定めると語る。

> 外敵との戦いにのみ目を向けていたのでは，けっして真の意味での政治家になることはできないでしょう。また正真正銘の立法者になることもできないでしょう。いやしくも彼が，戦争に関する事柄を目的として平和の事柄を立法するというより，むしろ平和を目的として，戦争に関する事柄を立法するのでないかぎりは[1]。

また，『国家』において「法というものの関心事は，国の中の一部の種族だけが特別に幸福になるということではないのであって，国全体のうちにあ

まねく幸福を行きわたらせること」[2] とする。

　ここに人間の善を目的として制定される法律の原理，法治国家の概念の原型を見ることができる。しかし，いつの世も何のために法律をつくり守るかを忘れて，己の衝動や欲のために，他者の支配のために法を用いる人々もいる。中世の暗黒時代の扉を開けたルソーはいう。「いかなる種類の基本（憲法）も，社会契約でさえも，全人民という団体に義務を負わすことはなく，また負わすことはできないことは明らかである」として，全人民を構成する一般意志（一人ひとりの道徳的自由意志）の中にある主権者を位置づけ，「主権者は，それが存在するというだけの理由で，主権者として持つべきあらゆるものを常にそなえている」[3] とした。そして「社会契約によって人間が失うもの」は自然的自由と無制限の権利であり，「人間が獲得するもの，それは市民的自由と，彼の持っているもの一切についての所有権である」[4] とする。

　自然的自由と市民的自由を区別する，つまり最初に取った者の先占権と暴力によって奪った者の占有権を，法律上の権限で区別する。それにより，道徳的自由を社会状態において獲得できると考えたのである。そして，市民としての法律と自らに課した法律によることが自由の境界であるとして，社会契約における人間と法の関係を示したのである。

　善のために法律をつくることは今日も変わっていない。また法は市民として社会にあることと一般意志にあることにも変わりはない。その統一の中で人々は平和を希求していくのである。

（2）　経営を支える法の構造

　近代ドイツから輸入された法治国家の概念は，国家が機能するための形式あるいは手続きを示す形式的なものであったが，第二次世界大戦後，法の内容自体が正当であるかどうかを憲法に照らして確かめていく違憲審査制が採用されるようになり，実質的法治主義が今日の通説になっている。つまり，形式的法治主義の観点からいえば，国王や君主や権力者（独裁者）が統治する国家でもその権力が法律によって制限されていれば「法治国家」というこ

とになり，世界の大半の国々が法治国家といえるが，実質的法治主義である
ならば，ルソーのいうように法とは何か，法そのものを問うシステムが機能
する必要があるということである。

　日本は，民主主義を掲げた実質的法治国家であり，法の形式だけではなく
法律体系が憲法や人権，慣習や社会道徳などに適っているかどうかを問える
システムをもっている。それは違憲審査会などの組織や，実際の法の適用に
おいて正当性が確保されているかを人々が確認していくことによって実質的
内容が保持される。法治国家の法体系の構造は，大きくは憲法を筆頭とする
明文化された国内的な成文法（憲法，法律）と国際的な成文法（憲章，条約，
協約，協定）があり，その運用，実施に当たっては判例や慣習等に基づく不
文法（判例法，慣習法，条理法）が斟酌される。そして，国の法規の範疇を出
ない限りにおいて地方公共団体の条例や規則が制定されるという方法によっ
て国家が治められているのである。

　教育・保育を規定する法としては，理念法としての憲法を国の最高法規と
して，それを具現化するための多くの法律がある。特に就学前教育は，子ど
もの教育と福祉および保護者の最低限度の生活が保障される場を構成するた
めに，教育関係だけでなく福祉関係の法律への理解も必要であり，それらを
関連づけて理解していくことが求められている。多くの法律は施策の基本を
決め，それぞれの法律の下に政令，省令，告示，訓令や通達がなされること
によって法の具体化と周知が図られる。教育関係でいえば，学校教育法に対
する政令（学校教育法施行令）によって行政事務を明記し，行政事務の委任
機関への命令として省令（学校教育法施行規則，設置基準，教科用図書検定規
則など）を発し，その機関の所掌事務・内容を広く国民に知らせるために告
示（小学校学習指導要領・幼稚園教育要領などは法令の委任によりその内容を補
充し，実質的に法規的性質をもつ）を発するとともに，諸機関および職員に対
する命令や示達の形式が訓令や通達でなされるということになる。

　近年，国内法だけでなく国際化の進展や人権に関する考え方の普及から，
学校教育に関係する国際法も多くなっている。締結した条約および国際法規

は，誠実に遵守するだけでなく世界の文化の発展や教育の充実に貢献することが求められている。「児童の権利に関する条約」に規定された意見表明権や差別の廃止，児童の最善の利益，生存と発達の保障などが，学校教育の内容を大きく見直す契機になったことはその証である。批准した教育に関係する国際法規の主なものに「世界人権宣言」「児童権利宣言」「障害者の権利宣言」「ユネスコの学習権宣言」「障害者の権利に関する条約」などがあり，法体系のマクロな視点とミクロな視点を常に捉えていくことが必要となる。

　理念法は，高い理念を掲げることで国家の方向性を国民と共有するが，施策法は法定主義をとる行政や経営者の拠り所としての法であり，また諸基準は現場の最低の質を規定する法である。ややもすると，法的基準を遵守することに腐心して，最低の基準に甘んじている行政や組織体もある。いかなる企業，学校，行政であろうとも施策法は最低の基準を示すという法の性格を踏まえつつ，理念に照らしてそれ以上のよりよい内容を創造することが求められているのである。

（3）　法と教育行財政の仕組み

　法律が国会で制定されるなら，行政は内閣府が，司法は裁判所が行う三権分立が国の姿である。法を実施する内閣府は，施行の委任機関である地方公共団体（都道府県・市町村等）に事務を委ねる。地方は議会において条例や規則を制定し，それを施行する。学校教育に関しては，首長部局が私立校を，教育委員会が公立校を管轄し，地方の実情に応じた教育委員会規則や学校管理規則を定め，運営に当たっている。幼保連携型認定こども園のような新しい施策は内閣府が直轄して推進し，やがて省庁，地方自治体を主体にして行政事務を委任することになる。

　さて，現段階の教育委員会は，都道府県および市町村等に置かれる合議制の執行機関であり，生涯学習，教育，文化，スポーツなどの幅広い施策を展開する。政治的中立性の確保，教育の継続性，安定性の確保，地域住民の意向の反映を基本として，首長部局との連携を保持し，合議制による中立的，

専門的な行政運営を担保している（総合教育会議による首長と教育委員会の意思疎通，教育委員長職の廃止と教育長の責任の明確化，教育長の議会による承認については 2014 年「地方教育行政の組織及び運営に関する法律の一部を改正する法律」から）。つまり，住民による意思決定参画（レイマンコントロール layman control，素人統制，ここでいう素人とは人格が高潔で教育，学術および文化に関し識見があり政治や教育，行政の専門家ではない者）により，保護者や地域住民の意向を幅広く反映し，教育行政を実現することを旨としている。

　この施策を実施するためにはお金がかかる。かつて，市民革命や産業革命によって近代国家が成立し，自由な経済活動が進展した頃の政府は，外交，防衛，治安などを提供する「夜警国家」的理念に財政支出した。しかし，経済活動の発展は，貧富格差を生み様々な社会問題を発生させ，政府が自ら行う「行政国家」に変貌した。日本も先進国にならいナショナル・ミニマム（政府が国民に保障する最低限度の生活）の遂行のため，福祉・医療・雇用・年金・生活保護をはじめ，様々な行政サービスがなされている。しかし，行政サービスの拡大にはお金がかかり，国民の負担が増し，行政組織も肥大化し「大きな政府」が出現する。そこで 1980 年代以降，国鉄，電電公社，専売公社などの民営化，経済活動に対する規制緩和，「小さな政府」を目指す財政改革，構造改革が推進されてきた。それでも 2019 年度の国，地方の財政赤字見込みの合計は 1,093 兆円，GDP（国内総生産）比 198％に達する巨額なものとなっている[5]。債務残高の世界比較でいくと，主要先進国中，最悪の水準にある深刻な財政状況である。そして教育費支出の政府総支出に対する割合は，OECD 諸国の中では中位（OECD インディケータ，2016）にあり，「改革なくして成長なし」「国から地方へ」「官から民へ」を政策目標に「増税なき財政再建」への構造改革が進められた。東日本大震災によって，未来に借金を残すかどうかの増税論議が再燃して，2019 年 10 月には消費税 10％に増税されたのは，周知のとおりである。

　樋口修資は，「教育サービスは，それを受けた本人が直接的に利益を受けるだけではなく，教育を受ける結果として，すべての人が共通の言語を話し，

社会の基盤となる共通の価値観を身に付け，基本的・基礎的な知識や技能の習得により社会経済の発展に資することとなるといった社会全体にも大きな利益をもたらす」[6]として，防衛，外交などの公共財に並ぶ「準公共財」と位置づけている。未来への先行投資である教育という「正の外部効果」「価値財」は，税金の財政支出によって支えられているのである。しかし，制度を確立する唯一の方法としての財政支出も，知の貧困を招く危険がある。イリッチは，「現在，健康，教育および福祉をとり扱っている制度への財政支出を止めさえすれば，その制度のもつ副作用—人々を無能にする副作用—から生じる一層の貧困化をくいとめることができるのである」[7]とする。確かに，国に依存し安全神話を信じる大衆の無能化という副作用，国の財政に依存し経営能力を摩耗させていく副作用も蔓延している。自律的に制度を活用する知恵と，制度に依存する関係の中で，行政と人々の関係も生まれていく。

（4）　教育権と学習権の解釈

　国から地方公共団体への権限委譲，都道府県教育委員会から市町村等の教育委員会への権限委譲，市町村等の教育委員会から学校への権限委譲，そして校長から担任への権限委譲と，すみずみにまで行き渡るように周知するこの図式は，上位下達の構造の最たるものに見える。この法治国家の仕組みは，末端組織となる市町村等の教育委員会や学校側の運用によっては，法律に守られていると捉えられる反面，規制されて身動きができないといった現象も発生する。しかし今日は，地方自治法の大改正により地方自治の原則に則って，教育権と学習権を両立させる方向でこれを権利として位置づけ，法との拮抗の中でバランスを取っている。

　教育権には，教育を受ける権利と教育を実施する権利が含まれる。憲法26条では，「すべて国民は，法律の定めるところにより，その能力に応じて，ひとしく教育を受ける権利」があげられている。一方，教育を施す（広く行きわたらせる）権利主体は，保護者，国，教師である。保護者の教育を実施する権利について，教育基本法に，「父母その他の保護者は，子の教育につ

いて第一義的責任を有するものであって」「国及び地方公共団体は，家庭教育の自主性を尊重しつつ，―（中略）―家庭教育を支援するために必要な施策を講ずる」二者の関係が明記されている。また民法は「親権を行う者は，子の利益のために子の監護及び教育をする権利を有し義務を負う」とし，世界人権宣言で「親は，子に与える教育の種類を選択する優先的権利を有する」としており，ここでは教育の選択の自由とともに適切な教育を要求する権利も含まれている。教育が国民の基本的人権として位置づけられるなか，国が教育権を有するのかという疑問もあろう。そこで国の教育権は，国民の付託に基づき，国政の一部として適切な教育政策を樹立し実現するために，必要とされ相当とされる範囲に限定して権能を有することになっている。また教師については個別の自由な教育権は認められず，職務権限については国・地方公共団体・学校・教師間で役割分担して決定され，その範囲内での自由裁量が認められるものとした判例に従っている。

このように教育権を法的に解釈すると，第一義的には教育を受ける主体者の権利，第二義的に親権者の権利，第三義的に国の行政責任ということになる。しかし，学習権という概念から考えると本来，学習は主体の能動的，継続的な生きる営みであり，生涯学び続けるのが人間の喜びである。ユネスコの学習権宣言は，学習権を承認することは重大な人類の課題であり，学習権を基本的人権の一つに位置づけ，その正当性は人類普遍のものとして学校教育に限らず生涯にわたる学習権の保障を謳っている。それは義務教育期間だけではなく，乳幼児期から生涯にわたる学習権の保障である。

生涯学習し続ける学習権を忘れて，学校教育に限定された教育概念だけに縛られると，狭義な法の構造解釈を突出させ，国と地方公共団体と学校の関係が形骸化し，現場の教職員を心理的に拘束する危険を孕むことは，繰り返される様々な事件が示すとおりである。

(5) 私立園・学校存続の意味と法との関係

明治憲法下での私立学校は，国公立大学の補助機関として位置づけられ，

経営・財政だけでなく教育内容・条件，教員の身分にいたるまで国の統制下にあったが，1949年に制定された「私立学校法」では，私立学校の自主性の原理が確保され，国公立学校と同等の役割を担う公教育機関として位置づけられた。私立の大学および高等専門学校の所管庁は文部科学大臣，幼稚園・小学校・中学校等それ以外の学校の所管庁については都道府県知事として，基本的には私立学校の設立の自由，私人の意思の自由に委ねられ，学校法人による自主的な運営の下で独自の教育方針や校風をもつことができるようになったのである。私立学校は公教育機関として，その公共性と自主性を確保するために次のようなシステムをもっている。一つは審議会を設けて私立学校の教育行政に対して統制を図っていること，二つに私立学校自体の民主的な経営管理体制を構築するために法人理事会による運営と民主的統制組織としての評議委員会が設立されたこと，三つに憲法89条との関係で条件を整備し包括的で恒常的な私学助成制度（私立学校振興助成法1975年制定）によって質的・量的な充実と健全な発達を図っていること，である。

　しかし，この私学助成制度は，日本では助成を受けることはすなわち公的支配を受けることと同意味で捉えられやすい歴史をもっている。明治期以来，納税義務と兵役義務と就学義務が並列して国民に課せられ，教育の専権事項は国家に帰属し，国家が教育を推進してきた。そして，「義務教育は原則として公立学校において行う」ことを原則としてきたため，戦前までは私学助成金がほとんどないにもかかわらず強い規制と統制を受けたのである。戦後，その弊を回避するために1969年までは税制優遇や施設費等に関する低利融資を中心とした「私学行政消極の原則」の施策がとられた。そして，1970年から経常費補助が開始され，1975年には私学を担当する行政組織も拡大し，学校法人会計基準に基づいた助成・育成主義がとられた。しかし今日，助成主義が過保護ということで民間の自立自助政策とともに官から民間活力の推奨へと施策を転換している。さらに認可制から届け出制へと代わり評価機関による学校評価による規制が強化されることによって，国の監督から保護者や地域社会の人々の監督への転換を図っている。

第1章　就学前教育経営の基底　*41*

　市川昭午は，統制主義から放任主義へ，放任主義から育成主義へ，育成主義から分割政策への変遷過程について次のようにいう。「私学政策の基本的な理念が確立していないために，必要以上に時代の推移や社会の変化による影響を受け」たためであり，確固たる方針がないのは「現象的理解にとどまり，私学の特性や私学教育の本質が十分に把握されてこなかった」[8]と。

　教育の自由を謳うベルギーや私学が6割を占めるオランダのように，"私学の自由"が憲法で基本的人権として保障されている国では，私学と公立の財政平等の原則に基づき，教育法制上の思想や理念，原理に対する負担金として公費が支出されている。ここでいう私学の自由とは，"教育の自由と責任"である。教育の自由という概念は，教会や国家による教育の独占に対抗する市民の要求として生まれた自由で，フランス革命直後の憲法で基本的人権として保障されるようになったものである。1831年のベルギー憲法で「教育は自由である。これに対するすべての抑圧措置は禁止される」[9]としたように，憲法で保障された基本的人権である以上，これらの国では潤沢な私学助成を国民が支えているのである。

　私立学校が存続する意味は，私立学校法第1条に謳われた「私立学校の特性にかんがみ，その自主性を重んじ，公共性を高めることによつて，私立学校の健全な発達を図ること」である。では，なぜ自主性が重んじられるのかといえば，俵正市のいうように「私学に独自性を発揮させる必要からであり，独自性こそ『私学の存在意義そのもの』」[10]ということになろう。田村哲夫はそれを「公立校は水道の水，私立校は井戸の水」[11]と表現し，均質・均等の役割をもつ公立と，建学精神・理念に基づき生徒とつくる私学の独自性・主体性の違いを説明し，それが人間の創発につながるとする。

　就学前教育施設は，私学経営が高い比率を占める。そこには就学前教育の社会的ニーズの高まりに行政の手が回りきらず，その設立が私学に丸投げされてきた結果という側面と，民意によって社会を発展させようという側面がある。義務教育が公立学校を基本とする日本的風土の中で，私学の小・中・高等学校などは自主性と独自性を強調してきた。その状況と違い，就学前教

育経営は少子化で熾烈な競争が始まると，給食やバス送迎，時間枠の拡大といったサービスを掲げ，存続を模索し生き延びてきた。そのため，不足する施設の量的拡大に一役買ってきた私学の園が，教育の質に対する"自主性と独自性"という認識を形成するには時間がかかる。

就学前教育無償化が実現した次の段階で，5歳児義務教育化が進捗するのか，模様眺めの段階なのも私学存続の意味，つまり高い理念を実現し未来社会を支えるという自主性や独自性の実現への土壌が弱いためではないかと思われる。東日本大震災以降，自然災害の多発によって教育・保育の場所（トポス）を失った子どもや教師・保育士等，保護者，地域の人々は，第二次世界大戦後と同様，無から意味を生成する場所づくりを始めている。子どもの未来をよりよいものにと思う心があるかぎり，子どもは生きる権利を保障され，仲間と遊び学ぶ生活の場は用意されるに違いない。自然災害による場所（トポス）の喪失は，就学前教育の原点はともに生きる権利にあることを再確認する機会となってはいるものの，施設環境や教員の質を支える公的支援は低く，安かろう，悪かろうといった低迷する状態が続いている。

私学の独自性を謳いつつも，就学前教育においては独自性の質にまだ手が回らない歴史は，今しばらく続くのではなかろうか。しかしこの機会に，私学経営が財政的に困難だから公費によって支えてもらうのではなく，教育の多様性と国家の未来展望を確かなものにするために，子どもの基本的人権を保障する場所（トポス）づくり，独自性の質への助成・国民の協賛という考え方に転換して，自主性，独自性に基礎づけられた経営に着手してこそ，私学の自由と責任を創造することができるのではなかろうか。

2．教育経営革新の変遷史

教育経営の改善は，日々の小さな試みの累積だが，それが大きな構造的変革につながり時代が動く。公立学校を主とした義務教育諸学校では，この変革を"経営現代化"と称して，すでに多くの人々によってたびたび試みられ，

経営の基礎理論から運営の具体に至るまで，様々な見解が提起されてきた。それでも教育経営の変革は難しく，組織の保守と慣行が先行しやすい。"教育の現代化"という言葉は，教育経営をはじめ，教育内容や教育方法，教育環境などを変革する際に，いろいろな場面状況で使われている言葉である。それは，過去の経験を踏まえて現代をどう捉えるかという問題とともに，現代をよりよい方向に進め未来に向かうにはどうすればよいかという二つの意味を伴っている。1960年代から学校経営の現代化がいわれてすでに半世紀以上経ち，社会は常に現代化のまっただ中にあるといえよう。しかしながら，就学前教育において経営の現代化などという言葉はあまり聞いたことがないであろう。多くの人々が経営改善に努力しているにもかかわらず，日本に幼稚園等が誕生してから140余年経った今日に至っても，安部富士男の経営論やわずかな経営者の述懐冊子を除けば，経営を社会と共同し開示する構造的枠組みがなかったために，就学前教育経営の現代化にはまったくといっていいほど光が当てられていない。1978年に『幼児のための園とクラスの経営』[12]が出版されているが，タイトルのとおり園経営と学級経営は分離したもので，民主的な園運営や保護者との連携，地域の中の園，保育計画の構造の必要性が述べられてはいても，当時はまだ，園を軸とした内々の改善視点の提供にとどまっている。また，伊藤良高の『幼稚園経営』『現代保育所経営論』[13]には幼保一元に向かう経営視点と課題が詳細なデータに基づいて捉えられ大局からみた経営の視座がある。しかし，経営の具体的なイノベーションは描かれていない。

　そこで，まずは教育経営が現代化という言葉に隠れつつ経営革新を模索してきた歴史的な流れを，初等教育（就学前教育，小学校教育）を中心に捉えたい。ここでは再創造を繰り返す流れを大きく4期に分けている。

(1)　第1期：児童中心主義へ

　明治開国以来，富国強兵を目的とした国家は教育界を教育勅語一色に染めていくが，日露，日清戦争を経た大正期になって新教育運動[14]が起こり，

自発的学習・自治的訓練・芸術的表現の場に学校を改善しようとする第1期の教育経営現代化運動が盛んになる。木下竹次は学校を児童生徒だけでなく教師や保護者にも愉快な学習の場とすることを説き，「自律的学習をさせるならばまず環境を解放するがよろしい。そして自由に生活させよ。その間に自律的学習ができる。―（中略）―自律的学習生活を系統的に組織してはじめて学校の学習制度が成立する」[15]とする。学びの主体を浮上させた学習中心の学校改革を目指すものである。この当時の現代化の現象を岡本定男[16]は，①校長をはじめとした管理層教員による勅語精神貫徹型の全人格的内在志向，②自覚的な個々の教員による勅語精神順応型の教育愛的純化思想（平野芙美子的実践）[17]，③学校内外に組織された教員集団による勅語精神批判型の文化改造的生活志向（生活綴り方運動的実践）[18]，に分類している。この岡本の3分類は，就学前教育界においても同様で，①には富国強兵策を受けた桃太郎主義の園経営[19]が，②には倉橋惣三[20]をはじめとする教育愛に支えられた経営実践がみられ，③は城戸幡太郎[21]を中心とした論客と実践家たちによって，幼稚園というより貧窮に喘ぐ家族に手を差しのべた保育所においてより多く実践された経営改善といえよう。特に，新教育運動の隆盛期である昭和初頭期から学校改善研究の改善項目は，渡部政盛の論にみるように，「（一）学校観念の中から官庁的臭味を排除し，それに代わるべきものとして，デモクラシーの要素，社会的の要素を導くこと，（二）文化財の取引所，知識技能の授与伝達所の考を棄てて，生活形成所，文化生産所，の要素を摂取すること，（三）言語主義概念主義を蝉脱して作業的，体験的，勤労的の要素を多くすること，（四）教員中心，教授中心を棄てて，児童本意，学習本意の学校に改造すること，（五）学級的教授の中に今少しく個別化の思想をとり入るること」[22]があげられている。まさに大変革である。こうして国の行政機構下における教育管理を中心としてきた学校経営が近代化の様相を呈してきたのである。

　この新教育運動を国家はどうみてきたのか。世界的な新教育運動の潮流に乗った日本のオルタナティブ・スクールの兆しも，全体主義へと突き進む国

第1章　就学前教育経営の基底　　*45*

家からみると異端であり，圧力がかかることになる。公立では千葉命吉[23)]をはじめ多くの教師たちが学校を追われ，社会の課題にともに取り組む立場から教育科学を提唱した城戸幡太郎らは牢獄に入れられたように，あるいは私学では社会の無理解，経営難に見舞われ，国家の教育に対抗しうるだけの体系的な内容をつくりだす間もなく「国民学校令」が出されて戦争突入に巻き込まれたように，短期間の経営革新運動として終わっている。昭和初頭から始まった学校経営現代化への模索も軍国主義には逆らえず，教育は所詮，国家や産業界のインドクトリネーション（特定の信条や態度を押しつけて信じこませること。教化）の中でしか生きられない諦めを人々に植えつけたことは，戦後の教育にも反映していったといえよう。

(2)　第2期：産業構造化する学校経営

　第2期の経営改善の動きは，第二次世界大戦に加担した反省とアメリカ教育視察団の意向から，学校が新たな位置づけを求められたときに始まる。教育行政は強圧的な支配関係からサービス行政へと転換し，生活に始まり生活に終わる学校もコミュニティ・スクールとして出発した。「村の学校」「おらが園」として地域社会，保護者，子どもと教職員が共同して民主的なよりよい社会を形成する目的で，経営の主体者としての校長・教職員・市民の地位を確立しようとしたのである。

　しかし，小中学校のコミュニティ・スクールはつかの間で，1950年以降，国の法的・財政的権限が拡大されると，学校の公的基準性が問われるようになる。ここでいう「公」の基準とは，「福祉国家」観に依拠した教育機関としての学校で，国民として平等に一定の知識・能力を育成するというものである。この標準化の考え方を法制化したものが1956年の「地方教育行政の組織及び運営に関する法律」であり，法的拘束性をもつとされた1958年の「学習指導要領」である。“お金も出すが口も出す”教育行政と“お金は欲しいが口は出さないでほしい”学校の衝突は文部省と日教組（国立・公立・私立の幼稚園，小学校，中学校，高等学校，特別支援学校，大学，高等専門学校，専

修学校，各種学校などの教職員で構成する組合と，教育関連団体スタッフによる組合を単位組織とする連合体組織）の対立図式となって，地域と学校の予定調和として出発したコミュニティ・スクールを崩壊させていくことになる。前述したように，お金とは国民の税であり「公」の基準が税を握る国家によって統制される関係が強化されることで，"国民教育機関の基準性を満たす学校"は，人的能力の開発を目指す産業構造に組み込まれることになる。その現れの一つとして産業の効率性，対価性に基づいた仕組みが，偏差値や全国共通テストによる「学校知」の計測につながり，「受験競争」の火種になって知的能力の開発競争が激化する現象を巻き起こしたといえよう。

　就学前教育は，戦後処理に追われて義務教育にすら手がまわらない行政の蚊帳の外に置かれ，就園率が向上するまでの"当分の間"ということで学校教育法に位置づけられた幼稚園と，児童福祉法に位置づけられた保育所の，文部省・厚生省の二元行政で出発した。そして，就園率向上による量的な拡大が図られていく。また保育所も福祉要求の増大によって，どんなに保育所を設置しても間に合わないという時期に突入する。両者とも，いつの間にか理念を忘れ，地域から遊離して教育管理が増し形骸化していくのである。

　ここに幼児期から"よい学校に進学しよい会社に就職する基準"が形成され，20世紀後半の学校観をつくっていった。就学前教育は一方ではアメリカのヘッドスタートや英才教育の潮流に乗って学校知の早期教育が流行し，一方では，ともかく希望者を収容する施設を増設する方向で経営理念や実践は低きに流れた時代でもある。また二元行政は法律を異にするので，やがて幼稚園と保育所は文化的にも異なる場所の様相をもつようになっていった。

　産業構造に組み込まれた学校は，新しい課題を抱えることになる。一つは，行政の管理が徹底すればするほど学校や子どもの主体性が失われ，教員は子どもに向き合うよりお上の顔色を見て動くという自己保身・身分保障の確立への指向である。二つは経済発展に直接的に結びつけられた教育課程の問題である。古代から教育が目指したものは社会生活を営む人間の精神的・身体的陶冶の過程であるが，近い将来の経済発展に役立つ知識の獲得へと教育課

程が組まれることにより，教育本来の目的が人間活力の醸成を忘れ，知の獲得という一方向に偏っていく。

　このような市民の存在から離れて二つの課題に縛られた学校経営改善は，当初から限界を有している。榊原禎宏[24] は，これを経済的合理主義を学校に応用した人的能力開発論，学校経営近代化論，学校経営現代化論の三様に分類している。人的能力開発論は，産業構造に貢献する人材育成として知識を教授する学校化の推進と，進学塾や幼児の知的な早期教育を盛んにする流れを生みだした。学校経営近代化論では，学校が近代的組織となっていないのは経営・管理・組織の合理化がなされないためとして組織の合理化が図られた。その合理化は，校長，教頭，主任といったヒエラルキー構造の確立で，国の意思が都道府県，市町村等の教育委員会から学校の組織内に浸透する縦構造の制度を確かなものとした。学校経営現代化論は，前二者より次元の高い学校構成員の社会的・人間的関係を包含した合理化と民主化を目指したものだが，いずれも学校が教育のすべてといった，「学校」の優越化と正統化をつくりだしていく。

　コミュニティ・スクールの時代には地域の中にあった学校が，第2期には地域から遊離し，一緒に行っていた行事の運営も地域社会の人々は除外され，全国一律の教育内容によって子どもが生活する郷土の文化性は失われ，教育所としての学校が知や規範のすべてを担い，保護者にサービスを提供する競走的産業と化していくのである。

（3）　第3期：脱学校化への模索

　教育機能を地域社会から遊離して学校標準化に一本化した過程は，全国に平均的な環境を提供した反面，四半世紀して標準化が成熟するとほころびが生じてくる。1970年代以降，不登校，怠学，校内暴力，いじめ，自殺など様々な現象に見舞われて学校は荒れはじめ，学校の質と責任が問われるようになったのである。この間，校長や教員は何もしなかったのではない。マスメディアや保護者の厳しい批判を受けながら，発生する問題解決のために夜を

徹して走り回り，保護者に謝罪し，子どもとの関係を構築しようとしてきた。しかし，学校や教育委員会が次々と施策を打ち出しても，産業人育成の教育目的，固定化したピラミッド型の教育体系，知識力や暗記力を重視した平等の学力観などに手は及ばない。1950年代から国家が築き上げてきた学校観は，構造そのものに潜む問題だけに応急的処置では解決できないのである。学校が「教育」のすべてを担えば担うほど，子どもは勉強を放棄し，社会と遊離する現象に見舞われて経営が機能しなくなっていったのである。

　学校が危機に陥っていることが誰の目にも明らかであっても，四半世紀にわたるピラミッド構造の構築によって60年安保闘争を境に民間教育運動や教員組合運動も低調になり，国家に対する教育の対案を下から生みだす所がなくなってしまった。それを訴えたのが子どもたちの反乱といえよう。行政や公的教育機関では対応しきれない，いじめ，不登校，ひきこもりの子どもを引き受ける「東京シューレ」[25] が1985年に活動を始め，ふたたびオルタナティブ・スクールへと人々の目を向けた。「子ども，若者の成長の権利」，「子どもの社会参画の推進」，「多様な教育制度の拡大」，「子ども中心の教育の創造」を掲げたこの活動は，国や行政を動かし，学校の枠組みを拡大していくことになる。荒れる学校現象改善のために，国は第三の教育改革に着手する。これは明治の学制，第二次世界大戦後の教育改革と異なり，体制変革のない中で行われるので困難を極めることになる。

　就学前教育施設はバブル崩壊に至るまで，多くの園は少子化の到来は予想していても，抜本的に経営を見直す必要感も薄く，少子化や経済界の変化によって園経営が不安定になることなど想像もせず，子どもが小学校に行くと問題を起こす原因を，家庭や小学校側に置いていて，自らの経営や実践を振り返ることは少なかった。荒れる小中学校を眺めながら半世紀近い太平の世を過ごしてきたところが多かったといえよう。

(4)　第4期：関係・システムの再構築
　皮肉なことに助っ人となったのは，右肩上がりの経済成長に歯止めをかけ

たバブル崩壊と少子高齢化である。政治，経済，教育などすべての分野の構造を根本的に見直す機会が到来する。1998 年（幼 2000 年，小中 2002 年施行）に学習指導要領が改訂され，授業時数の削減，完全学校週 5 日制の実施，「総合的な学習の時間」の新設，「絶対評価」の導入といったゆとり教育への大幅な転換がなされた。並行して国の地方に対する関与，統制を縮小し自治体の自主性，自立性を確保することを目的に 1995 年「地方分権推進法」および 1999 年「地方分権一括法」が制定，また同年「地方教育行政の組織及び運営に関する法律」が改正され，2000 年から施行されている。「地方自治法」に関連する諸施策は，国と地方自治体が上下ではなく対等・平等な立場で連携協力する仕組みへの転換を謳うことになったのは前述したとおりである。

　ゆとり教育は，一部の賛同者を得た地域では学校外活動が充実していったが，多くは人々の意識に届かず PISA の調査結果に見るように日本の児童の学力低下の問題とも関連して 2008 年の学習指導要領の改訂によってふたたび授業時数が増加されることになる。生涯学習社会を目指した国家の施策は修正せざるをえない社会状況になったのである。学校はふたたび子どもの学力だけでなく生活すべてを背負い込むことになり，教師集団は子どもと対話する時間もとれず，結果として経営が機能しないほどの混乱に見舞われていく。

　就学前教育施設は，長い眠りから覚めてバブル崩壊と少子化の二重苦の課題に取り組むことになる。しかし，市町村等による幼稚園，保育所の設置状況の違い，知育と遊び中心の保育内容のせめぎ合い，保育士・幼稚園教諭の免許制度の違い，女性の就労の問題，保護者の子育て不安と長時間委託の増加といった二元行政が生みだした保育界の文化的土壌の差異，産業界の構造改革がもたらす歪みが吹きだして廃園が急増した。そして，幼保連携型認定こども園としての幼保一体化制度への流れは，従来の小改革ではなく，経営改善を根本から見直す革新の時代へと向かった。変革期がもつ保護者の要求と園経営との相克，環境の質の低下は，経営課題を増大させているといえよう。

国家が旗を振って経営革新を図ろうとしても民意はついてこない。半世紀の間に，住民自治・団体自治は影を潜め，国への対案・代案が生まれない教育界になり，教育参加から切り離された保護者は国家の失政や学校の経営失敗を責めるといった，従属構造＝批判構造ができ上がってしまったのである。国および都道府県の市町村に対する指導監督権は，「必要な指導，助言又は援助を行うことができる」（地方教育行政の組織及び運営に関する法律，旧法では「必要な指導，助言または援助を行うものとする」）というように，パートナーシップによる市町村主義の拡充，住民の自治と学校経営の主体性を構築することが謳い上げられた。

2004年の「地方教育行政の組織及び運営に関する法律」改正によって生まれた学校運営協議会制度，いわゆるコミュニティ・スクール指定校は，2016年4月1日の段階で全国2,806校（前年比417校増）にのぼる。第二次世界大戦後の出発がコミュニティ・スクールであったように，学校共同体構想は従来国家が牽引してきた教育を市民の合意によって発展させていこうとする構造の大転換であり，教育経営の大革新である。2017年3月にはコミュニティ校化が努力義務とされた。また，新たに登場した2008年からの学校評価，幼稚園・幼保連携型認定こども園における園評価，保育所の自己評価・第三者評価は，園・学校が自立するための制度である。

これも，国家が旗を振って，“評価せねばならない”とするところに第4の経営現代化の大きな課題が横たわっている。教育評価については第3部で取り上げるが，学校運営のコミュニティへの移管は，教育経営を原点に戻す民主主義の一過程であり，この責任は政府・行政に依存し，批判はすれども無関心でいた大衆の側にもあるといえよう。住民自治の拡大を目指すこの機会に，もう一度戦後の出発点に立って民主主義とは何だったのかを考え，市民とともに学校で学ぶ意味，経験する内容を考えることが急務であろう。それは教育経営・教育課題に対する責任が，今後，経営者だけでなく一人ひとりの市民や現場の教職員にも問われることを意味する。

第2章

場所の経営論理
トポス

§1 経営構造のデザイン

1. 教育実践共同体の経営構造

　現実にみる就学前教育施設の姿形は多様である。幼稚園教育要領，幼保連携型認定こども園教育・保育要領，保育所保育指針という基準や指針に基づきながら，就学前教育施設における生活環境がなぜこれほどに違うのか，ここに各園が気候や風土，歴史や文化を背景に教育経営をデザインする構想の違いがある。そのデザインの差違の多様性が就学前教育界に活力をもたらしている反面，そこに所属する子どもは自らは選択できない時間や空間に身を置いて生きることが求められるということになる。

　本来，就学前教育施設の経営は，社会を背景として循環する営み事であり，その構造を明確にデザインしていないと，時代の波が押し寄せてくるたびに足もとをすくわれ「また余分な仕事が増えた」という感覚を教職員にもたらし，本来，為すべきであった領分を見失う。ここでは，場所の論理につなが

52　第1部　就学前教育機関の経営革新

る二つの経営デザインを捉えることによってそれを考えたい。

(1)　イエナ・プランにみる経営デザイン

　1900年代の初頭，新教育運動が盛んな頃にイエナ・プランが掲げた学校と授業の変革デザインの基本的な枠組みに，後世に影響を与えた経営のデザインをみることができる。ナチスドイツの体制下を生き抜いた構造として批判的な見方もあるが，教育経営が行き詰まりを見せるたびに浮上する構造であり，時代を超越した新しさを内蔵している。その全体像を捉えることによって，場所における教育経営デザインの一類型を得たいと考える。少し長いが内容に迫ってその経営の構造を捉えたい。

①　教育科学の立脚点：イエナ・プランの全体像

　イエナ・プランの創始者ペーターゼンは，教育科学研究の立場からドイツ新教育運動の流れの中で生活共同社会学校を構想した。彼のいうゲマインシャフトは，本来学校という組織は学年制によって効率的に知を伝達する機能体ではなく，ともに生活を向上させる共同体であるという主張から始まる。

　彼は，保護者の発議によって保護者，教師，児童の協力する生活共同体を構想した。掲げる理念は「人間的な共同体の中において人間が無意図的に互いに関わり合いながら存在し，活動しているところに教育が生まれる」[1]として，人間関係的な事象が生起する空間で"人々が喜んで，親切に，思慮深く，慈悲心をもって負担を自ら受け入れ担う能力と心構え，純粋に，誠実に，私欲をもたずに自分自身をその課題に捧げる民族と結びついた自由な人間の形成"を目指す。つまり，保護者集団および教師集団の協同的結合に基づいた共同社会意志の陶冶を目的とする学校共同体であり，人間にのみ特有な精神的な徳（善，愛，誠実，友情，謙虚，真の共感，慈しみ，敬虔，畏敬，責任，献身，犠牲，傾倒，おもいやりなど）によって結ばれた共同社会＝精神的共同社会，デモクラシーに立脚した学校である。ここで彼が捉える教育経営の基本概念[2]は，第一義的にA，B，Cの3視点に分類されている。

A　学校生活の外的組織として

①校舎（平屋建て，遊び場，運動場，花壇，全集団の部屋，製作技術室，自然科学作業室，体育館，音楽・行事・演劇のための集会場，幼稚園）を保有し，

②生徒の編成（最大400〜500名，下級，中級集団で各40名，上級集団で30〜35名，自由であるがゆえに多人数が可能）を大きくしすぎず，

③授業が可能なかぎり戸外で実施できる教具，作業道具，遊び道具類で，自然に3〜6名の学習集団ができることを可能にする環境を用意し，

④内的な活動性から自由に選択される場を基本として固定した場はなく，

⑤また，児童は集団に対して自己の自由の責任を負い，

⑥全教育課程の中に作業の切り替え，場の移動等の休憩を置く。その休憩には民族的体操，朝食，運動と遊びも含まれている。

Aの外的組織は，【施設，設備，人的環境，物的環境，時間，空間的条件】といった内容を中心としている。

B　学校生活の内的組織として

①集団：集団による共同体生活の内容をつくりだす基幹集団（1〜3年の低学年，4〜6年の中学年，6〜7，8年の高学年，8，9〜10年の青年集団）を構成し，それぞれの集団は教育的状況が配慮された部屋をもつ。

②集団の定義と移行：異年齢で3グループに構成された基幹集団は，精神共同体の一つの社会形式としてあり，自分の能力において学習し得るものに参加することで精神的・身体的発達の諸段階を決定していく。知能程度ではなく人間的態度が判断されるので，下級から中級，上級集団へと移行はしても落第する児童はいない。そして集団移行の決定にも児童が参加し自己判断する。内的な諸力の結びつきによって児童

は内的変化を遂げていく。

③交際と習慣：部屋での秩序は集団の原則によって維持される。自由が
規定されるのは，すべてが同一の権利と義務を有していること，空間
への配慮，学習の個別性にある。また各集団がもつ部屋の独自性もそ
の意義を認められている。学びの活動性は，座学から離れて円座形式
の読書会，給食，集団授業，小集団の作業と部屋の形態を自由に変え
る。児童の中に野性の粗暴さが働いているときは，練習の繰り返しと
熱心な働きかけが必要だが，部屋は学校居間として人間形成力のある
空間とする。そこで道徳的・人格的教育がもたらされるが，意見の開
陳，意見表明の権利，諸事例の取り扱い，忠告や注意，内面性の育成
に役立つ交際が重要になる。

　Bの内的組織は，集団の質が発達過程を決定する重要な要因として，集団
の相互作用や雰囲気を生みだす形態と環境をどう生みだすかをデザインして
いるといえよう。

　C　生活への習熟として
　サロン形式の教授談話・教育的歓談，自分自身の行為を通して得た疑
問と問題解決の過程が学習に当たるもので，児童の本分に即した談話の
指導，児童の自己活動，自己陶冶に教師は付き添っていく。それは教授
ではなく「問い」を中心としている。児童・生徒の練習的諸活動の習熟
は学習を深化させる重要な形式で，スタイル，文化を付与する。また，
共同作業の開放性，教育における助け合い，といった生活の習熟によっ
て，真の社会的陶冶が容易となる。

　これらA，B，Cのデザインに基づいて場所が形づくられ，授業が計画さ
れる。ただし，ここでの授業概念は，「授業は，それ自体が一つの教育的な
共同体である学校共同体の中に組み入れられるべきものであり，常にその中

では第二義的なもの」とみなされ,「生命への畏敬を伴い, 教育理念の下で技能や知識や意識性へと導くような計画的にかつ有意義に取り行なわれるものの総体」[3] を指している。これを受けて教育課程に具体化される。

○教育課程は, ①基礎学習の分化課程, ②自然界・文化界を学習対象とする集団活動, 構成学習, 宗教行事, 自由作業, 集会等の共同社会形態, ③必要に応じて行われる練習コースと選択コースを構造化する。
○教育方法は, 現実界との交渉様式として自己教育の基礎形式（熟慮, 思索, 信仰, 祈りなど）と自己が他者と一つになる基礎形式（談話, 遊戯, 労作・作業, 祝祭などの行事）を重視する。
○時程は, 午前中100〜105分の学習活動に35〜40分の休憩が2セットにされ, 休憩には軽い体操, おやつ, 自由遊びが行われる。

　ペーターゼンの経営構想は, 子どもは外的な言葉によって形づくられるのではなく生活現実に近い教育的状況の中で自らを形づくるところに向かうとするものである。
　今日の日本の学校の外的デザインは, 遊戯場, 校庭, 基幹集団の部屋（教室）のほかに, 工作技術のための総合実習室, 理科実験室, 体育館, 集会場の4つの特別教室を備えてつくられているが, 移動の自由は保障されてはいない。子どもの移動の自由も保障し学習主体を明確にしたイエナ・プランは, 基幹集団によって教育理念や生活学校の優位性を護る経営デザインである。
　教育経営において第一義的なものが共同体の生活で, 第二義的なものを授業とするペーターゼンの経営デザインは, 教科別指導ではなく生活を旨とする就学前教育と共通する本来の人間教育の原点となる視点が多く含まれている。第一義的な内容を充実させてこそ第二義的な内容が意味をもつとするのは, 生活基盤型の環境を通して行う一つの具現の姿でもある。デモクラシーに基づいた精神的共同社会学校とは, 筆者がいう学校という場所の構想に近いだけにたいへん興味深い。彼の構想は, 共同体の意味生成の枠組みとして,

56 　第 1 部　就学前教育機関の経営革新

①どのような意味の集合体を形成するか

②その集団における個人と自我・個性と人格の関係をどう捉えるか

③その場所が保有する環境としての自然と文化をどう構成するか

④子どもの発達と進歩，教育と陶冶の考え方をどう融合させるか

という教育の本質的なテーゼをもっているといえよう。

②　地域と協同の学校経営

　ペーターゼンはさらに，経済，国家，教会，国民にも言及し，「D：周辺的事項」として，集団全体の集会や見学だけでなく代父母制度（年長生徒の代父母）や学校における教師と保護者の協同についても経営デザインしている。もともとイエナ・プランは，ハンブルク生活共同社会学校を前身として，教師団と父母協議会が直接的管理を行ってきた過程がある。前身のハンブルク生活共同社会学校の管理体制 36 条中の第 13 条からそれが浮き彫りにされた文脈を捉えておこう。

　「父母協議会は，学校生活に関するあらゆる問題を協議助言し，決議することができる。校長は父母協議会に適切な情報を提供する義務がある」。学校評議会は「父母団と教師団との連絡を密にすべき」で「学校制度のあらゆる問題を助言の対象とする権限をもって」おり，教師・父母 200 人から成り立つ評議委員会は，教育局に勧告する権限をもち，教育局はそれを斟酌すべきである[4]。

　ここに見られるのは，地域と協同の学校経営で，オルゼンの地域社会学校，今日のコミュニティ・スクールのモデルとなる構造である。これは世界の新教育運動の潮流に即したものであり，閉塞化した当時の多くの国の学校改善の構造をつくりだしたものと共通する点がある。たとえばフレネ教育に見られる 3 〜 5 歳，6 〜 8 歳，9 〜 11 歳の基幹集団，労作・作業のイニシアティブ，子どもの自治を推進する生活共同組合，興味の複合としての自己学習の

実践に通じるものである[5]。どこの国も国家によって維持され促進される近代学校制度を逃れることはできないが、国家が教育の質向上を家庭や教師集団、地域社会に委ねられる時代を到来させることで、国家によってインドクトリネーション化されることなく、児童自身が自らを形成することができる自由と責任のある学校を目指すことが課題なのである。

ペーターゼンの教育科学の視点を日本の保育界に取り入れた城戸幡太郎は、日本の教育学は人格的発展の助成を目的として教育の方法を規定し、その目的は、当為（あるべきこと、為すべきこと）から出発するだけに子どもの欲求や社会の現実と遊離しやすく、大人が考える将来の目的に子どもを適応させるために教育があるといった本末転倒の現象も発生すると考えた。彼は当為の先行は「教育を社会現象として、個人が社会生活において如何に教育されているかの事実から、如何に教育されねばならぬかを自覚するもの」[6]として捉えるのでなく、理想に子どもを向ける作用が強化されるものと指摘した。その改善のための提案として、「学としての教育学の自律のために教育の事実そのものを対象とし只管にそれの分析と記述とを企図し、且つ人間形成の作用を狭く教師と生徒との個人的なる意図的関係と見ず、寧ろ凡ての個人を含む全体としての社会・歴史若しくは民族が無意図的に営む人間形成作用と見る教育学の立場」[7]を強調するのである。

当為と存在（あること）の関係が規定されている中では、新しい人間像を描いてみても教育の論理は創造されないという限界がある。当為は国家の理に変わり、教育者たちは実質的に学校を動かしている教育財政や教育行政から目を背け、理念なき学校の中を這い回ることになるからである。

イェナ・プランは今日、オランダに渡って発展し、個別指導、自立学習、共同学習と習熟度モニター制度[8]によって共同的学びを保障している。オランダでは現在学校共同体としてのイェナ・プラン学校が220校以上（これ以外にモンテッソーリ校160、ダルトン・プラン校260、フレネ校16、シュタイナー校95で、オルタナティブ校が10校に1校）[9]あり、教員養成大学の養成課程や現職教員の研修などでもPBL方式（自立性、起業精神、問題解決への指向性）

が学ばれている。〈対話, 遊び, 仕事（学習）, 催し〉の基本活動を循環的に行い, 学校が生の仕事の場・子どもと教員と保護者からなる教育共同体として機能している。このプランの20の原則[10]は, オランダでつくられ, それに基づいて実践されている。日本でも, フレネ教育研究会同様, イエナ・プランの実践を模索している人々もおり, それぞれの学校の理念具現化の構造モデルの一つとなっていると思われる。

(2) 安部幼稚園にみる経営デザイン

　日本の就学前教育において, 教育経営の視点を構造化して捉えている安部富士男の貴重な文献がある。子どもの人権保障を基盤に据えたこの構想は, 教育経営の基本を, 共同体の成員が主人公となって自ら課題をもって自発的に取り組む環境づくりにおいている。その環境とは, 地誌的, 物理的条件だけでなく, そこで展開される人間の営みも含み, 「理事長（設置者）, 園長, 教職員, 父母とが綾なす人間関係」[11]が教育経営の質の実体と捉えている。換言すれば, "大人たちの生き方の質を豊かにし, 子ども一人ひとりの興味・関心・意欲を培い, 要求の質を高め, 課題をもって, ときには一人で, ときには仲間とともに, 自発的に活動できる環境"に綾なす人間関係の実体を見ているということである。建学の精神を保育行為・生活行為として血肉化するためには, 一人ひとりの子どもの "ものの見方, 考え方, 感じ方, 行動の仕方, 表現の仕方を含めてその生き方を深く捉え, 教職員集団が経営者, 保護者とともに子育ての共感を培い, その共感が「園運営の計画づくりに参与する知恵」と「計画を実践する力」を支えている" という理念構造である。

　安部の教育経営の骨格は大きく3領域にまたがる。それぞれが他を規定し他に規定されながら独自の機能を発揮することで, 園経営が内包する公共性と独自性を統一すると考えている。その構造[12]は,

　　①保育計画の編成や, 保育実践といった保育の内的条件にかかわる事項
　　②園事務, 施設・設備, 財務の管理など保育の外的条件にかかわる事項

③父母の会活動，父母とともに地域に子育ての力を蓄積し，子どものふ
　　るさととして，それぞれの地域を教育共同体に仕上げていく営みにか
　　かわる事項

に分類される。そして，その具体的計画立案の視点として，

　　ア．園運営の現実の中にこそ建学精神を運営の目標として肉づける手が
　　　　かりがあり，厳しい自己分析によって個性と課題が発見される。
　　イ．目標設定と実現の手がかりを明らかにする営みに，教職員全員が参
　　　　加することで，自発的に自己課題をもった生活実践が実現する。
　　ウ．地域を教材化する営みを内包した地域に即したカリキュラムを運営
　　　　計画の中核にすえ，自己充実する園生活を築き教育の生活化と生活
　　　　の教育化を図る。
　　エ．教職員，保護者や卒業生，他校種の学校，近隣施設，地域の社会教
　　　　育等に開かれているかどうかを吟味した園づくりを進める。
　　オ．園の物的，人的，精神的環境が子どもの自発活動の誘因をゆたかに
　　　　蓄積しているかを吟味し改善する[13]。

という5点をあげている。さらに子どもが園生活の主人公になる生活を次の
ように構造化している（図表1-2-1）[14]。子どもの生活を「土台となる生活」（子
どもが教師の指導を直接に受けずに，自分で自由に遊びや仕事の課題を発見した
り選択したりできる活動），「中心となる活動としての遊び・労働」（クラスな
ど一定規模の集団で自分たちの興味・関心を伝え合い，共感し合い，そこから共
通の課題を把握して，課題追求のために一定期間持続的に展開する。今様でいえ
ばプロジェクトを連想できよう），「課業的活動」（文化との系統的な出会いを保
障する）の層で捉え，三つの活動層の中でそれぞれの層の集団づくりが他の
層の集団づくりに規定されながら子ども同士の豊かな共感を培う集団を形成
するよう，計画がなされる。

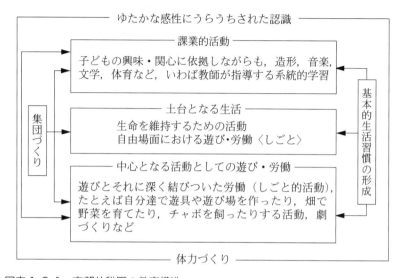

図表 1-2-1　安部幼稚園の教育構造
安部富士男『遊びと労働を生かす保育』国土社，1983，p.130

　また，保育は地域にひそむ連帯の可能性を実現していく営みと結びついたとき，子どもの発達の権利を保障する営みになるとして，保護者も地域の主人公として文化の享受や創造の活動（スポーツ，手芸，図書活動，母親大学，学習会等）を展開している。
　これが教職員とともにつくりあげた園規則（内的・外的事項領域の内容）の中に，①保育の目標，②教職員の定数，③就業規則，④賃金賞与，⑤園の組織と任務，運営の仕方，という形で明文化され保護者とも共有されている。教育課程や指導計画，その実践，評価，教育環境の改善といった経営領域の内的事項と教職員の合意に基づく「園規則」という外的事項が関連し保護者が参画して教育共同体が形成されるという思想をそこに見ることができる。
　安部が構成した教育経営の構造は，その根拠を示す具体的な実践に裏づけられており，内的事項，外的事項，教育共同体のありようなども併せて捉えることができる。そして安部の思想を具現化する実践にも，意味を綾なす

場所があっての生活というイエナ・プランに共通する構造を見ることができるのである。

イエナ・プランがデモクラシーに立脚した精神的共同社会を掲げ，教育科学の本質論を内的事項とし生活領域を外的事項とした構造と，安部がデモクラシーの基本である人権の保障を掲げ，内的事項と外的事項との相互関連によって教育共同体を構想した教育経営のデザインは，ともに時代が変わってもその本質は変わっていないことを鮮明に示している。

2．経営構造を支える質基準の枠組み

就学前の教育・保育の枠組みは，どこの国においても国家的大事業であり，その質をどう捉えるかが，課題となっている。ここではEU諸国の就学前教育・保育に対する質向上を求めた基準と日本の基準を概観することによって，国家がどのような未来を描こうとしているかを捉えてみたい。

(1) EUの質基準にみる経営構造の枠組み

EUが，就学前教育・保育に対する質向上のための目標を掲げ，それを加盟条件にしていることからも，国家の安定と人間精神の活性化が就学前教育・保育の重要事項であることは明らかであろう。この目標は，①国の政策枠組みでの目標と水準，②教育・保育の目標水準，③職員比率や雇用条件，④環境と保健衛生の目標，⑤保護者への目標，⑥実績評価の目標，といったすべてにわたり，EU諸国の就学前教育・保育理念のデザインを示している。国や行政の責任，理念については前述したように日本でも法で規定され，各園の教育・保育経営について最低基準は設けているものの，各主体に任された内容の質的格差は大きい。

EUが20年余にわたる調査の勧告をまとめ，2006年達成目標として掲げた保育サービスの質目標の概略を『世界の幼児教育・保育改革と学力』[15]からまとめると，就学前教育・保育経営の全体構造が読みとれよう。

62　第1部　就学前教育機関の経営革新

【目標1～6】　**政策枠組み**―国，地方自治体で行う責任の明示

【目標7～10】　**政策枠組みを具体化するための財政の目標**―公的支出はGDPの1%以上で基盤整備の開発にも配分，保育料は家庭の純月額所得の15%を超えない。

【目標11～15】　**保育の普及水準と保育形態に関する目標**―全日制保育を3～6歳児の90%，3歳未満児の15%が受けられ，保護者の労働状況に応じた保育時間を提供し，すべての保育サービスは保護者が選択でき，ニーズに応じて援助し固定観念を変えていくよう言語，宗教，ジェンダーや障害などの多様な価値を主張すべきである。障害のあるすべての子どもは，他の子どもと同様に，適切な人的援助や専門家の援助のもとに，他の子どもと同じサービスを利用する権利をもつべきである。

【目標16～20】　**教育の目標**―公私の保育サービスは教育理念をもつべきで，保護者，保育者，他の関係者集団によって作成され発展されるべきである。また，教育理念は，次の内容を含む。「子どもの自主性と自己概念」「子どもや大人との友好的で社会的な関係」「学びに対する強い興味」「言語能力と話し方の技能」「数学的，生物学的，科学的，技術的，環境的概念」「音楽的表現，美的技能」「演劇，人形劇，パントマイム」「筋肉の調整と身体コントロール」「健康的で衛生的な食物と栄養」「地域コミュニティへの関心」。教育理念を実践に移す際の方法が明記されるべきである。保育所は施設管理運営プログラム（保育者の配置，子どものクラス分け，保育者の教育歴，環境構成，経費の使途を含むすべての活動をカバーする）を有しているべきである。教育環境は，一人ひとりの子どもの家族，家庭，言語，文化的習慣，信条，宗教，ジェンダーの価値を反映すべきである。

【目標21～24】　**子どもに対する職員配置の比率に関する目標**―36か月から71か月幼児は1人の職員につき15人以下。家庭保育室の職員配置は大人1人につき4人以下。少なくとも週労働時間の内の10

分の1時間は，保育準備等に充てるための保育に従事しない時間が保証されるべきである。

【目標25〜29】 保育者の雇用に関する目標—有資格者の賃金は学校教師と同等であるべきであり，保育者の最低60%は3年以上の基礎教育を受けているべきである。その教育は，教育（保育）学と発達心理学の理論と実践の両方を組み入れたものである。保育者の養成は基準化されているべきである。保育者は継続的な現職教育を受ける権利をもつべきである。保育者はすべて労働組合に加入する権利をもつべきであり，就労者の20%は男性であるべきである。

【目標30〜33】 環境と保健衛生の目標—法に定める保健，安全の要求水準に見合ったもので，建物のつくりや設備，装備を含む環境の計画や空間の構成は，保育に関する教育理念を反映し，保護者や保育者，関連する集団の見解を考慮すべきである。屋外や屋内に子どもが遊び，眠り，入浴する設備が使えるよう，最小で3歳未満児1人につき少なくとも $6m^2$，3歳以上児1人につき少なくとも $4m^2$ の屋内スペースと，屋外は子ども1人につき $6m^2$ のスペースがあるべきである。食事提供の調理室は建物内に設置し，栄養的・文化的に適切な食事が提供されるべきである。

【目標34〜36】 保護者に対する目標—保護者は乳幼児保育の協働者であり参加者である。また情報を与え受ける権利，意見表明の権利を有する。保育施設での決定プロセスは，関与する保護者，すべての職員，可能な場合は子どもたちが完全に参加すべきである。保育施設は，地方自治体，地域，地区とつながり，地域コミュニティの民族的相違を反映させた職員採用の重要性を強調する雇用手続きを採用すべきである。

【目標37〜40】 実績評価の目標—事業報告と会計報告を年1回行い説明すべきである。すべての保育サービスにおいて子どもの発達は定期的に評価されるべきである。保護者やより広い地域の視点は，評価

過程の不可欠な部分である。保育者は客観的評価と自己評価の両方を
用いて，定期的に自分たちの活動を評価すべきである。

　目標 1 ～ 15 までは国や行政施策であるが，目標 16 ～ 20 にみるように，「公
私の保育サービスは教育理念をもつべき」でその理念は，「保護者，保育者，
他の関係者集団によって作成され発展されるべき」ものとされ，教育経営の
内的事項にかかわる条件づくりを関係者と協働することが提示されている。
また人権を基軸に据え，男女の雇用，賃金，就労時間や日本の設置基準に当
たる物理的環境条件なども規定されている。これらは安部が園規則として教
職員と協働した外的条件にあたるものである。さらに，教職員だけでなく保
護者も子どもも，その場所の協働者であり参加者であり，意見表明権をもっ
ているので決定プロセスに部分的でなく完全に参加することが求められてお
り，評価にも参画するという教育共同体の構造が掲げられているといえよう。

(2)　日本の就学前教育の質基準の枠組み

　日本の就学前教育をめぐる理念法，最低基準として示された環境基準や教
育課程の大綱的な基準（幼稚園教育要領，幼保連携型認定こども園教育・保育要
領），施設及び運営基準等も決して低いわけではない。実践現場となる各園
に自由度の高い方向性を示唆しているが，国家的な基礎研究が弱いこと，研
究者と実践者となる教職員と経営者が分離していて理論と実践の統一が希薄
なこと，自由を効果的に生かした経営の創造がなかなか生みだせないことに，
枠組みだけでは解決できない質の問題がある。さらに，同じ発達年齢であり
ながら幼稚園と保育所および認定こども園では保障される環境の質が異な
り，無認可施設，ベビーホテルなどに置かれる子どもたち（2016 年度認可外
保育施設 6,558 か所，入所児童数 158,658 人，厚生労働省）も多数いる。

　ここでは，日本の幼稚園教育要領，幼保連携型認定こども園教育・保育要
領，保育所保育指針（2017 年告示）および幼稚園設置基準（2014），児童福祉
施設の設備及び運営に関する基準（2016），幼保連携型認定こども園認可基

準（2013）等の内容を，EU の質基準のように関連させて捉えてみたい。高い理念とその実現のための最低基準に基づいた質向上の方向が浮き彫りにされよう。

①理念―日本国民は，恒久の平和を念願し，人間相互の関係を支配する崇高な理想を深く自覚するのであつて，平和を愛する諸国民の公正と信義に信頼して，われらの安全と生存を保持しようと決意した。われらは，平和を維持し，専制と隷従，圧迫と偏狭を地上から永遠に除去しようと努めてゐる国際社会において，名誉ある地位を占めたいと思ふ。われらは，全世界の国民が，ひとしく恐怖と欠乏から免かれ，平和のうちに生存する権利を有することを確認する。（日本国憲法　前文）

　我々日本国民は，たゆまぬ努力によって築いてきた民主的で文化的な国家を更に発展させるとともに，世界の平和と人類の福祉の向上に貢献することを願うものである。

　我々は，この理想を実現するため，個人の尊厳を重んじ，真理と正義を希求し，公共の精神を尊び，豊かな人間性と創造性を備えた人間の育成を期するとともに，伝統を継承し，新しい文化の創造を目指す教育を推進する。

　ここに，我々は，日本国憲法の精神にのっとり，我が国の未来を切り拓く教育の基本を確立し，その振興を図るため，この法律を制定する。（教育基本法　前文）

②目的―教育は，人格の完成を目指し，平和で民主的な国家及び社会の形成者として必要な資質を備えた心身ともに健康な国民の育成を期して行われなければならない。（教育基本法　第1条）

　幼児期の教育は，生涯にわたる人格形成の基礎を培う重要なもので

あることにかんがみ，国及び地方公共団体は，幼児の健やかな成長に資する良好な環境の整備その他適当な方法によって，その振興に努めなければならない。（教育基本法　第11条）

幼稚園は，義務教育及びその後の教育の基礎を培うものとして，幼児を保育し，幼児の健やかな成長のために適当な環境を与えて，その心身の発達を助長することを目的とする。（学校教育法　第22条）

これは教育学の初発の範疇として位置づけられる。

③目標―学校教育法および各施設の教育課程の大綱的な基準（幼稚園教育要領をはじめ，小・中・高の学習指導要領），保育所保育指針などにみる目標は「身体諸機能の調和的発達」，「自主・自律，協同の精神」，「社会生活や生命自然事象への興味や関心，理解と態度，思考力の養成」，「日本文化の摂取と会話力」，「豊かな感性と表現力」が掲げられる。この目標を掲げて育みたい資質・能力は，＜知識及び技能の基礎＞，＜思考力・判断力・表現力等の基礎＞，＜学びに向かう力・人間性等＞であり，各園が教育課程（保育所においては全体的な計画）を編成し，教育課程に係る教育時間終了後の教育活動計画，学校保健・安全計画等も含めた全体を一体的に捉えて教育活動を展開し評価することによって，生きるための基礎としての資質・能力を育成する。

④集団の組織―目標を達成するための手段として，幼稚園，認定こども園における幼児教育においては3歳から就学前までの幼児集団を原則的に学年別集団として編制し，標準4時間の教育効果を図るようにする。さらに保育所等との合同活動における集団は，その幼児数を含む（異年齢で構成される組やグループ，長時間の保育への配慮も有り）。また幼稚園，認定こども園には学校保健安全法が準用される。

⑤学級編制および教育・保育時間―認定こども園，保育所は一人の保育士につき，乳児は3人，1歳から3歳未満児は6人とし，3歳以上4

歳未満児は 20 人，4，5 歳児は 30 人で常時 2 人以上配置する。1 日 4
時間を標準とする幼稚園は満 3 歳以上就学前まで，1 人の教師に 35
人以下である。また認定こども園では標準 4 時間の教育部門において
は保育教諭を置くことが義務づけられている。認定こども園の保育時
間は，短時間利用児については幼稚園と同じだが長時間利用児は保育
所と同じ 8 時間，時間外を希望する場合は 13 時間までの保育になっ
ている。

⑥物理的環境条件－幼稚園は職員室，保育室，遊戯室，保健室が必置で
ある。また，園舎は 2 階建以下を原則とし，学級数に応じた園舎面積
基準，運動場面積基準を規定している（例として，運動場―1 学級
330m^2 から 3 学級 400m^2，4 学級以上は 1 学級につき 80m^2 以上）。認定こ
ども園，保育所ともに，3 歳未満児部門においては乳児室，ほふく室
は必置，保健室（医務室），便所は必置（保育所は原則設置），満 2 歳以
上の幼児が在籍する場合は，保育室，遊戯室は必置である。耐火・防
火の規定はあるが階数についての規定はない。

⑦施設の特例―幼稚園では運動場が必置なのに対して，保育所，認定こ
ども園の屋外遊戯場は，2 歳以上児については原則設置（1 人につき
3.3m^2）だが，屋上や代替え地の利用も可能としている。

⑧集団の作用―集団の総数についての規定はない。集団の相互作用を意
味あるものとする方法論として，個人，グループ，学級全体など集団
を構成し，その人的作用が個々の幼児の興味や関心，好奇心を満たし
たり，思考力や表現力を高めたりするよう柔軟に行う。

⑨障害児の教育―障害があっても個々の幼児の状態に応じて，計画的，
組織的な支援を行うことを基本とし，特別支援学校幼稚部，関連機関
等との連携を行う。

⑩保護者との関係―第一義的責任を有する保護者の教育権を尊重し，一
人ひとりの保護者の状況や意向を理解，受容し，要求する保育時間に
適切に対応するとともに，必要な援助を行い，人間としての尊厳を大

切にする。

⑪教師・保育士等の資格―幼稚園，認定こども園は，園長以下免許保有者（幼稚園教諭2種ないし1種，幼保の免許・資格をもつ保育教諭，専修免許をもつ教諭）および，保育所，3歳未満児のいる認定こども園では国家資格を保有する保育士による人的条件を規定する。組織構造としては園長，教頭，主幹教諭，指導教諭，教諭を置くことを最低として，栄養教諭，講師，養護教諭などの配置可能を条件として組織を構成する（保育所は保育士，嘱託医及び調理員，また園長は別規定）。

⑫教師・保育士等の労働条件―労働時間は，週40時間で，その運用は労働組合（10人以下で組合がない場合には教職員の代表）との合意に基づいた就業規則による。

　この他にも職員会議の有無など最低の質基準が詳細に規定されている。さらに，教育課程の基準には，"環境を通して行うことを基本とし，その環境は幼児とともに創造する"総合的な指導を旨とし，地域の資源を活用し，集団の相互作用を重視しながら物的・人的環境を計画的に構成するとともに，環境としての教師自身が幼児の活動を豊かにし，幼児が発達に必要な体験を獲得できるようにと謳われている。また，豊かな感情や好奇心，思考力，表現力の基礎が培われる"自然の大きさ，美しさ，不思議さなどに直接触れる体験を通し"た生活が展開されるような環境を用意することも経営の中核である。それが園という場所の保有する文化を創造していくとした視点であり，行政施策（教育基本法第11条）が謳う「良好な環境の整備」により，学校教育法第23条に示されている「健康，安全で幸福な生活のために必要な基本的な習慣を養い，身体諸機能の調和的発達」を図り，「集団生活を通じて，喜んでこれに参加する態度を養うとともに家族や身近な人への信頼感を深め，自主，自律及び協同の精神並びに規範意識の芽生え」「身近な社会生活，生命及び自然に対する興味を養い，それらに対する正しい理解と態度及び思考力の芽生え」「日常の会話や，絵本，童話等に親しむことを通じて，言葉

の使い方を正しく導くとともに，相手の話を理解しようとする態度」と「音楽，身体による表現，造形等に親しむことを通じて，豊かな感性と表現力の芽生え」を養うことが文化獲得を促進するとした，発達の方向性を示すものである。2017年には，3歳以上児を扱う幼稚園，幼保連携型認定こども園，保育所ともに「幼児期の終わりまでに育ってほしい姿」として，ア．健康な心と体，イ．自立心，ウ．協同性，エ．道徳性・規範意識の芽生え，オ．社会生活との関わり，カ．思考力の芽生え，キ．自然との関わり・生命尊重，ク．数量や図形，標識や文字などへの関心・感覚，ケ．言葉による伝え合い，コ．豊かな感性と表現，の10項目が掲げられ，どんな施設で教育・保育を受けても目指す共通項は同じであることが強調されている。

　現在はシステム改変期のうえ，市町村等によって公費負担が異なるので，ここには経営にもっとも直結する費用は掲出してないが，公私立の幼稚園・認定こども園・保育所による経営格差は著しい。こうした環境基準を基に経営の基軸である内的事項を構想し，それを支える外的事項と連関させて目指す経営がデザインされることになる。

　幼児期にふさわしい生活はふさわしい環境との相互作用によって展開され発達が促進されるとする日本の幼稚園教育要領，幼保連携型認定こども園教育・保育要領，保育所保育指針の構造を捉えてみると，優れて人間的な内容をもった理念も含めた基準である。それを教科ではなく生活という構造に編み込んでいくわけだが，ペーターゼンの〈活動の自由と休憩，談話・歓談〉といった生活構造や，オランダのイエナ・プランの〈対話，遊び，仕事（学習），催し〉といった生活の構造化，あるいは安部の人権を尊重し合える集団づくりを目指した〈文化との出会いの保障，伝え合い・共感から生まれる課題追求の活動，遊び・労働〉といった生活の構造化が，多くの園の経営にはあまり見られない。法が示した領域を各園が組織して生活に構造化する自由，つまり教育経営の自由，教育課程を自主編成し創造的に展開する自由があるにもかかわらず，経営者集団と教職員集団，保護者集団とが分断していて，共有する経営のデザインができないままに今日に至っているところが多

いといえよう。

§2　経営革新への構造転換の内容

1．イノベーションに向かう共同体

　経営改善の歴史的変遷でみたように，学校は加速度的に地域社会と遊離し現代化を模索し続けて今日に至っている。かつて河野重男らは，経営現代化の5つの視点[1]（経営現代化の基礎理論，学校教育計画の現代化，学校経営組織の現代化，学校集団経営論，学校経営者論）をあげたが，今日的な言葉でいえば教育経営が〈支配機構〉から〈計画機構〉へ，〈権力的管理〉から〈リーダーシップ制〉へ，〈国家の学校〉から地域社会を土台とした〈コミュニティ・スクール〉へと移行する過程を示唆していたことになる。

　本節では教育経営の3つの移行過程の内容を捉えておきたい。

（1）　支配機構から計画機構へ

　すでに企業が目指すイノベーション（「新機軸」「新しい切り口」「新しい捉え方」「新しい活用法」）は，新しい能力を創造し，人々の満足を創造することを目指している。新しい技術の発明だけではなく，新しい切り口が社会的意義のある新たな価値を創造し，社会的に大きな変化をもたらし，それが大衆のものとなったとき，保護者も就学前教育にイノベーションを求める。それはまた，構造的な革新こそ教育経営の原点に立ち戻ることを意味する。そこで，「就学前教育は営利企業とは違う」「サービス産業ではない」「まして経営戦略など」といった批判もあろうが，教育経営の原点を考えるうえで従来の思考を大転換し，"企業も営利組織ではない，イノベーションを創造するところである"とするドラッカーに注目してみよう。

ドラッカーは,「組織をして高度の成果をあげさせることが,自由と尊厳を守る唯一の方策」で「マネジメントなしに組織はない」「基本と原則に反するものは例外なく時を経ず破綻する」[2]とする。どんな組織も内側だけでなく,外側・内側から見た「所有権」「階級」「権力」から独立した存在としてのマネジメントに転換すべきだと考えるのである。そして,マネジメントの役割を①自らの組織に特有の使命を果たす,②仕事を通じて働く人たちを生かす,③自らが社会に与える影響を処理するとともに社会の問題について貢献する,と定義[3]している。企業の論理が就学前教育に適用されるのかと危惧されるだろうが,就学前教育も"子どもの権利を保障し自己形成を支援する"組織でなされる以上,彼の経営論も一見に値するであろう。この所有権や階級,権力から独立したマネジメントの経営革新の視点は,学校であれ役所であれ公にも通用する普遍の視座だからである。

ドラッカーのいう経営の基本は,まず事業の性格,使命,目的を問うことで,「われわれの事業は何か。何であるべきか」[4]を共通理解するために顧客の関心である彼らにとっての価値,欲求,現実から出発している。この問いが新しい創造につながるのは,社会・経済・市場の変化の把握と現実の分析で何を生かし何を捨てるかの決断である。また実行に移すための事業の目標(イノベーションの目標,経営資源の目標,生産性の目標,社会的責任の目標)を立てることによって方向性を確定することである。彼は,「マネジメントの判断力,指導力,ビジョンは,戦略計画という仕事を体系的に組織化し,そこに知識を適用することによって強化される」[5]とする。

すでに企業は単なる利潤追求を目的とした営利組織から顧客の満足と普遍に向けた価値を創造すること,顧客や資源の新しい能力の創造によって利益を得ることを目的とし,顧客の欲求分析からスタートするイノベーションを行う組織への転換が始まっている。それは,ともに生きることの意味や組織の理念実現に対する使命感と連動する。教育経営革新の第一歩も顧客の苦情,不安,欲求等の把握・分析から始まるのである。

顧客のイノベーションを満たす変革は多様性の社会への変化である。就学

前教育の顧客は子どもだけではない。子どもを取り巻く保護者，教職員，地域の人々，経営者自身も含めて，すべての人々が行為の意味を生成しながら自己を創造する。その戦略の第一歩が，子どもの市場，保護者のニーズ，時代の読み，未来へのビジョンの分析である。金子郁容の分析では，今まで教育現場は規則づくめで"べき論"の坩堝だったとする。そして，金子はPlan-Do-Check-Act の問題解決過程に新しい社会運営の考え方として，ケネス・アローの次の三つを提示する。

一つは国家の権限と法律によって政府，行政が行うヒエラルキー・ソリューションであり，二つに市場原理によって評価されるマーケット・ソリューション，三つに地域共同体に評価されるコミュニティ・ソリューション（solutionは経営上の問題解決・解明・解答などを意味する情報や経営分野の用語）である[6]。

従来のヒエラルキー・ソリューションやマーケット・ソリューションだけでは，もはや学校は機能しない。かつて，コミュニティの問題は当事者で解決してきたように，ローカルな個別の問題が国家的指導に依存する現実を変えるためには，どれか一つではなくこの三つの問題解決の方法を循環させていくことだと考える。

少子化や企業移転，大震災・自然災害による住民移動等，子ども市場は大きく変わっている。就学前教育施設は，青空保育を除けば固定施設であり，市場に合わせて移転することはできないため，これらの社会現象・自然現象を受け入れながら時々の内容を工夫せざるを得ない。しかし一番怖れるのは，生成する意味作用に対する不満足によって心離れ現象が発生する場合である。イノベーションが生まれない場には，惰性化や形骸化した体質があり，理念の非共有化，対話の不成立，行動様式や態度のもつ意味に対する認識の差などによって，子どもが生活を営む場としてのふさわしさを失っていることが考えられる。たとえば，子どもがけんかをし，いじめられたと不安，不満をもつ保護者がいた場合，新たな満足を創造するためにどうするかである。けんかのいきさつ，対応の仕方など説明責任を果たしたから満足が得られるわけではない。その説明をきっかけに子どもの発達要求について保護者や教

師・保育士等がともに学習し，子どもたちが自覚，自省，自衛，互助し互楽する世界をつくりだすためには何が為せるかを考え，共感し協働する場所をつくりだすことが必要である。就学前教育施設は，子どもはもちろんのこと，保護者のイノベーションを高めていく場所（トポス）にならないと，子育てによって生涯学習が生産され，楽しみが創造されるというより，苦しみを増幅する場になってしまう。従来はそうした市場分析が，行政や組織の内側の論理に偏っていたとしかいいようがない。

　筆者はかつて定員の4割近い園児減少で廃園の危機にある園を担ったことがある。そこで捨てたものは教師がやっていた過剰な働きかけであり，時間割であり，教育課程外の教室である。そして生かしたものは自然であり遊びであり教育内容が生みだされる関係のありようである。大都市の進学塾や習い事に通う子どもにとって，園の遊びの充実は子どもの権利の保障であり人間のイノベーションの源泉であり，調和的発達を図る鍵と分析したからである。そのため，起伏ある山や川，木登りができる樹木，池や畑などの環境を用意し，遊具も自然素材に徹して，子ども，保護者も参画し協働で環境を維持できるようにした。この遊びや生活環境の中で子どもは教師の無用な干渉と時間割から解放され，自己陶冶する充実感を味わい，保護者や教師は，遊びによって自我意識を強め，他者と協働し，ドラマを創造する子どもに励まされ，協働で自然環境の整備をすることで心癒され，参画する喜びを味わい，それぞれが自分の時間を生きるようになった。こうして定員の2倍を超す園児とその保護者がイノベーションを求めてやってくるようになった。ここで教育共同体としての一つの方向性・普遍価値はできたかに見えたが，3年で入れ替わる保護者の教育共同体をつくるには，地域社会＝市場を教育共同体にしたイノベーションを実現しなければ組織は安定せず，任期内にそこにまでは手が及ばなかったという反省がある。園は社会と連なっており，園内だけの経営改善，つまり内から見たマネジメントだけでは当初から限界がある。計画機構として描く改革構想は，普遍的な価値に向かう共同体にならないと，地域に根を下ろせないのである。

(2) 権力的管理からリーダーシップ制へ

　家族経営や小規模経営の職場である就学前教育施設では，園則や就業規則を知らないで働いている教職員が意外に多い。まして労働基準法など読んだこともないという者が大半である。労働組合もなく，あったとしても加入している者はわずかで，働いている自分たちへの自尊感情もそれほど自覚はしていない。ただ，真面目で正直で，ひたむきに努力する人々の集合体であることは間違いない。経営者もそうした職員の気質をよく理解して温情をもって経営はしているが，それが教職員の自立を妨げプロとして研鑽する時間的余裕を生みだせず，社会的な地位を高めていけない一因になっているとは夢にも思ってはいない。園によっては保護者へのサービスとして，折り紙を折ったり壁面装飾をしたり子どもが家に持ち帰る作品を作ったり，行事の準備に追われたりして，連日，夜遅くまで働くことが日常となっているところもある。経営者がこの多忙さを気づかって，保育以外の余分な仕事を増やさないように就業規則や園則の見直し，社会についての学習を省いていると，それが徒（あだ）になっていく現象も見られる。時間と仕事の質と満足のバランスをもたずに働く教職員は，従順のみを第一義とするため，責任をもって仕事を為し遂げるフロー体験もイノベーションもなく，細部にわたって指示を待ち，言われたことだけを誠実に行うようになる。これが権力的管理と呼ばれる構造を生みだしていく一因である。

　園則は園の憲法に当たる骨格をなすものである。理念づくり，園則，規則づくりまで，ともに学習する集団を構成していくことが，まず自立して判断し行動できる教職員への第一歩であろう。安部幼稚園のように園則づくりから教職員もこれに参画し，対話し，後輩にその精神を伝えていく文化的土壌があることが，権力的管理に陥らない一つのポイントである。

　しかし，これだけではリーダーシップ制に移行はできない。働く者のイノベーションを生みだし成果につなげる組織体制が必要である。管理職や中堅教職員がスクールリーダーとしてイノベーションを興し，生涯学び続け，次のリーダーが育つ学習サイクル成立の鍵も，すでに知識社会へ移行した今は，

個々の自立と共同参画のありようへと変化している。

ドラッカーは，組織構造の条件として，①明快さ（組織マニュアルなしで
も構成員が自分の位置がわかる），②経済性（マネジメント，組織，管理，コミュ
ニケーション，人事など組織を動かすことに時間を使わず，それぞれが自らをマ
ネジメントし動機づける），③方向づけの容易さ（構成員の関心を努力ではなく
成果に向け，力量を磨き，未来のために働く能力と意欲をもつことができる），④
理解の容易さ（仕事は常に具体的個別的で，自らの仕事が全体のどこに位置し，
全体の仕事が自らの仕事，貢献，努力にとってどんな意味を生みだすかが理解で
きる），⑤意思決定の容易さ（正しい問題について，正しいレベルで意思決定を
行い，仕事に移し，成果に結びつける），⑥安定性と適応性（硬直的な組織構造
ではなく，活動する場所とコミュニティの安定性と新たな状況，条件，顔，性格
に適応できる），⑦永続性と新陳代謝（明日のリーダーを内部から調達できること。
仕事を通じて学び成長する経験の種類が多く継続学習ができる），の7項目をあ
げている。そして，これらの条件をかなりの程度満足させることを必須とし
て，「職能別組織」「チーム型組織」「連邦分権型組織」「疑似分権組織」「シ
ステム型組織」の5つの組織構造をあげ，それらの内容，要求，限界，適性
の長短を理解して使い分けていくことの必要性を強調する[7]。

ゆえに，仕事と労働（仕事とは作業を分析しプロセス管理とそのフィードバッ
クの仕組みを必要とする客観的な存在で，労働とは論理ではなく人の本性の力学[8]）
の内容に応じて，5つの組織構造の道具・手段を使い分けることになる。そ
のためには，一つは人材登用と人材育成，二つに組織を縦断する大小・長短
チーム編成，仕事を遂行するための権限委譲，活動を支える資財・資源の投
資と成果の分析評価ができることが必要である。これらが達成されて初めて，
その仕事場に明日を担うリーダーが育ち，次の時代を開拓していくことが予
想される。

(3) 国家の学校からコミュニティ・スクールへ

第二次世界大戦後の日本には，国家に支配される学校などない。ここでい

う国家の学校とは，最低基準としての法律に支配され上意下達の単線型構造の中で，保護者や地域社会との理念や目標の共有，教育の質向上のための協働作業といった対話を失い，国の規則に自らが縛られている学校を意味する。今日では，公私立問わず法律をいかに運用し，最低基準以上の質のよい就学前教育を実現していくか，教育関係者も保護者も地域社会の人々も目的に向かって創造的に共同経営する新しいタイプの学校運営が実施[9]されている。

　亀井浩明らは，学校改革像の課題として，①設置形態，予算措置，施設設備，校長の任用や採用方法，教職員の人事権といった法律・行政的側面や学校評価の問題，幼小中高の連携の問題，②国の教育課程の基準と特色ある学校づくり，総合的な学習の時間の内容の関連，③地域住民の参加と外部講師の資質の確保，地域住民の生涯学習に益する視点，④既存校との競合に関する課題[10]，の4点をあげる。また，コミュニティ自体，面としての地縁的共同体から目的指向的共同体へと変化している今日を斟酌し，「地方分権社会を支えるものは地域住民が地域に対してもつ愛着や希望・夢である―（中略）―旧来の学校は系統的な知識・技能を伝授するために子どもを囲い込む施設として機能していた。そのため子ども達は自分達が生活する地域に愛着と夢を持つようには育てられなかった。それでも学校外に伝統的な共同社会があった時代には子どもは地域社会の一員として育てられた。その伝統的な共同社会が都市社会の持つ匿名性と流動性によって崩れ，地方分権社会を支える市民を育てる場は今やどこにもない」[11]とする。そこで市場原理ではなく多様性を認め尊重し合う共同原理（celebrate diversity：多様性を祝うこと）が働く地域ネットワークに支えられた新たな園・学校が必要なのである。校長の公募や幅広い市民感覚の導入など，教育経営を原点に戻すこの構造の大変革が定着するのか，国の旗振りが終わるとまた学校は閉じられた空間の経営に戻ってしまうのかが，これからの日本の教育全体を左右する。

　しかし就学前教育は，誕生の歴史・教育内容からみても基本的に地域や保護者，子どもと協働しなければ教育効果を生みだせない生活の場であり，義務教育諸学校がコミュニティ・スクールに転換しているからそれをまねると

いうものでもない。コミュニティ・スクールは，園経営の根幹に置く理念であり，すでに長い歴史をもっていることは，第1章で述べたとおりである。そして経営者も教職員もそれを身近に感じて様々な実践を試みているのも事実である。しかし，行事をともに行ったり学習会を開いたりしてはいても，いまだ対等に理念や経営を支える語りにはなっていないところが多い（第2部参照）。保護者や地域住民が参画したからこそできるような建設的な評価へとつながるシステムも生まれにくい。ペーターゼンや安部の構想にみたような教育共同体をつくりあげる教育経営の構造改革には至っていないのである。安部の理念や実践に追随できないのも，この経営の基本的な構造が捉えられないままに，部分的・利那的に改善を試みているからではないかと思われる。

2. イノベーションの経営的視点

経営革新の視点は，具体的な実践を伴って推進される。イノベーションは，小さな実践の積み重ねによって得られるものでありながら構造全体をも動かすキーワードになるからである。ここでは，その経営マネジメントの中心となる4視点から考えたい。

(1) 計画的な人材登用と人財確保の施策

義務教育諸学校は県費教職員であるため広域での採用試験が制度化されているが，公立の就学前教育施設の教職員はほとんど区市町村職員であり，区市町村負担となっているため，教員待遇はなく一般行政職と同等に扱われているところもある。教職員が地方公務員として行政職に位置づくことは，行政職と一緒に研修等が行われたり，給与体系が同じであったり，教員間の異動だけでなく他部署への異動も行われるということである。広い職種を経験でき立場の違いへの理解が広がるよさもあるが，教師・保育士等への志がくじけることもある。「人材確保法」（教員給与を一般の公務員より優遇すること

を定めた法)の対象にもならないということである。今日，教員の資質向上のために法的にも地域的にも，次のような様々な改革が試みられている。

①教員の評価結果を，任用や給与上の措置などの処遇に適切に反映させる。
②教員に優秀な人材を確保するための給与以外の優遇措置をとる。
③優れた教員を表彰し処遇に反映させたり，社会全体に教員に対する信頼感と尊敬の念が醸成されたりするような環境をつくる。
④教員の事務作業の軽減を図り子どもと向き合う時間を確保する。
⑤体系的な研修と教員の主体性を重視した自己研修を充実する。
⑥教職員研修，初任者研修，10年経験者研修，大学院修学休業制度の充実を図る。

　これらは私学にも適用され，法制化された研修機会を生かし教職を魅力あるものにするために10年の免許更新制度，指導力不足の教員の研修制度が設けられている。しかし，この大改革によって幼稚園から小中高に至る公私立校の教員の資質を向上させることができたかは，いまだ不透明である。対他者，対物と関係を結びながら意味をつくりだす教育の仕事は，人の行為によってなされるだけに，人材登用と人材育成が一つの鍵になる。
　新たに，「教師インターン制度」の導入と教職大学院修了者の優先採用，教師奨学金返還免除制度の創設，多様な経験を有する社会人採用枠の創設（全採用者数の1割），教育委員会が関与する教師塾の全国展開，管理職登用の資格化とメリハリある処遇の実現，外部人材30万人の学校サポーターの活用等によるチーム学校の実現など「新たな人材確保のための法律」の制定なども検討されていることから類推しても，中途半端な改革では限界を超えられないことがわかる。
　幼保連携型認定こども園に移行するシステム変革期，福祉も含めた人材難の到来を前にして，各園の人材登用には長期にわたる戦略が必要である。

①個性ある多彩な資格者集団で構成するのか，同質の教師・保育士等の集団にするのか

②年齢構成は 20 代から 50 代まで幅広く置くのか，管理職となるキャリア組以外は若者で構成するのか

③パート雇用，年契約雇用か，永年雇用契約か，働き方の選択が生かせるか

④男性と女性の比率はどの程度にするのか

⑤職種がどのくらいあるのか

　これらを，園の理念，規模，物理的環境，地域性，時代性や改善の方向などの経営課題と関連させて考える。この人材シフトでもってリーダーシップ制に移行するには，ある程度の継続性・文化の伝承性と新風を入れる流動性と，組織としての協働性が必要だからである。

　現実に就学前教育施設の教職員組織は，生活を旨としながら法に則り学年制を敷いているところが多く，形のうえではリーダーシップ制である。しかし，そこで求められる資質は，長い間，学級を一人で担い他学級と遜色なく保育ができる資質であった。同質集団は，内で差異化するために同僚同士で競争原理を働かせ，閉鎖的な学級王国を築いてきた。そうした集団の中で異質な者は，組織に受け入れられない存在として遠ざけられた結果，組織自体の活力が失われ，個々人の社会化が遅れ，激動の時代が到来すると困難を来している。また，私学の経済的困難を回避するために“結婚すると辞める”慣習が徒となって，子育て不安を抱える保護者が急増する時代に若者だけで構成する仕事場は信頼を得にくくなっている。

　こうした時代背景から，今日，人材登用戦略の見直しの必要に迫られている。教員，保育士資格者とともにプレイリーダーや図書館司書資格，栄養教諭資格など多彩な有資格者の登用や職場再復帰の機会の提供を目指し，出身校も運動系，文学系，心理系，経営系，科学技術系，食物系などと広がりをもっている。また，世代の違う男女で構成できるようにするとともに，子育

80 **第1部 就学前教育機関の経営革新**

て期間の休職や復帰保障，OJT やリカレント教育の推奨など，人材育成による新風を呼ぶ工夫もなされるようになっている。人材ではなく人財こそ理念実現の最高の環境とする考え方が取られるようになってきたのである。さらに公私立にかかわらず，保護者や地域社会との教育共同体を目指している組織では，地域の人財も教育に組み込んでおり，多様性に対応するだけの戦略をもっている。

(2) OJT の必要性とイノベーション

仕事と研修・訓練を組み合わせた OJT（On the Job Training）[12] の必要性が発生したのは，コンピュータの普及により年功序列型の日本的な集団主義から自己啓発に基づく専門化された知識や技能が求められるようになった 1990 年以降である。園内の相互作用を有効なものとする研修についての師岡章ほかの調査[13] によると，園内研修の回数は，月1回が2割，2回が1割強，年1回から3回が合わせて3割程度で，研修の主たる内容も一斉活動の指導のあり方が4割強と，それぞれの組織内の課題に即して研修が始まっていることがうかがえる。協会等が行う園外の研修は，年1回参加が5割強，2〜3回が2割弱参加である。どちらかというと組織内での活動内容の是非に関する検討・評価が8割を超えていて，研修で何を学ぶかといった意識も漠然としている。仕事の伝承だけでなく，子どもの満足の創造，新しい能力の創造に向けた戦略に切り替えるための OJT の内容と方法の転換には至っていないといえよう。

OJT の試みの一つにプロジェクトがある。教職員が自発的に課題を見いだし，戦略に従ってテーマを実現できるチームを組んで研鑽し，具現化する活動を経営者や周辺が支えるものである。ドラッカーも，ある活動の成果を為すには戦略に従うことであって，組織構造は目的達成のための手段である以上，組織構造の設計は最後に手をつけるべきものである[14] とする。

ここでいうチームは異質な資格者，保護者や地域の人々も含めて組むチームで，目的達成のための戦略を企図し，それぞれの専門分野を極めつつ協働

作業をする。園生活には，こうした自発的に企画し，推進するプロジェクトに値するテーマが次々と生まれているが，これは園のキャリア・アンカーの計画と開発が深く関係するだけにいつでもどこの組織でも成功するとは限らない。多様な人材にイノベーションを提供できるシステムをつくりだす組織の構造は，目的と戦略が明確で柔軟性があり，スクールリーダー（学校づくりの中核を担う教職員）の力量が関係する。OJT によって無知の知（知者でないからこそ知を愛求する人間存在）を生かすにあたり，ともに探究するスクールリーダーがいない組織体では困難が伴うからである。

　テーマを深く追求し実践によって証明していくところに仕事の面白さがあり，教職員がプロジェクトに取り組んで獲得する力量は，子どもたちのプロジェクトを支えていく力にもなる。毎年行っている運動会も子どもと企画し実践するプロジェクトとすることで，運動会とは何か，企画，実施，修正を協働するにはどうしたらよいのか，子どもが何を期待し願い，どんな経験を陶冶するのか，といった取り組みがなされる。当然，教職員や保護者，子どものイノベーションも違ってくるのである。そうした自発が先行するから，職階層が不必要ということではない。組織である以上，職階層に基づいて最終決定を下す者が必要であり，責任をもつ者が誰かが明確になることが必要なのはいうまでもない。

(3) 権限委譲内容の相互了解

　責任を明確にするためには，権限委譲（delegation）の内容が明確になり相互に了解し合っていることが必要になる。組織を動かすのはこの権限委譲による自発性と独自性である。言われたことを誠実に行うことは当然として，それを越えるイノベーションが必要である。権限委譲された者は仕事に対して調査研究し，試行し，省察し，企画書を作成して提案し，全教職員が目標を共有し実現する資源としていく過程をつくりだす。そこに，一人ひとりの個性，思想が反映され，責任の所在が生まれる。人間は様々な立場，役割を与えられたとき，そこでの課題を乗り越えた経験ややり遂げた自信が，新し

い自己発展をもたらすからであり，今までの自分の思考にない枠組みを構築
して新たな課題に取り組み，責任をもってやり遂げるからである。この自ら
考え，企画し，実行した成功体験がキャリア（career）としての技術や専門
性を蓄積し，自己内にいかにしたらキャリア・アップできるかという創造へ
の構造をつくる。

　シャインは，キャリア・アンカー（自己概念の一要素）を構成する3つの
自己イメージの成分[15]として，

　　①自分の才能，技能，有能な分野はなにか。自分の強み，弱みはなにか
　　②自分の動機と欲求，動因，人生の目標はなにか。なにを望みなにを望
　　　まないのか
　　③自分の価値観，行動を判断する主な基準はなにか。それに誇りをもっ
　　　ているか恥ずかしいと感じているのか

をあげている。アンカーとは価値の停泊点であり，仕事を続けていくうえで
の自分の拠り所である。それは知識や技術以上に自分にとって大事な価値や
欲求であり，自己イメージを高めていく基盤となるものである。そしてキャ
リア・アンカーを構成する留意点としては，

　　①生涯を通じて自分の価値を導く拠り所であるもの
　　②環境と自分との相互作用を実践を通して発見するもの
　　③能力と動機と価値の間の相互作用が統合され自己イメージにつながる
　　　もの
　　④キャリアのデザインは職業生活の初期の何年かのちに発見するもの
　　⑤成長と変化を許容する安定へと向かうもの

であるとする。そして，「人間資源の計画と開発：基本モデル」を社会と文化，
組織，個人の調和過程とし，図表1-2-2のようにチャート化している[16]。

第2章 場所(トポス)の経営論理　83

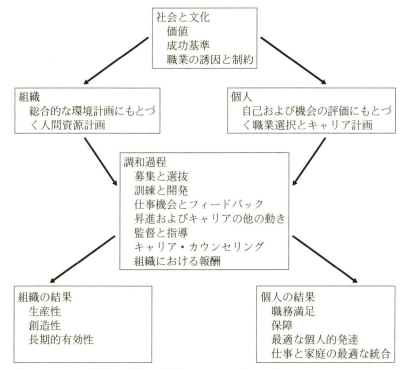

図表 1-2-2　人間資源の計画と開発（HRPD）：基本モデル（Schein. 1978）
エドガー・H・シャイン『キャリア・ダイナミクス』白桃書房，1991，p.3

　組織はキャリアの源泉で，人員の配置計画に基づき募集・選抜する。個人はキャリアの選択者としてそれに応募し，職務内容に基づき訓練・開発を受ける。その関係は双方の調和過程である。組織はさらに開発計画を提供し，仕事機会とフィードバックによって成長を促進させ，個人は職務ローテーションを経て調和過程としての業績評価による昇進を受ける。キャリア初期の問題は各自の貢献領域の確立で，自己イメージ形成と深く関係する。さらに組織は停滞や伸び悩みに対する計画を提供し，個人は自己のキャリア・アンカーを素描し定めるとともにキャリア・カウンセリングを行い，その調和

84 *第1部 就学前教育機関の経営革新*

過程として報酬を受ける。そうして継続的開発教育，職務の再設計・ローテーションを行い，パートタイムの仕事領域か，創造的な仕事領域か，退職かを選択する。キャリア後期の課題は，自己の経験と知恵を活用して助言する役割を得たり，キャリア・アンカーをもとに自由を得たり引退して次の人生を選択したりする。組織はこの循環によって成り立ち，結果として組織には生産性や創造性，長期的有効性が，個人には職務の満足と保障，最適な発達や仕事と家庭の統合がもたらされるとする。

　こうした継時的発達によって自己啓発，成功体験の機会を獲得しないかぎりキャリア・アンカーは形成されず，権限委譲も効果を発揮しないし，仕事をすればするほど人間の思考が惰性化し感性が鈍くなっていく。仕事は与えられるものではなく，自らを育成するために見いだすものである。与えられるのを待っているうちに思考が鈍化したら，宝の持ち腐れになる。〈権限委譲する―権限を勝ち取る〉，〈仕事を与える―仕事を獲得する〉という関係も一方向ではなく，双方向的で循環的なのである。

　学校だけでなく日本の企業経営が世界に発信する力点は，この権限委譲と合意（コンセンサス）によって意思決定を行うという点であるといわれる。

　日本流の意思決定の特徴をドラッカーは次のようにいう。①何についての意思決定かを明らかにし，②合意を得るまでの間，答えについては議論せずあらゆる見方とアプローチを検討し，③複数の解決案を問題にし，④誰が決定するかを問題にし，⑤意思決定の過程に実施の方策を組み込む。日本的経営では関係者全員が意思決定の必要を認めたとき決定が行われるので，「われわれが決定と呼ぶ段階に達したとき，日本では行動の段階に達したという」[17]。まさに『下町ロケット』[18]にみる組織構造である。だからこそ，トップマネジメントが行われるとする。これは彼が日本企業のマネジメントを高く評価している下りだが，それは支配機構の中ではなく計画機構の中にある組織のことである。

　就学前教育施設では，まだまだ支配機構からの切り替えができていないところが多く，意思決定に至る過程の意見の対立，違いの尊重・重視にも意識

第2章 場所（トポス）の経営論理 *85*

が向いていない状況がみられる。意思決定が，"ビジョン，エネルギー，資源を総動員したリスクを伴う判断への挑戦"とすると，園・学校が意思決定する仕組みのありよう，意思決定を実行に移し，フィードバックする仕組みの検討が必要になる。

　ここに組織の最大の関心事となるコミュニケーションの問題が発生する。近年，1年以内で辞めていく教職員の問題が取りざたされるが，それらの人々は組織内コミュニケーションにおいてつまづいている場合が多い。コミュニケーションは知覚であり情動であり，期待や要求であるため，送り手と受け手との関係で成立する。受け手の知覚の範囲内にあり，受け止められるかどうかがコミュニケーションを成立させるかどうかである。人間は期待するものを見る習性があり，コミュニケーションが要求する何かに価値や目的，つまり期待するものを見いだしたとき，自己存在を確認する。大きな夢を描く経営者と同じ夢を描いて仕事に没頭するとか，来年度への期待をもって精進する，明確な改善意識をもって研究するといった場合は，夢や期待の中に自分の価値観や目的意識と合致する何かがあるということである。組織内のコミュニケーションは，情報に依存はするが，情報ではなく知覚・情動だという見解は，この"何か"を共有することである。そこに集団経営論が依拠する理念の共有，夢の共有，期待や目標の共有，経験の共有といった「伝達し合うわれわれ」の価値の創出に向けた組織のあり方が検討される。こうしたコミュニケーションについては第2部で詳細する。

(4)　資財・資源の投資

　基本的な経済資源は「資本でも，天然資源でも，労働でもない，それは知識である」[19] として，ポスト資本主義社会における哲学的，教育的な課題を捉えたドラッカーは，今日の情報化社会を"知識の意味が変わった歴史の転換期"とする。

　かつて知識の目的をソクラテスは自己認識，知的・道徳的・精神的特徴にあるとしたが，プロタゴラスは何を如何に言うかにあるとした。二人の"道

具（教養）か自己啓発か"の知識論争に見る二分ではなく，知識社会におけ
る"知識は行動のための情報として行為によって証明されるものとする時代"
への転換である。古代ギリシャの時代に始まった知識を技術（テクネー）と
分離する教養ある人像は，今や技術を方法論に変え，個別の経験を普遍的体
系に変え，事例を情報に変え，その技能を学び行為によって証明する人像に
変わってきた。ここに知識人と労働者ではなく，専門能力をもつ者が行動す
る組織論が求められるのである。

　もちろん，知識社会になったからといって，人材を資産とだけ数えること
はできない。教育経営を支えるものは理念や法や組織体の構造だけではなく，
実質的な資産・資源がどの程度あるのか，その投資がどのようになされるの
かも大きく影響する。サッチャー政権が学力評価の高いところに投資して教
育の質をさらにあげたのも教育革新の政治的手法なら，その後のブレア政権
が広がった学力格差を埋めるため環境条件の悪いところに資財を投入したの
も政治的な革新手法[20]である。教育経営においては，資財・資源の運用が
どのような考えのもとになされるのかによって未来が左右される。

　教育経営に対する実質的な資財・資源のもとは，知識社会としては人であ
るが，実質的には一つは政治がらみで決定される税からの補助金であり，二
つに保護者からの徴収金や社会からの寄付金，三つに知識や技能，労働時間
や支援を提供してくれる教職員，保護者や地域社会の人々という人的資源，
そして四つに設置者・経営者の資産が関係する。国が税で教育経営の資財を
支えるのは，憲法が等しく教育を受ける国民の権利と最低限度の生活保障と
いう福祉を謳い，教育基本法がすべての国民に教育を受ける機会提供を謳っ
ている以上,近代国家の常識になっているのは前述したとおりである。また，
学校の設置者が経費を負担するために授業料を徴収することも周知のことで
ある。しかし，この配分に国家の就学前教育に対する方向性が現れる。EU
諸国のように3歳以上の教育は無償化（アジアでは韓国が2013年から満3歳
以上児の無償教育・未満児の無償保育を実施）して義務教育に準じた扱いをし
ているところもあれば，いまだ義務教育すらままならない国もあるが，公費

助成と私費負担の割合が，教職員の待遇から園環境の整備，子どもが経験する内容の質を決めていく。安部は，国の助成と保育料ならびに教員給与にみる経営の現実に触れながら，収支比率について，「総支出に対する人件費比率が 60％以下になって初めて健全な教育経営が可能」になり「65％近くになると減価償却費も保障されない状況」[21] に見舞われるとした。一般的には人件費比率を 58 ～ 63％におさめることで，教育条件の充実と経営の改善が統一的に果たしていかれるとして，その試算方法も掲出しているが，これが難しい。

　ベテランの教師・保育士等を多くし，1 学級の幼児数を少なくしていたのでは人件費は急上昇する。1 学級 35 名にし若い教師・保育士等で構成すると財政的には潤うが環境条件が悪くなる。保護者からの徴収金を上げると入園希望者が減る。結局，教職員の給料を下げたり，教材費，行事費などを別途集めてわずかな足しにしたりしても，減価償却費や設備費に充当する余裕がないため環境が整えられないことになる。法人に資産があれば別だが，この財務の均衡を維持する知恵を園長のみならず教職員や保護者，地域社会の人々が議論できる土壌を耕すため，財務公開と理念実現の指標が必要なのである。国際幼児教育会議が望ましい基準とする 1 学級 25 名以下では経営が成り立たないのが日本の現状である。筆者が園経営を担った初年度，教員給与は東京都の小学校教員の給与表を使用していたこともあるが人件費が 90％を超えて大きな赤字が出ており，2 年目にようやく 78％，4 年目でやっと 63％であった。人件費を削らずに改革するには，定員園児数を確保することであり，園児が増えるためには教育内容をよくすること，そして教育内容をよくするためには教育環境をよくすることが経営の鉄則である。筆者は，自然に還らないプラスチック製の既成のおもちゃ類を竹や材木など厳選した自然に還る素材に替え，保護者が提供してくれる自然物は採集，伐採に行く，遠足は原点に戻って足で歩く，行事の折々に持ち帰るケーキや千歳飴などの購入菓子は必要なら生活として自分たちで作る，腐葉土や種も買わずに子どもと時間をかけて生みだす，教職員がやっていた壁面装飾は子どもたちの作

88　第1部　就学前教育機関の経営革新

品に切り替える，ペーパーレスのため手紙を減らし子どもと保護者の対話の時間にする，といった無駄の洗い出しと意味の検証によって，運営のための資金を生みだしていった。収入の堅実性，資財・資源の使途の有効性の評価，人的資源のイノベーションの相乗効果が教育活動を充実させていくと考えるからである。

　理念を実現するためにどんな場所（トポス）にしたいのかが教職員や保護者に共有されると，消費ではなく逆に金では買えない本物との出会い，無から有を生みだす創造性・独創性が生まれ，願いを一つにする人々のつながりが広がるといえよう。こうして人材育成，OJT でつくられている資質，リーダーシップ制によるイノベーションの質，資財・資源がもたらした環境の質，それを支える財政の継続性などが総合されて，成果として分析されていくのである。

　財政の民主化は，権限委譲した仕事に対する必要経費であり，それが組織の構成員や保護者に開陳されて，費用価値の置き所が吟味される。それによって，対価以上の質を目指そうとする仕事への意欲が高まるとともに，会計が可視化されることによって教育内容や教育方法も改善されるという相乗効果が生まれるのは必定である。法人経営である以上，こうした財政の現代化が教育内容，教育活動を支え，子どもが経験陶冶する内容の質と深く関係するという認識が必要であろう。

第2部

経営革新の契機となる「差異」

　第1部でも描き出されたように，日本の現在の就学前教育機関の多くは，まさにガラパゴスにいるかのように戦後の保育業界の旧態依然とした経営のままである。この状態から抜け出して，子ども，教職員，保護者が育ち合うような場所となるためには，まず自分たちがガラパゴスにいることに気づかなくてはならない。それは外との様々な「差異」がもたらすのではないだろうか。第1章では異文化との出会いによる「差異」について，また「差異」に気づくための組織文化とは何かについて，気づいた後の革新に向かうための「対話」について考察する。第2章では，「差異」に気づいて組織を革新するための具体的な実践として「卒園式」と「ジェンダー」という二つの視点を紹介する。今まで当たり前として気づかなかった視点に注目し，ガラパゴス化からいかに脱却していくか，事例を通して検討したい。

第1章

差異が生みだす主題の位相

§1 異文化との出会い

1. 就学前教育の世界はガラパゴス

　ガラパゴス。そこは南米エクアドル沖，赤道直下の世界自然遺産の島々。ダーウィンが進化論の着想を得たといわれている。そこから，ビジネス用語で「ガラパゴス化」という言葉が生まれ，日本など，その国や地域の特異なマーケットに適応した製品が流通し，他の社会，世界との汎用性がない状態をいうようになった。つまり，「ガラパゴス化」とは他の社会から孤立した状態をいう。

　ここでガラパゴス化という言葉を使ったのは，就学前教育界も広く社会の様々な業種と比較してみると，その経営としてのあり方が，旧態依然としていて，そこだけがガラパゴスになっているのではないかと思うからである。よく言えば，まさに子どもの園（キンダーガルテン）で，それぞれの園の建学の精神を受け継いで独立独歩であるが，その実態は，教育・保育のあり方，

教職員の労働環境，雇用条件，あるいは保護者との関係のつくり方などにおいて，世の中の変化する常識とは世界を異にし，いわゆるガラパゴス化しているのではないかと思うことがある。たとえば，幼稚園教員は5年勤めたら辞めるというような不文律がまことしやかにささやかれる園，男性には家族を養えるだけの給料が払えないから雇わないという園，雇用条件や就業規則を文書できちんと提示しない園などの例を見聞きする。また大手企業に勤める保護者は，園からの「お知らせ」が，わら半紙のB5サイズであることに仰天するらしい。今時，こんな紙の，こんな規格を使っているのかと…。

　建学の精神を伝統として受け継いでいくことは，園の特色を大事にするという点では素晴らしいことであるが，それが今の社会状況の中で，どのような意味をもつのかを俯瞰できなければ，それは単なる独りよがりに過ぎない。また，教師・保育士等を研修に出さない園もある。自分の園の園内研修で事足りるという理由や研修で他の園の教師・保育士等と賃金や労働条件の情報を交換されたら困るという，考えられないような懸念もあるらしい。

(1)　なぜガラパゴスになるのか

　就学前教育の世界は，幼稚園にしろ保育所にしろ，私立学校（園）はいわゆる従業員20名以下という中小企業，町工場のような職場が多く，理事長は祖父，園長は父，副園長は母，主任は娘，事務長は息子など家族経営が多い。そこに雇用される教師・保育士等も短大卒が大半を占める。先輩から後輩へと指導される徒弟制度のようなOJT（On the Job Training）の中で，園や先輩のやり方を是として叩き込まれていく。もともと日本の教育の中では，クリティカルシンキング（批判的思考）を育てる考え方は弱く，教師・保育士等は素直であることが美徳とされ，かつ子どもかわいさのために肉体労働もいとわない奉仕精神をもっている。園や先輩のあり方に積極的に疑問をもつこともなく，たとえもったとしても，不満を内にため，そのうちこんなものかと馴れていってしまう。そして，3年もすると身がもたないと辞めていく。

　家族経営であること，そしてその園の独自のやり方を特色とする風習は，

他の園からの批判も許さない。お互い様であり，地域のライバル園でもあるからだ。園長会で直接顔を合わせる相手との間に波風は立たせたくない。気に入らなければ，地区の園長会からの脱会もありうる。だから研修に出さなくても文句を言われないし，毎日の残業も外からとやかく言われることもない。教育・保育内容に関しては，教育課程・保育の全体的な計画が整っていなくても，教師・保育士等も保護者も毎日の保育さえうまくいっていれば，誰も文句は言わない。教育課程・保育の全体的な計画があることさえ，知らないかもしれない。教育・保育が時流に合わなければ園児が減って自然淘汰はされるが，預かり保育や給食などのサービス拡充や何々式といわれる流行りの教育方法を導入するなどして復活可能である。少子化が顕著になったここ30年間，多くの幼稚園が廃園になった。それはそれらのサービスなどを導入しなかったり，もしくは過疎化で本当にその地域に子どもがいなくなったりしたからだろう。その証拠に，同じ地域で幼稚園は定員に満たないところがあっても，保育所には待機児童がいるのである。待機児童には乳児が多いため，その乳幼児を取り込む努力をしたなら，幼保一体施設として，幼稚園も形を変えて生き残れる。だから，内からも外からもガラパゴス化は変えられない現象が発生し続ける。

（2） ガラパゴス化からの脱却は可能か

　ガラパゴス化から脱却しようと意識的に行動する人々を三つの例から捉えてみよう。

　一つ目は，外圧がかかった例である。

　「10年前やったら，ええ保育やったのになぁ」

　これは，関西の若手の園長たちの自発的な研究会で，ある園が公開保育をしたときに言われた言葉だそうだ。この研究会の目指すところは，「触らぬ神に祟りなし」ではなく，仲間内で率直に意見を言い合うことにある。問題

を指摘された当初は，園長自身も少なからず傷つき，園の教職員には「何で
ですか」と詰め寄られもしたという。今までよいと信じて実践してきた保育
が10年前の古い保育だと言われたのである。教職員も黙ってはいないだろ
う。しかし，ここから全教職員の猛勉強が始まるのである。外圧をあえて招
こうとした園長の決断，研究会入会と公開保育の英断は，トップダウンでは
あるが，本音の対話と猛勉強の必然を生みだし，ガラパゴス化から抜け出す
意識を園全体で共有したのである。

　二つ目は，園長が代わった際に投げかけられた問いによって，ガラパゴス
からの脱却のチャンスがもたらされた例である。

　「おそろいのピンクのエプロンはやめましょう。50過ぎて，似合うと思
　う？」
　「男性保育者が入ってきてもそれを着せるの？」

　前園長が理事長になって君臨し，些細なことに口出しする場合はガラパゴ
ス化の文化は安泰だが，しがらみなしに外部から来た園長であったり，外に
出て他人の飯を食べて勉強してきた2代目であったりしたら，それは新しい
風を吹かせる。これは，トップダウンの改革戦略である。しかし，教職員に
研修を繰り返し，園長のビジョンと新しい方針を理解してもらうためには，
対話が欠かせない。古参の教職員の中には，保護者からの質問に「新園長の
方針はわからない」などと言ってしまい，組織の脆弱さをさらけ出し，園長
は手痛いしっぺ返しを食らうこともある。また，園長の強権発動に対して教
職員集団に造反され，運動会の1週間前に半数の教職員が辞めたという実例
もある。園長の交代は，組織変革にはチャンスでもあるが，事を急ぎ，納得
を生みだす対話を怠るとリスキーでもある。

　三つ目の例，これも園長の独断である。

　「今期から，園からのお知らせを半分ドキュメンテーションにするから」

園長向けの研修を受けて，よいと思うとすぐ取り入れようとする姿勢は前向きだが，教職員は振り回される。教職員とともに現実を分析し未来を描いて，ドキュメンテーションにする意味・理由を共有する対話を経ないまま，とりあえず園長の意向に添う形で改革が進められる。前例同様，教職員に反旗を翻されたり，表面上の改革で終わったりすることも危惧される。しかし目的を共有し，時を経てそこに教職員や子ども，保護者が新たな意味を見いだしてくると，だんだんとその手法も洗練されてくる。ドキュメンテーションとして貼ってある写真を挟んで，子ども，保護者，教師・保育士等の対話が生まれてくるからである。

　以上三つの例は，どれも園長が主になって，改革を進めていく手法である。教職員から，「園長，この企画を吟味し，よいアドバイスや情報をください」と求めるボトムアップ型，あるいはある問題解決のために知恵を結集するプロジェクト型によって，ガラパゴス化からの脱却がなされる例は少ない。外圧的，内発的いずれの作用にしても，ガラパゴス化からの脱却は困難を伴う。それは，われわれがガラパゴスにいることに気づかないゾウガメのような集団だからだ。どうしたら自分たちがガラパゴスにいることに気づいて，その世界を変えられるか。関係の中で意味生成する視点から考えてみたいと思う。

２．単一民族といわれた日本
― Ethnicity（民族性）との出会い―

　人は皆，違う…。理屈ではわかっているのだが，本当にそれを身に染みて感じること，わかることは，そういう体験がなければできないのではないだろうか。筆者が渡米した40年前，日本は homogeneous（同種のものからなる）といわれており，多くの人々がそう学習もしてきた。もしかしたら，いまもそう思っている人が多いかもしれない。なぜなら，日本は，国民が日本語という唯一の公用語・共通語を話し，同じような文化の中で暮らしているからである。たとえば，ほとんどの人が小学校入学前にはランドセルを用意し，

盆休みや正月の帰省ラッシュを知っている。桜前線の北上や紅葉の便りを心待ちにする。正月の餅，お彼岸のぼたもち・おはぎ，十五夜の月見団子など，食べる，食べないは別にして，多くの文化的共通認識をもっている。国内に多少の外国人はいるにしても，国民のほとんどがそのような言葉や文化を共通してもっているから単一民族の国だと思うのは当然なのかもしれない。

　しかし，日本は本当に単一民族国家なのだろうか。小熊英二はその著『単一民族神話の起源』[1]で驚くべき考察を展開している。それは，日本人が「混合民族＝多民族」国家だったり，「単一民族」国家だったりしたというのである。いや，実際にそうであったというのではなく，多くの学者や研究者，政治家がその時代に合わせて，自分たちの都合のいいようにそれらを使い分けてきたというのである。そもそも江戸時代には，「日本人」という概念はなく，自分たちは薩摩藩，長州藩，会津藩などといった藩や村の一員であるという帰属意識をもち，国内のみでの自己認識をしていた。「国民」や「国家」という概念は，明治維新によって鎖国が解かれ，外国に門戸を開いたあたりから，ようやく生まれたものである。外国と出会う事態になって初めて，自分たちを統一する「国家」という概念をもったのである。それから，日清・日露戦争，第一次・第二次世界大戦と対外的に領土を広げていく中で，その対外路線を擁護する形で混合民族説が取られた。ここでは，われわれ日本人の祖先の地が遠くヨーロッパであり，インドであるといわれたり，中国，東アジア，朝鮮などから来た人々の混合民族だから，その祖先の地に帰ることは当然であるとアジアへ進出していくことが正当化されたりした。つまり国策としての多文化国家観である。1895年に台湾，1910年に朝鮮が併合された頃には，日本の総人口の3割が非日系人といわれた。1900年あたりでは，国定教科書にも「多民族帝国の現実と日本民族の混合起源の記述は，国家によって容認されていた」[2]とある。そして，創氏改名は「いっさいの差異を消滅させれば，差別もなくなる」[3]という善意の混合民族論と差別解消論の日本型メルティングポット論から生まれたともいえるのである。戦局が有利だった1942年頃までは，占領地域への進出適応論や同化政策論などで，混

合民族論がそれなりに見られている。

　一方で日本人の支配的自画像である単一民族神話も存在する。この神話は，①同一の言語，文化をもつとする国家の現状認識，②太古から単一純粋な血統をもつ日本民族だけが生活してきたという民族の歴史認識，をいう。この二つは混在しているが，小熊のいう単一民族神話は②の方を主に取り上げている。そして，第二次世界大戦の敗戦によって，占領地域への進出を擁護した混合民族論や同化論が使えなくなってきたのと入れ替わりに，単一民族の平和国家を主張する論者が台頭し，「異質な者を含まない，またそれゆえ平穏な島国という日本の自画像は，戦争に疲れた人びとの心をとらえ――（中略）――その平和な島国の統合の象徴こそ，天皇であった」という論調が現れてくる[4]。

　小熊は，このどちらが正しいかという評価はしない。どちらも根拠が薄弱な，けれども民衆も巻き込んで信じられてきた「神話」として捉えて論評するのである。混合民族論でも単一民族論でも神話というものは，他者と向かい合い，対応を図る煩わしさと怖れから逃避することをもたらし，一つの物語で世界を覆い尽くし相手を無化しようとすることであると捉えられるからである。求められていることは，神話からの脱却である。私たちが，「日本は単一民族（homogeneous）だから」というとき，一つには先にあげた神話の定義のように，同一の言語，文化をもつ国家の現状認識があり，渡来人やアイヌの人々がいてもそれはたいへんに少数であり，ほとんど同化されていて日本民族だけが生活してきたかのような歴史認識が私たちの中に無意識に蓄積されていること，二つに，小熊が指摘しているように教育の中で，さらには戦後の著名人の言動，著作によってわれわれの中に単一民族意識が刷り込まれていったからだと考えられる。

　一方，社会学からこの「国家」「民族」という言葉を検討してみると，『世界民族問題事典』の民族国家（単一民族国家）の説明の項に，「多民族から構成される国家（多民族国家）が圧倒的に多い世界の現実からすれば，極めてまれな国家形態であり，この形態に近いと目されている国家としてはノル

ウェー, 日本, 第二次世界大戦後のポーランドなどがある」[5]と記されている。世界の国々は多民族国家が当たり前であり, 民族国家（単一民族国家）の方がずっと珍しいものであることが理解される。日本に住む外国人の数は総人口のたった 1.82%（2017 年 1 月 1 日現在）[6]であるから, 世界的に見れば日本に住むマイノリティは, 少なすぎて数に入らないらしい。ポーランドは第二次世界大戦後にドイツ人などを国外に強制移住させるなどして, 現在は国民の 97% が西スラブ系のポーランド人である。ノルウェーに関しては, 2017年の統計[7]で, 移民一世とノルウェー生まれの二世を入れて 16.5% に達しており（1995 年は 4.5%）, すでに多民族国家となっている。一方, ドイツに住む外国人やドイツ国籍をもつ移民は, 2014 年にはトルコ系を筆頭になんと20.3%[8]にも及ぶ。フランスは, 2015 年時点で, 人口の 12% が移民（外国で生まれ, 外国人として渡仏した, フランス国籍取得者も含む）である[9]。

　現在の世界の国々は第二次世界大戦後の植民地の独立, 民族自決運動による民族国家の樹立, 先進国の労働者不足, グローバリゼーションなどの流れの中で, 民族の移動が行われ多民族国家が普通になった。つまり, もはやどの国家も多民族であるという認識から眺める必要があるということである。

　私たちが日本は単一民族国家と信じてきたのは, マジョリティ（多数派）の思い上がりだったか, あるいは幻想であった。文化や言葉を異にするという点では, アイヌ民族や琉球民族の人々がおり, 古くから渡来人として, また戦前戦後に朝鮮半島からやってきた人々がいた。そもそも日本列島への土着の過程で, 北方民族と琉球民族, 海を渡ってきた人々が混じってできたのが日本人ではなかろうか。海外のテレビ放送を見ると多民族国家では様々な国の言葉が聞かれ, 街には二言語の標識が出ている国（英語とフランス語：カナダ, マオリ語と英語：ニュージーランド, ウェールズ語と英語：イギリスのウェールズ地方など）もある。日本が標識をローマ字から日本語と英語に切り替えようとする動きは, 2020 年の東京オリンピックを目指して始まったばかりであるが, それは, 海外からの観光客や就労者を対象としたもので, アイヌ語, あるいは琉球語, 韓国語といった国内のマイノリティへの意識か

らではない。少数派の人々のことは，日々気づくこともなく，ひとくくりに日本人として単一民族といってきた歴史が長い。このことを考えると，先に述べたように一見，日本は文化を共有しているように見えるけれども，実はそれは目に見える主流の文化であって，地方の，またマイノリティといわれる人々の文化もまた，存在していることを忘れてはいけないのではなかろうか。たとえば，昨今の方言ブームやゆるキャラに見る地方文化の顕在化は，文化の衝突という形ではなく，多様性といった形でそれを見せてくれるのではないかと思う。

　日本の多くの幼稚園や保育所がガラパゴスであり続けるのも，外の異質なもの＝差異と出会わない，あるいは見ないからかもしれない。

3．異文化を前提としたアメリカ社会

　筆者が初めて，「皆一緒」という日本人的発想を覆されたのは，40年前に降り立ったロサンゼルス空港だった。9月だというのに，毛皮のコートを着た人とTシャツを着た人がいた。あんぐり口を開けるというのはこのことである。暑いか，寒いかはその人の感じ方なのだということを身をもって知った瞬間だった。私が決める。一人ひとりが違う。まさにそれであった。このことは，筆者に強烈な印象を残した。今，園の子どもたちに「暑かったら脱ぐ，寒かったら着る」ということが自分で当たり前に判断できるようにと願う原点がここにある。これは自分の身体の状態に自分で気づいて調整するということである。自分の身体や感覚に敏感になるということは，感性や観察力を育て，他の人たちの状況にも気づくことにつながっていく。

　そして，10か月後，留学を終えての帰り道にサンフランシスコに寄り道をしていたとき，筆者は道を聞かれたのである。おそらく中国系のおじいさんに，中国語で。筆者は旅行者で，サンフランシスコは初めてだったが，彼は筆者を同じ東洋系の人間でここの住民だと思ったのだろう。彼は，筆者が旅行者か否かよりも，同じアジア系，もしくはもっと絞って同じ民族（中国系）

だと思って親近感をもったのだろう。いや，旅行者か否かではなく，当然ア
メリカ在住の人間だと思ったのだろう。日本では道をたずねて，その人が外
国人だったということはほとんどないだろう。それは，日本だと外国人は見
た目ですぐわかるし，たとえ外見がそう違わない同じ東アジア系でも，言葉
や旅行者然とした服装などから日本人ではないことが容易にわかるからであ
る。アメリカではいろいろな民族の人が生活者として存在するのが当たり前
で，様々な感じ方や考え方があるということが前提になって社会がつくられ
ていることが，この一件からも感じられる。示村陽一も同じ経験を「アメリ
カに行くと道を尋ねられることがある。どうして外国人に道を聞くのか不思
議に思うのだが，ある程度アメリカにいると，誰がアメリカ人で誰が外国人
であるのか，外見だけで判断するのは不可能であるのがわかってくる」[10] と
語っている。つまり，「アメリカは移民社会であり，アメリカではアメリカ
人になるために外国人が絶えずアメリカ国籍を取得している」[11] ので，旅行
者はさておき，民族や言葉，文化を別にして国籍という点で考えるなら，外
国人は存在しないともいえるのである。

(1) 多民族社会―前提としての差異―

いったい，アメリカはどのような差異を前提に動いている社会なのであろ
うか。アメリカの建国時代の移民の歴史からたどってみよう。

アメリカ大陸の先住民，後にアメリカンインディアンと呼ばれる人々が住
んでいたアメリカ大陸の海域にコロンブスが到達して，「アメリカ大陸を発
見した」といったのが 1492 年である。それから 1620 年にイギリスから宗
教的迫害を逃れてピューリタンがメイフラワー号でやってきたのを皮切り
に，信仰の自由を求めて，政治的亡命者として，または富と成功を求めて，
あるいは 1840 年代のアイルランド移民のように飢饉を逃れてなど，自らの
意志で母国を離れてやってきた人々がいた。1776 年にイギリスからの独立
宣言をするが，その当時はイギリス系だけで人口の 70％を占めていた。そ
の後の移民の波は三つあり，第一波は 1840 〜 1890 年の西欧，北欧移民（ド

イツ人，アイルランド人，スカンジナビア人など）の時代，第二波は南北戦争
後の 1890 ～ 1930 年の南欧，東欧移民（イタリア人，ギリシャ人，ポーランド人，
ユダヤ人など）の時代，そして 1970 年代後半からのアジア，中南米系移民の
第三波である[12]。日本でも有名なミュージカルである『ウエストサイドストー
リー』は 1957 年が初演であるが，当時のニューヨークを舞台にポーランド
系とプエルトリコ系の貧しい移民の青年たちの抗争を描いたものである。つ
まり，第二波と第三波の移民の衝突である。

　ところが，当時確かにそこに存在していたにもかかわらずこの中に入らな
いのが，もともと住んでいたアメリカンインディアンと自分の意志ではなく
強制的に連れてこられたアフリカ系アメリカ人である。奴隷制は，1607 年
にイギリス人がバージニア植民地にはじめて入植した後から独立後もそのま
ま続き，南北戦争後の 1865 年に表向きには廃止された。しかし，人種差別
はそのまま続き，公共施設，プール，バス，水飲み場，公立学校まで白人用，
黒人用と区別されるなどの差別が合法的行為とされた。1950 ～ 1960 年代に
かけてキング牧師をはじめとした公民権運動が盛んになり，1961 年にアメ
リカ史上初のアイルランド系のカトリック教徒であるケネディによる政権が
発足し，人種隔離法の禁止法案を成立させた。そのケネディが凶弾に倒れた
後，次のジョンソン大統領により 1964 年に公民権法制定がなされた。その
後も続く差別の中で 1970 年代に裁判所の命令で，ある特定の学校区に対し
て強制的に白人を黒人の学校へ，逆に黒人を白人の学校へとバス通学させる
（desegregation busing）ということが行われたが，これもまた，保護者の反対
などでうまくいかない結末を迎えるのである。1967 年には，当時もまだい
くつもの州に存在していた「異人種間結婚禁止法（anti-miscegenation laws）」
に違憲判決が出された。この当時，ジョンソン大統領は「貧困との戦い」を
宣言し，1965 年に貧困層の子どもへの教育としてヘッドスタート計画を始
めている。そして，1960 ～ 1975 年まではアメリカがベトナム戦争で疲弊し，
同時にカウンターカルチャーとしてのヒッピー文化が花開いたときである。
1960 年代といえば，現在日本で文部科学省が幼児教育の無償化の根拠にあ

第1章 差異が生みだす主題の位相　101

げるミシガン州でのペリー就学前教育計画が始まった頃である。そして，それは現在まで50年間の追跡調査が行われている。日本では東京オリンピックが1964年に開催された。そして1965年，アメリカの移民法が改正され，先に述べた移民の第三波，多くのアジア人，中南米人が新たな移民として流入してくる時代となったのである。

　筆者がアメリカを訪れたのが1973年。当時の日本は，戦後『パパは何でも知っている』『奥さまは魔女』に代表されるアメリカのホームドラマに登場する白い大きな冷蔵庫や大きな車などアメリカの文化に圧倒され，『ローハイド』に代表される西部劇で悪いインディアンと戦う騎兵隊やゴールドラッシュの西部開拓時代をテレビ番組で見ていた時代のすぐ後，まだ1ドルが360円だった時代である。しかし，アメリカでは，アフリカ系アメリカ人が公民権を得て，まだ10年足らずのときである。まさに前述したbusingに始まるアフリカ系アメリカ人の公民権運動の高まりと，アジア，中南米（ヒスパニック）系移民が押し寄せる第三波の時代であったのだ。当時のアメリカは，何もかもが大きくて，大学のカフェテリアには食物があふれ，筆者はクラスメイトの父親の大きなコンバーティブル（折り畳み式の幌付きの車）に乗せてもらい，一方でドイツ式の19世紀の生活様式を守り，電気を拒否し，兵役にもつかず馬車で移動するアーミッシュ（Amish）の人々の生活も見学した。また，アフリカ系アメリカ人のクラスメイトが「私のおじいさんは奴隷だった」と語り，筆者はそのことの現実感がとっさにわからず，とても驚いたことがあった。筆者にとってのアメリカの奴隷制度は，『アンクル・トムの小屋』や『ハックルベリーフィンの冒険』などの物語の中の出来事だったからである。さらに，フード・クーポン（food coupon）（低所得者向けの食料用チケット）で食料をもらう人のことを聞いて，“この豊かなアメリカに？”と驚くこともあり，揺れ幅の広い，差異の大きな国というのが筆者の当時のアメリカの印象だった。

102   第2部 経営革新の契機となる「差異」

(2)　差異の縮小化と行き詰まり

アメリカ合衆国は移民社会として誕生し，後続の多くの移民をいかにアメリカ社会に同化させるかが国家としての課題であった。そのことをゴードン[13]はアメリカ移民集団の同化理論として三つに分けている。（筆者はこのアメリカ社会に同化させる…といったところにすでに，最初の集団のつくった社会を基盤として，そこにいかに同化するかという上下関係がつくられていると思うのだが…）先住民を除けば，確かに70%がアングロ・サクソンだったとしても，次々に押し寄せてくる移民の数に押されて，その矛盾が次の三つの段階に徐々に現れてくる。

①　アングロ同化論（Anglo-Conformity）

アメリカは，植民地の時代からイギリス系住民を中心とした社会であり，アメリカ社会への同化とはこのメインストリームであるイギリス文化に順応することであった。イギリス系以外の移民集団は，自分たちの民族的文化体系を捨てて，イギリス系アングロ・サクソン文化に同化することが求められた。そして，この初期の移民はドイツ系，スカンジナビア系ともにヨーロッパ系であったために比較的アングロ・サクソン文化に近く，さらに宗教的にもプロテスタント系のキリスト教徒であったために，同化＝一緒になる，交じり合うことが容易だったと思われる。当然ここには，先住民のインディアンや黒人奴隷として連れてこられたアフリカ系の人々は含まれていなかった。いわば，社会構成員としては目に入ってもいなかったのである。「アメリカ大陸は，コロンブスによって発見された」といわれ，10月第2月曜日がコロンブス・デーとして祝日になっている州もあるが，先住民は3万年前からそこに住んでいたし，紀元1000年頃にはバイキングも来ていたし，アイルランドの宣教師が到達していた可能性もあるとのことである。つまり，コロンブスによって初めて発見されたわけではないともいえるのである。よって，このコロンブスの寄港がそののちの先住民たちの生活に及ぼした影響に鑑みて，この日を「先住民の日」と呼ぶ州もある。すなわちこの呼び方は，「アメリカ大陸がコロンブスによって『発見された』などというのは，

西欧からだけの捉え方だ」と糾弾しているのである[14]。

②　メルティングポット論

　この「メルティングポット」という言い方は，イギリス系ユダヤ人のイスラエル・ザングウィルの 1908 年にワシントンで初演された『Melting Pot』という戯曲によって広まった[15]。主人公のロシア系ユダヤ人の青年が迫害を逃れてアメリカに渡り作曲家になり，幾多の困難を乗り越え，キリスト教徒のロシア貴族の娘と結婚する話を軸に，様々な民族，宗教の人々が立ち現れる物語である。ここでは，隠喩としての「るつぼ」という言葉が使われ，芝居としてのヒットと同時にインパクトの強い言葉として世に広まったが，文学であるがゆえにその「るつぼ」の意味があいまいで，多様な解釈が生まれ，時として正反対の使い方をされることがある。つまり，自由な移民政策を掲げる人には，移民を受け入れることで文化の多様性や活力を増すという捉え方ができるし，移民に反対の人には，不純物を取り除き，アングロ・サクソン的なアメリカ文化に同化させるという意味での「るつぼ」として捉えられるだろう。社会学的には，このメルティングポット論は欠陥の多い理論ではあるが，そのインパクトの大きさでシンボルとしてアメリカの移民社会の特徴を表しているといえる。

③　文化的多元主義

　文化的多元主義とは，20 世紀初めに南欧系・東欧系の移民が大量移入してきた頃に台頭してきた同化理論である。彼らはカトリック系であり，識字率が低く，アングロ・サクソン文化に同化することは難しかった。彼らは，Little Italy や Little Poland といった自分たちの街をつくり，自分たちの学校や教会，母国語の新聞をつくり，自分たちのエスニック文化や宗教，伝統を保持しようと努力した。彼らは，溶け合う（melt）ことをしなかったのである。筆者は留学当時，これをサラダボウル（tossed salad）と聞いた。レタスはレタス，トマトはトマトとそれぞれの形のままで共存している状態と言い表されるものである。当然そこには軋轢もあるし，格差もあるなど難しい問題が山積しているが，溶け合う（melt）ことはできないのだから，違いは違いで

認めてそこから出発しようとする叡智であろう。違っていて当然という発想が根本にあっての人との関係づくりがあり，対話の世界があるとする考えである。しかし，この文化的多元主義というのは，要はヨーロッパ的な価値観，近代イデオロギーを共有しており，文化的な多様性は私的領域に留まるという指摘もある。

(3)　差異の肯定とその影響

　三つのアメリカ社会における移民集団の同化理論について歴史を追って見てきたが，この三つの段階のどこにも先住民のインディアンやアフリカ系アメリカ人は含まれていない。これらは，あくまでもヨーロッパの白人エスニックグループがアメリカ社会でどう位置づいたかということであって，すべての人種や民族を含む同化理論（一つに同化するのかどうかは別にして）は，次の多文化主義の誕生を待たなければならなかった。つまり，これまでの人々は，自発的にヨーロッパからやってきた白人の民族集団で，アングロ・サクソン文化に基づいたアメリカ社会に基本的には同化して，自分たちの民族的な文化や伝統，言語などを放棄することを期待されていた。しかし，1965年の移民政策の大転換（アジア系,中南米系の受け入れ）により,これまでのヨーロッパ系とはまったく違った移民が流入するにつれ，自分たちの民族性，文化，言語などの独自性と平等性を掲げ，アングロ・サクソン文化に同化すること，つまり西欧的な価値観の押しつけを批判した「多文化主義」が台頭してくる。すると先の三つの同化理論は，西欧・アングロ・サクソン文化，白人中心であり，各民族の文化や伝統を無視するものだという声が上がってきた。

　これが引き金になり，単に人種的マイノリティを尊重するだけでなく，女性や性的マイノリティー，高齢者，障害者などの社会的弱者の権利擁護も掲げる運動に発展していく。ベティ・フリーダンが1963年に『The Feminine Mystique』（邦題：新しい女性の創造）を書き，1978年にLGBT（レズビアン・ゲイ・バイセクシュアル・トランスジェンダー）の社会運動のシンボル「レイ

ンボーフラッグ」が作られた。

　移民の国としてのアメリカは，多様性というより，その中でいかに統一を保つかということが重視され，よってメインストリーム（アングロ・サクソン文化）にいかに同化するかが問われてきた。しかし，1960 ～ 1970 年代のエスニックリバイバルによって，統一より多様性を重視する方向へと大きく舵が切られ，アメリカの教育の中でアングロ・サクソン文化以外の文化の独自性と対等性を認め，多文化教育を採用するに至るのである。

　しかし，ここで統一か，多様性かという論争が生ずる。この多文化教育の広がりに対して，アメリカ社会を統合してきたアングロ・サクソン文化を軽視し，統一よりも多様性を重視しているという危機感が生じるのである。これが，従来の西欧文明を中心とした教育カリキュラムの擁護派と，アメリカ社会の人種的・民族的多様性を主張する多文化教育カリキュラムの推進派との衝突をいうカルチャー・ウォー（Culture War）[16] である。多文化推進派によれば，今までのアングロ・サクソン文化中心のカリキュラムでは，少数民族の視点や貢献，文化はまったく取り上げられず，子どもにとって平等な教育の機会の提供になっていないという。カリフォルニアのある大学の附設園[17] では，現在クリスマスはおろか，どの宗教の行事も行われず，子どもの誕生祝いすらしていない。ここでは，英語とスペイン語で教育・保育が行われている。

（4）　統一か，それとも多様性か

　多文化教育には三つの批判がある。一つは，個人よりも民族集団で成り立つ社会を強調しているということである。たとえば，アメリカ人としてではなく，アフリカ系アメリカ人としてのアイデンティティが尊重されるということである。二つに，統一よりも多様性を重視するということである。各民族の文化や伝統を賛美することは，共通文化の軽視になり，コアカルチャーの解体になり，アメリカの統合を妨げ，分離主義になるということである。たとえば，英語とスペイン語というような二言語・二文化の国になるのでは

106　第2部　経営革新の契機となる「差異」

ないかという恐れがあるということである。三つに，反西欧的で，アメリカ人が共有している価値観と文化を否定し，アメリカを分離させるというものである。

　先に，「文化的多元主義」のところで，違いは違いで認めて，そこから対話すると述べたが，それは人と人との対人関係（私的領域）においては有効かもしれないが，今まで見てきたような一国のなかの民族と民族の関係，誰がその国を動かしていくかといった権力構造の問題，国民の教育という国の方向性を左右する問題（公的領域）になってくると，対話といった個々のケースの是々非々論ではなく，国のシステムとしての移民政策，教育政策などを考える必要がある。示村は，アメリカの非白人化におけるアイデンティティクライシスに当たって，取るべき道は次の三つのうちのどれかであるといっている[18]。すなわち，①従来のアングロ・サクソン文化に基盤を置いた社会を継続する，②ヒスパニック化・ラテン化により，二言語・二文化社会になる，③異人種，異民族，異宗教間での結婚によって，それらを超えた「新しいアメリカ」，まさに「人種のるつぼ」が生まれる，という三つの選択肢である。

　示村は，「アメリカがはたして今後どの道を歩むのか」と問いを投げかけているが，差異があることを当たり前とし，その差異の集団が民族，人種といった大きなものであるとき，本当にるつぼとなるには何百年もの時間がかかるというのが筆者の実感である。筆者自身が自分は日本人というカテゴリーとは別に「黄色人種」だと衝撃的に気づいたのは，何気なくフィンランド人の手の横に筆者の手を置いたときだった。まさに白人と黄色人種，筆者の手は黄色だった。そして，もっと衝撃的だったのは，イギリスに行ったとき，イギリスの国勢調査では，白人以外は全部「黒人」枠に入れられるということを知ったときだった。中国人も日本人もインド人も皆「Black」である。民族とは別に人種という捉え方もある。この差異を世界はどう乗り越えるのだろうか。違いは違いとして厳然としてあることも事実である。

(5)　これからの日本の民族的多様性

　先に，「日本は単一民族だった」と私たちが信じてきたことについて述べたが，日本でも1990年に入国管理法が改正されて，バブルの時代の労働者受け入れとして日系3世まで（扶養者は4世まで）に定住資格が与えられ，労働ができるようになった。これらの人々はニューカマー（new comer）と呼ばれ，ブラジル，ペルーからの定住者が多かった。この人々は，日系とはいえ，3世であるとすでに日本語，日本文化よりもブラジルやペルーの言葉や食生活といった文化をもっており，行政や教育現場ではそれに応じた支援や配慮が必要になった。以前より日本に定住していた日本語，日本文化を身につけた韓国・朝鮮の人々（old comer）とは，まったく違った生活様式をもっていたのである。すなわち，このニューカマーが存在することにより，以前からの定住者である少数民族の人々にも意識が向けられるようになったともいえる。また，最近では，2008年からインドネシア，フィリピンおよびベトナムからの外国人看護師・介護福祉士候補者の受け入れが順次開始された。まだ，日本語での試験の難しさなどによって，順調に進んでいるとは言い難いが，これから日本でもいろいろな分野で外国人が働くようになるかもしれない。地域によっては，幼稚園・認定こども園・保育所にも多国籍，多文化の状況が生まれている。その地域の行政の取り組みや，園独自に子どもやその保護者に支援が考えられているが，これからはさらに多国籍，多文化の状況が増すことが予想される。ここでも，アメリカのように，日本人の文化に同化しようとする"Japanese Conformity"（郷に入れば郷に従え）でいくのか，「文化的多元主義」でいくのか，または「多文化主義」でいくのか，いずれ選択を迫られる日が来るであろう。

4．距離の取り方にみる差異

　アメリカ生活から20年経て，筆者は今度はイギリスへ行った。学生向けの家族用フラット（アパート）があることにも驚きつつ，そこで娘と二人で

生活した。イギリスでは，社会人学生のことを mature student という。つまり，「成熟した学生」と呼ぶのである。よって，家族もちの学生がいることも当然として，家具付きの 2LDK や 1LDK のフラットが用意される。授業から帰ってくると，フラットのあちこちから，食事の支度をするにおいがしてくる。筆者が特に疲れているときなど，どうしてもだめな中東系の香辛料の強いにおいがあった。これはもう，どう意識や理解をしても受け入れられなかった。20 代の初めにアメリカに行ったときは，好奇心が先に立って大概のものは食べてみたし，やってみた。しかしながら，今回チャレンジしようとしなかったのは，筆者がすでに若くはなかったせいもあるかもしれない。同時にその時何かの本に，ドイツでは「日本人が魚を焼くにおいが耐えられない」といわれると書いてあったのを思い出した。お互い様なのだ。知らないにおい，特に生理的な感覚は如何ともしがたいのである。話し合いでも歩みよりでも解決しない。お互い様だと敬して遠ざける，あるいは寛容しか道はないのではないかと思う。こうした知らず知らずのうちに身についた感覚，文化のうち，人との距離の取り方について考えてみよう。

（1）　Harquin とごんぎつね

井上英明は，イギリスのジョン・バーニンガムの『Harquin』と日本の新美南吉の『ごんぎつね』を比較したものと，日本の教科書に載った『小さい白いにわとり』について言及した論文の中で，「記憶の始まるころから自分で判断が出来るころまでの間，言い換えれば心も体も極めて未熟なときに植え付けられた教育や体験こそが，その人間の思考や行動様式の原型となる」[19] と述べ，子どもが小さなときに繰り返し触れる童話にその国民性の芽生えを見ている。

では，『Harquin』はどのような話なのだろう。井上は，1970 年に偕成社から発行された大石真の訳を参考にしており，そこでは原題の『Harquin』（中表紙では Harquin the fox who went down to the valley）[20] が『にげろハーキン』と翻訳されていることに，「すでに日英のずれが出ている」[21] と指摘している。

第1章 差異が生みだす主題の位相　109

つまり，ハーキンは，原題では「谷に降りたきつね」と能動的にことを起こしたきつねだったのに，日本語に訳された途端，何かに追われるきつねになったのである。そして，本文の第1行目は原文では "This is a story about Harquin the Fox" であるが，和訳では「ハーキンといういたずらぎつねがいました」となるのである。この訳では，まだ何もしていないハーキンは，最初からすでに「いたずら」な，すなわち世の常識や秩序を乱すものとして，紹介されるのである。井上は，この箇所にも「ズレ—日本の子供向けに味付けされた」[22]と述べている。

　若いハーキンは父親ぎつねが「人間に見つかるから，自分たちの住んでいる山から人間の住む谷に降りてはいけない」と繰り返し言い聞かせるのにもかかわらず，山だけにいることに飽きて谷に降りていくような冒険家（井上は"英雄"と呼んでいる）である。そして，ハーキンは谷に降りて人間に見つかるが，知恵と勇気できつね狩りをしようとした人間の鼻を明かし，無事に戻ってきて，それ以降みな自由に谷に降りていけるようになるのである。その後，ハーキンが父親となって彼の子どもたちにこの有名な冒険の話を度々するのであるが，その息子の一人がかつてのハーキンのように父親の言うことなどどこ吹く風とばかりに，谷を越えてもっと向こうへ行ってみたいと思っているというところで話が終わる。

　この大石真の翻訳版はその後絶版になり，現在は秋野翔一郎の翻訳（2003年初版）で『ハーキン：谷へおりたきつね』として童話館出版から出されているが，ここではもう「にげろ」でもなく「いたずら」でもない。また，大石訳では squire は「じぬしさま」と訳されているが，秋野訳では単に「地主」となっている。このように30年たつと，翻訳者が代わり解釈も変わり，原文に忠実でかつ社会的階層（階級）を際立たせない翻訳になっている。大石の訳では，ハーキンは親の言いつけに背く困った子どもとして描かれ，その挙句，陥った危機的状況から逃げていくことが強調されている。しかし，原文にあたると，ニュアンスは秋野訳に近い。筆者には，むしろこのような好奇心旺盛な冒険心のある若者が世界を広げていく物語，井上に言わせると権

110 第2部 経営革新の契機となる「差異」

力者に戦いを挑みまんまと勝つ話であり，さらに次の世代（ハーキンの息子）の中にも父親を超えて果敢にさらに外の世界に挑戦しようとする芽が育っていることを感じるのである。

　この二人の翻訳の違いについては，時代の移り変わりの中でこの童話によって子どもに何を伝えたいのかということの変化を読みとることができる。もっと社会的背景に踏み込んで捉えるなら，「きつね狩り」という田園地帯の貴族の遊び，犬にきつねを追わせ，最後は犬がきつねをかみ殺すというゲームに対しての異議申し立ても考えられる。奇しくもイギリスでは2004年（秋野訳出版の翌年）にきつね狩りが法律で禁止されたが，そこに至るまでの攻防戦は，「労働者階級 vs 貴族」「都市 vs 地方」「動物愛護 vs 伝統文化」といった対立が根深く，一朝一夕には法案が成立しなかった経緯があるという。ちなみに，挿絵は英語版も日本語版も同じであるが，表紙のきつねはいかにも好奇心に満ちて，何かやってやるぞという風情に描かれ，地主など人間も偉そうであったり，怒っていたりと表情がくっきりと描かれている。

　一方，新美南吉の『ごんぎつね』[23]は，1956年から度々教科書にも取り上げられている童話であるが，いたずらばかりしていた一人ぼっちのきつねのごんが，ある時，村の兵十が病気の母親のために取ったウナギをわざと逃がしてしまい，その後兵十の母親が死んだことから自分のいたずらを悔いて，自分と同じ一人ぼっちになった兵十の家に栗やマツタケを持っていくが，盗人きつねと思われて銃で撃たれて死ぬという話である。最後に「栗をくれたのはお前だったのか」という兵十に目をつぶったままうなずきながら死んでいくごんが哀れである。ここでは「わかってもらえた」という満足のうちにごんは死ぬのである。この話には村の人々が出てはくるのだけれど，あくまでごんと兵十の間の話として描かれていく。二人の間に誤解が生じ，それが死をもってして解け合うのである。死をもって償う「贖罪」，他者に理解してもらうことの大事さ，あるいは早まった暴力的対応は関係を断絶するから，対立より赦しが大切ということも含まれるだろう。偕成社版では黒井健によ

る淡い色の，人の顔など判別できないくらい形をぼかした，ふわっとしたタッチの挿絵によって，ごんの一人ぼっちの淋しさや，同じ一人ぼっちの境遇になった兵十への共感や，兵十を求めても理解されないごんの悲しみがあわあわと伝わってくるのである。

　さて，この二つの話についてどちらが良いとか悪いとかいうのではなく，文化の差であると思うが，井上のいうように「まだ思考の固まらない幼い頃にハーキンで育つ子供と，ごんぎつねで育つ子供……これが国民性の核となって大人へと育っていく」[24] のである。一方は親の言うことにも背いて，権力に対抗して外へ外へと世界を広げていこうとするきつね，もう一方は誤解のうちに殺されても相手の役に立った，理解してもらえたと満足して死んでいく，つまり閉じた二者関係の中で完結し，内へ内へと心情の世界へ入るきつねである。この距離は，大きい。

(2)　赤いにわとりと白いにわとり

　『小さい白いにわとり』[25] は 1959 〜 1979 年まで，小学 1 年生の国語の教科書に取り上げられたウクライナ民話の再話である。英語版では，『The Little Red Hen』（小さい赤いめんどり）[26] となっていて，すでに題名からして，にわとりが赤と白とまったく違うのである。また英語版では，にわとりが種を見つけ，種まきをし，水をやり，育て，刈り取り，粉にひき，パンに焼くまで，その途中途中で手伝ってくれるかと言うと，嫌だと言った犬，猫，ネズミあるいはアヒル（日本語訳では犬，猫，豚）が，最後に焼けたパンを食べるところで，赤いにわとりに「手伝わないものは食べられない」と拒絶され，最後のひとかけらまで赤いにわとりが食べ尽くすのを見るはめになり，その後，彼らは仕事をよくやるようになったという話である。一方で日本語訳では最後のところで，小さい白いにわとりが「このパン，だれが食べますか。」と聞き，3 匹が一様に「食べる。」と答えるところで終わるのである。ここから先は，読者（子ども）の想像性に委ねられるわけだが，挿絵では犬も猫も豚も焼けたパンに突進していくさまが描かれている。

112　第2部　経営革新の契機となる「差異」

　井上によれば，英語版は，まさに「働かざる者食うべからず」を地でいっ
た話である。それなのに，日本語訳になると途端に「和を以て貴しとなす（聖
徳太子十七条憲法の第一条）」になるのである。つまり，働いた者も，働かなかっ
た者も分け合って，皆で仲良く食べるのである[27]。井上は「イギリスは個人
主義の国とよく言われるが，子供の頃からこうした厳しい話を聞いて育てら
れていれば，当然そのように育つ―（中略）―，一方日本人にとっても，集
団主義，仲間意識を第一と考える子供が育つ」[28]と言っている。一つの話が，
与える側の大人の解釈や意図で，こんなにも変えられることに驚きである。
これは道徳の教科書ではなく，国語の教科書に載っている話である。

　しかし，なぜ小さい赤いめんどりが小さい白いにわとりに変身したのであ
ろうか。養鶏の歴史を見ると，戦後アメリカから採卵用の白色レグホン，採
肉用のブロイラー（白色）が大量に入ってきて，それまでの地鶏系（茶色）
に取って代わり，一般的ににわとりというと白いにわとりを思い浮かべるこ
とが多くなったからではないかと筆者は考える。なお，英語の red は赤だけ
ではなく，赤茶，茶色，オレンジに近い赤なども含むので，日本でいういわ
ゆる地鶏系のにわとりに近いと思われる。外国から入った鶏にも，採卵用の
ロードアイランドレッド，イサ・ブラウン種など茶色いにわとりもある。教
科書に再話するにあたって，当時の小学1年生になじみのある白いにわとり
に代えたのであろう。色が変わったことによって，波風はたっても個人主義
の自己責任の文化から，集団における助け合い，もしくは何事も個人の責任
を問わず，対立を好まず，穏便にことを進めて行く文化へと物語は変貌を遂
げた。

5．同質性を重んじる日本―差異を明らかにしない日本―

　多文化社会を覗くと，日本の特徴もまた見えてくる。先に，日本は単一民
族ではないといったが，島国である日本の自然，特に四季があることを考え
ると，そのことが文化の主流を形づくっているともいえるのではないだろう

か。

（1） 四季のもたらすもの

今日の私たちは，猛暑の夏や寒風の冬という季節変動，屋内の冷暖房という環境に合わせ，または，ファッションとして，夏でもニット帽をかぶったり，冬でもコートの下は半そでだったりと好きな服を着ることが自然になり，特に若者の服飾文化は二世代前とは様変わりしている。しかし，学校文化においては，自己調整期間はあるとはいえ，いまだに制服の衣替えの時期が定められているところも多い。日本の正装としての着物の世界では，季節によって厳然と 袷，単衣，薄物といった区別がある。そんな文化の中では，人々はおのずと季節を考えて装いを選び，その結果あまり他の人々と違わない恰好をするというような習慣が出来上がっているのだろう。

また，和菓子の世界ではその季節に応じた菓子がつくられ，俳句の世界には季語があり，四季の移り変わりがはっきりしている国ならではの様式美やルールがあり，それはとても美しいと感じる風景でもある。日本の津々浦々に，四季のもたらす移ろいが文化となって浸透している。

（2） 学校教育において共通に獲得される知

画一的といわれるかもしれないが，日本には小学校・中学校学習指導要領，幼稚園教育要領などがあるので，もちろん地方差はあるにしても，日本のどこに行っても学校教育の内容はほぼ同じである。小学校では誰もが九九を習い，裁縫の手ほどきを受け，ときには音楽の授業において，金管バンドあるいは鼓笛隊などで鍵盤ハーモニカはおろかトランペットやホルンといった楽器も経験するのである。

これは，筆者の 11 歳の娘がイギリスの学校へ通ったとき（1992 年）の経験と比べると驚くべきことである。彼女の通った学校は小さな私立女子校であった。保護者は中産階級の下の方（lower middle class）であったろうか，保護者は小さな商店経営者くらいのレベルであった。多文化の背景をもつ子

ども もたくさんいた。そこで日本の家庭科に類するものは，なんと刺繍（needle work）のみであった。料理も裁縫も習わないのである。つまり，古き良きイギリスの中産階級の婦人は，家事はメイドに任せるわけで，家政を取り仕切る教養とサロンでの刺繍ができればよいわけである。かといって，良妻賢母教育だけをしているわけではなく，上級学校への進学を果たす生徒もいた。また，娘が長じてイギリスの大学院で演劇の勉強をしたとき（2005年）も，ギリシャをはじめ多くの国からの学生と一緒に芝居をつくっていたが，彼ら彼女らはその衣裳の裾上げやちょっとした繕い物もできずにいて，ギリシャには家庭科などという教科はなかったと言っていたそうである。日本人の男子学生ももしかしたら裾上げはできなかったかもしれないが，一応小学校で針に糸を通すことくらいは経験したであろう。ギリシャでは，針仕事は家庭での教育の範疇なのかもしれない。

　日本の教育は，給食も掃除の指導も教師の仕事である。給食では好き嫌いをなくそうと教師が奮闘するが，イギリスでは，給食は給食担当の人がいて子どもの食事の世話をする。無理に食べさせることもない。食事の好き嫌いなどは家庭教育の役割なのだろうし，後述するように宗教との絡みもあるので，慎重なのかもしれない。

　このような経験から筆者は，日本の教育は画一的といわれてはいるが，どの子にも広く，様々な経験を提供していると感じている。また，教科学習以外にも給食や掃除も言うに及ばず，運動会や学芸会（生活発表会）などの学校・園行事を通して子どもを育てようとしている。特に運動会などは家族や地域の楽しみの一つになっている場合もある。イギリスの先の学校で Sports Day という行事があって，筆者は運動会のような保護者も楽しみにしている行事だと早合点して，期待して見に行った。ところがそれは，近所の公園で子どもたちが麻袋に入ってぴょんぴょん飛ぶなどのゲームをするお楽しみ会のようなもので，拍子抜けして帰ってきたことがあった。しかし，日本では地域差はあるにしても日本のどこへ行っても教育はある一定の水準をもち，教科学習だけでなく，学校生活や行事を通しての教育をしているといえる。

第1章　差異が生みだす主題の位相　*115*

　佐藤晴雄は，2007 年，小・中学生の保護者 2,500 人を対象に，しつけに関する学校と家庭の役割についてのアンケート調査を行い，「日本の学校は，知・徳・体のバランスを重視し，特に小学校では生活指導に比重が置かれてきた。学校とともにしつけを担ってきた地域が解体，家庭も核家族化が進んで機能が弱まった結果，ここ 10 年ほど身の回りのことで学校が指導する内容が増えた」[29] としている。

(3)　宗教性の有無─差異を学習しない弱さ─

　一人ひとりの違いをあらしめている要素に，民族性（ethnicity）の他には宗教がある。一般的な日本人は，出生後のお宮参りは神社で，結婚式は教会で，葬式は寺でというように，宗教には無頓着といってよいくらいであり，宗教的に食べてはいけないものがあるということはあまり聞いたことがない。

　しかし，世界に目を転じてみると，宗教に則って生活している人が多いのではないだろうか。筆者のアメリカでの学校の同級生で，イスラエルから来た女子学生は，ユダヤ教の食事規定に反するため，ベーコンを炒めたフライパンさえ使わないし，ステーキの後にアイスクリームも食べない。つまり，豚肉を調理したフライパンでは卵は焼けない，また一食の中で，牛の親子（牛肉とミルク）は食べないのである。それは，こちらがどう思おうと受け入れるしかない。

　イギリスで見学したある小学校は，地域の公立校であったがレベルが高く，入学のウェイティングリストができている学校で，その 1 年生のクラスにパキスタン系の子どもがたった一人いた。筆者はそのパキスタン系の子ども（1 年生，5 歳児）に “What's your religion?” といきなり聞かれた。金髪碧眼の子どもたちの中で，黒い髪と黒い瞳をもつその男の子は，黒い髪と黒い瞳をもつ東洋人の筆者に親近感を抱いて，筆者の宗教ももしかしたら，彼と同じかもしれないという気持ちもあって聞いたのであろうか。筆者は，とっさに “I'm a Buddhist.” と答えた。しかし，筆者の家はどこの寺の檀家でもなく，

116　第2部　経営革新の契機となる「差異」

筆者自身，確固たる仏教徒としての自覚もなく，その教義さえも知らない無宗教の日本人だが，おそらくムスリムであろう5歳の子に“No religion.”と答えるのはなんだか気が引けたのである。

　日本の学校教育の中では，ミッション系や仏教系など宗教系の学校以外は，世界史や日本史などの教科書に歴史上の宗教についての記述があり，倫理などの科目でその教義の一端に触れる程度である。知識としては少し学ぶが，宗教が生活や政治とどう結びついているかは具体的にイメージしずらい。たとえば，5歳児が徒歩遠足に行き，途中の神社にお参りして鈴をじゃらじゃら鳴らして柏手を打つ計画を立てるとする。私たち日本人は特にそのことに反対もしないだろうが，南米から来たカトリックの保護者にとっては，異教徒の神を礼拝することになるからと，遠足に行くことを拒否することも考えられる。私たちは，宗教上してはいけないこと，食べてはいけないこと，しなければならないことがあることについては，ほとんど知らないといっていいだろう。

　宗教のもつ規範はどうあがいても変えられない。相手の宗教は受け入れる，あるいは受け止めるしかない。だから利害関係も発生し，戦争にもなるし，人類の歴史の中では宗教の名のもとに，大量の，または残酷な殺戮があったのだろう。日本人は宗教の点では，多くの人が無味無臭だ。相手からしたらこれほど御しやすい民族はいないだろう。しかし，無知ゆえに，あるいは今までに軋轢がなかったゆえに，他の宗教に配慮もない。日本の学校制度の中で，給食に宗教の禁忌のある子どもの特別食が当たり前のようにつくられる日が来るのだろうか。

（4）　目に見える民族性の有無

　私たち日本人は，この小さな島国の歴史を共通にもっている。その中でも地域差もあるにはある。京都の人の中には，「先の戦い」というと「応仁の乱」や「蛤御門の変」を思い浮かべるとも聞く。そのような差があってもそれは同じ島国の中で，お互い様の群雄割拠の時代があり，明治維新の後，第二次

世界大戦の敗戦まで同じように国が一丸となって，外国勢に対峙していた歴史を共通にしている。しかし，先に述べたように，アフリカ系アメリカ人のクラスメイトが「私のおじいさんは奴隷だった」と言ったことを筆者はにわかには認識できなかったのだが，確かにアフリカ系アメリカ人なら，祖父母の時代にアフリカから連れ去られて奴隷としてアメリカ大陸に来たという歴史を抱えていても不思議ではない。そして，その歴史が肌の色という外見で刻印されていることが日常の生活の中で消し難い事実として認識される。日本にも様々な差別や偏見があるが，同和問題に関しても，会った瞬間から肌の色といったような外見で差異が確認されることはあまりないのではないだろうか。

　人には民族の，家族の歴史がある。その人の考え方の中には，代々の歴史がある。同じアフリカ系アメリカ人といっても，出自は様々である。オバマ元大統領は，ケニアからの留学生の父をもつアフリカ系アメリカ人である[30]。母方はスコットランドやイングランドに加えてアメリカの先住民という多様な民族を先祖にもっている彼の歴史が，大統領選に有利だったのかそうでなかったのか，政策に加えて，民族性や宗教を伴う彼の歴史をアメリカの大衆はどのように判断したのだろうか。日本では首相は直接選挙ではないが，衆・参議院選挙のときにその候補が何県出身かというような歴史性を含めての出自を投票の判断材料にするだろうか。

　2010年のアメリカ中間選挙の投票行動を調査した阿南東也は，共和党と民主党へのそれぞれの投票について，性別，人種構成別，年齢別，学歴別，政党帰属意識別，信仰する宗教別，婚姻関係別などの視点で分析している[31]。これは，彼がギャラップ調査（民間企業による世論調査）などを引いていることから，アメリカではこのような分析視角があるということであろう。また，2012年のアメリカ大統領選挙における投票行動を研究した高橋善隆は，世代，所得，民族性による分析を行い，最近のアメリカ社会の傾向として新しい概念「グレイ対ブラウン」つまり，白人中間層高齢者対ヒスパニックなどのマイノリティの若者という対立構造を分析視角にして，大統領選挙

118　第2部　経営革新の契機となる「差異」

の投票行動を探っている[32]。ここでも民族性が一つの柱になっている。

　一方，日本の選挙における投票行動を研究している三宅一郎は，特定の選挙における投票行動の記述ではないとしながら，1983年の総選挙のデータをもとに，投票行動を規定する要因として候補者志向，政党志向，政策争点志向の三つをあげている。そして，日本の選挙が中選挙区制だったので「候補者志向が投票決定因として最も重要と言われてきた」[33]と述べている。しかし，ここで言う候補者志向とは，個人後援会や労働組合などにより，より近しい人間としての候補者を見ているわけで，投票行動の分析視角としてジェンダーや宗教，階層，いわんや民族性への言及は皆無である。つまり，日本の選挙においては，民族的多様性が出る幕はないということである。

　ヨーロッパでもチェコとスロバキアが分離し，アフリカ諸国でも同じ国の中で部族同士が争っているところもある。それぞれの抱えている歴史から融和することはなかなか難しい。私たち日本人から見ると，フィンランドもスウェーデンもノルウェーも同じ北欧諸国で福祉国家であると思えるが，実はそれらの国も侵略されたり，占領したりの歴史があり，お互い同士どう思っているかは，はたから伺い知れないものがあるらしい。つまり，私たちはそれぞれの歴史を背景にもっており，初めから公平な見方などはないと思った方がよいのではないだろうか。人は偏見をもって人を見ると考えた方がよいだろう。その民族の歴史から，または家族の歴史から，または個人的な体験から，私たちの中には偏見といっては言い過ぎかもしれないが，多かれ少なかれ先入観をもっているといっていいだろう。だから，偏見，あるいは先入観があることを承知で出会い，出会ったところで自分の責任においてその人を見る，吟味する，そして関係の仕方を考えるということが必要ではないだろうか。これは，日本人同士でも同じことであろう。その人の家族関係や生い立ちや経験など，一人ひとり違うのだから，人と出会うことは異文化と出会うことだと思う自己の強さが必要なのである。では，どのようにしたらその先入観のある人々と出会い，そして対話をしていけるのだろうか。

(5) 見える差異，見えない差異

　確かに，日本の中にあっては出身が同じ県であるとか，外国にあっては同じ日本人であるとかの共通項が出会いを容易にしたり，深めたりすることもある。同郷であるということは祭りや食べ物など共通した経験をしていることで，共感する部分が多くある。筆者は，1993年にロンドンから遠く離れたエディンバラでチャイニーズレストランに入って，読めないけれど何となく察しのつく漢字のメニューと，日本のものとは違うけれど象牙色の長い箸を使って食事をしたときに，安堵にも似た感覚を覚えたことが忘れられない。国は違っても，東アジアの同じ漢字と箸を使う文化圏であることが，異国でいつも肩肘を張って緊張感の中で生きていた筆者をふと和ませたのだろう。当時，イギリスの地方には日本人はほとんどいなかった。マンチェスター郊外の田舎町で母親に連れられた4歳くらいの子どもが筆者を見て，"What's that?" と言った。母親は慌てて，そんなことを言うのではないといったようなことを子どもに言って，そそくさと離れていった。このような異国の地で同郷の人間に会うと，それだけで何やら安心することも確かである。けれども同じ日本人だからといって誰でも友人になれるわけでもなく，かえって関係がわずらわしいこともある。インターナショナルな状況の中では，気が合う人というのはかえって文化や言葉を超えたところにあったりもする。ここで使ったインターナショナルという言葉は，当時日本では普通に使われた言葉であったが，イギリスでは意味をなさなかった。すでに様々な人がいることが当たり前の状況の中で，インターナショナルという概念そのものがなかったように思う。

　園の子どもにもそのようなことは起きる。2歳児のクラスにアメリカ人の男の子が来たときに，ある日本人の女の子が「今日，髪の毛がトウモロコシみたいな子が来た」と帰宅早々に母親に報告した。また，大柄で，原色のアフリカの民族衣装とターバンを巻いたお母さんを見て，びっくりして泣き出した2歳児もいた。違いは違いで，そのことで驚いたり怯えたりすることは当然のことであろう。ここから，どう出発するかが教育集団としての園，教

師・保育士等に課せられている仕事なのだと思う。しかし，前項の「目に見える民族性の有無」というところで,「人はすでに偏見，あるいは先入観をもって人を見るということを前提に」と述べたが，その偏見や先入観が自分にあるのか，ないのか，あるいは何であるかも出会ったところでやっとわかるということもあるのである。差異を避けていては，ガラパゴス化から抜け出せない。差異を飲み込んでこちら側に合わせてしまってもガラパゴス化から抜け出せない。まずは差異に気づくことから始めることなのだろう。

§2　差異に気づけないのはなぜか

1．園の組織文化を捉える

§1では差異に注目することで，その差異に気づき，出会い，関係することにおいて，新たな意味をつくりだしていく可能性について述べた。しかし，日本の就学前教育にかかわる集団の多くは，外との差異に，または中にあっても様々な差異が存在しているにもかかわらず，そのことには気づかず，いわばガラパゴスに居続ける状態なのはなぜなのだろうか。

§2では，たとえば園児減少などという経営危機に至ってもガラパゴス化から抜け出せない，つまり自分たちと外の世界との差異を感じ取れない集団であるのはなぜかを考え，さらに，それを変革するための可能性を論じたい。

（1）　経営危機に対する姿勢

私立幼稚園の中には園児減少などで廃園になった園も多い。しかし，生き残ってきた園はいわゆる3種の神器「延長保育（預かり保育），給食，送迎バス」といった保育サービスに加えて，ブランド保育（何々式教育）の導入，または満3歳児保育の開始，英会話や体操などの課内・課外教室の設定，プ

レ保育と称する2歳児保育の取り込みや，究極的には認定こども園化など時代の変化に合わせて経営サイドの努力で乗り切ってきたことは前述した。

　しかし，教職員の意識の改革が伴わなければ，外向けの看板は変わったとしても自分たちの教育・保育観や，教職員の人間関係，労働条件などの中身は旧態依然としたままである。それは保育所も同じで，待機児童がいる中で存続の危機はないかもしれないが，2008年の保育所保育指針が告示された際に，幼児体育やリトミック，英語の講師など形に見える「教育」を外部発注の形で導入した所が多くあった。これは保育に加えて教育を入れたということなのだろうか。

　就学前教育は小学校以上の教育に比べて，その効果がすぐに測れるというものではない。シカゴ大学の経済学者ヘックマン[1]が，質の良い幼児教育（家庭教育も含む）がもたらす費用対効果を公共投資のリターンから考えるという経済学的な視点から，ペリー就学前教育計画を論じて注目されたが，その肝心の「質の良い幼児教育」とは何であるかはなかなか難しい。

　園児減少などの外の変化で園経営が危機に陥った場合，日本の多くの園では，根本的な教育の質について教職員集団で考えることも話し合われることもなく，経営の問題は園長の責任だとして園長のトップダウン，号令一下で手っ取り早く次の日から新しい保育サービスやプログラムが導入される。しかし，組織体としての園としてみるならば，その成員である教職員一人ひとりが危機の自覚をもち，その乗り越え方をよく理解して，主体的に積極的に臨む必要があるだろう。

　ところが現状はどうであろうか。園の職員会議において全員が発言しているだろうか。園長や主任の意見を拝聴するだけになっていないだろうか。新人はベテランを前にして意見が言えるだろうか。今していることに疑問をぶつけることができるだろうか。去年と違う新しいことを提案できるだろうか。教職員集団の既得権益を守り，面倒なことはしないということになってはいないだろうか。本来なら，全教職員が対等で，それぞれの意見を言い合いながら一つの方向を見定めていくことが望ましいが，なかなかそうはならない。

122　第2部　経営革新の契機となる「差異」

確かに，組織の運営は正論だけでは成り立たず，経営面からの妥協や優先順位が考慮され，教育面でも教育理念や方針に従っての内容の取捨選択がなされる。しかしその時，たとえ自分の意見の優先順位が低くなっても，皆で議論を尽くした後ならば，教職員がある程度納得して協力できるような体制をつくっていきたいと誰しもが思うだろう。しかし，現実はなかなかそうならない。なぜ，意見を言えない雰囲気なのだろうか。それを探るために，園を一つの組織と捉え，その組織の中の文化という視点から考えてみよう。

(2)　園の組織文化

アメリカの組織開発や組織文化の研究者であるE. H. シャインは，次のような例をあげて，組織のもつ文化を説明している。たとえばA社は，ドアのない開放的なオフィスレイアウト，自由な服装，一見しても誰が偉いかわからない，誰でも使えるカフェテリア，エネルギーや情熱を暗示させる雰囲気などをもっている。一方，B社は，オフィスの閉じたドアに象徴される形式主義，会議資料のフォーマルな準備，一般社員とは別の上級幹部用のダイニングルーム，ゆったりとした熟慮ある雰囲気が感じられる。このように，それぞれの会社には独自の組織文化があるという。そして，それは，「ある特定のグループが外部への適応や内部統合に対処する際に学習した，グループ自身によって創られ，発見され，または発展させられた基本的仮定のパターン」[2] であるという。つまり，組織文化とは何か問題が起こったときに，外に対してのその解決策（適応）を考えたり，中にあってはそのグループへの所属意識や一体感（内部統合）を醸し出したりするものである。

では，幼稚園や保育所等ではどうであろうか。今津孝次郎は，その考え方を学校という組織に適応し，学校組織文化を「当該学校の教師に共有された行動・思考の様式で，その学校での日常の教育活動に方向性を与え，問題解決や意思決定の判断枠組みを提供するとともに，教師集団の凝集性や一体感の醸成にはたらきかけるものである」[3] としており，この学校組織文化は形成され，伝達され，学習され，さらに変革され，新しく創造されていくと述

べている。

　幼稚園も保育所等もその門の前に立つと，周囲の状況や道路の清掃状態，そして中から聞こえてくる子どもや教師・保育士等の声など各園に個性がある。そして，中に一歩入ると園庭・園内の環境や掲示物，子どもや教師・保育士等の服装，動き，色使いなどからその園が何を大事にしているのかを感じることができる。しかし，組織文化では，このような目に見える形での園の個性，文化だけでなく，そこの教職員に共有される価値観や行動規範を含めて取り扱い，その組織に深く根づいて無意識の目に見えないものまであると考える。今津はシャインの主要な議論をまとめた中で，その組織文化の目に見える段階から，無意識までのレベルを次の3段階で紹介している。

　　①人工物：観察できるがしばしば解読できない。
　　　建物やオフィスレイアウト，服装，言葉，服務規律，儀式など
　　②価値：やや観察しにくいが，ある程度知覚できる。
　　　一定の行動様式を直接支える信念，価値，規範など
　　③仮定：意識以前の観念で，自明と考えられているだけに知覚しにくい。
　　　価値や人工物の自明化されたもので，成員の感受，思考，判断の仕方
　　　の枠づけ，あらためて論議されることのないような基本的諸前提。こ
　　　れには，人間（関係）観や時間観念なども含まれる[4]

　こうした先駆者の定義を参考にして，谷内篤博は組織文化を「戦略や組織構造を前提に醸成された企業固有の価値体系で，組織構成員の行動に大きな影響を及ぼすとともに，企業の業績や環境適応力を大きく左右するものである」[5]と定義した。そのうえで組織文化は企業において，人，物，金，情報，に次ぐ第5の経営資源として重要視されつつあるとして，新たな視点での組織文化の重要性を喚起している。組織文化が企業の業績や環境適応力を大きく左右するものとするなら，就学前教育においても，組織が変革を求めるならば，自らの組織文化について一考する必要があるということであろう。

さて，改めてこの組織文化という視点で幼稚園や保育所等を見てみると，前述したようにそれぞれの園にはその園独自の雰囲気を感じることができる。これらが，目に見える第1のレベルである。たとえば，服装においても子どもも教師・保育士等も制服がある園，あるいはそれぞれ思い思いの服を着ている園がある。園庭に関しても，中央を広く平らに取って運動場とし，隅に固定遊具が並んでいる園，あるいは庭には高低差があり，畑やプランターがある，その間を縫って子どもが行き来している園もある。片付けにしても，時間になると音楽が流され一斉に片付けが始まる園，あるいは三々五々部屋や外で遊んでいて，いつ片付けるのかわからない状態の園と多様である。発表会などでも保護者はあくまでも観客である園，あるいは保護者も参加者の一部として巻き込んで劇が発表される園，というように，外から見える文化が第1のレベルである。

そして，第2のレベルは，その園の子ども観，教育・保育観といえるだろう。制服ひとつとっても，なぜ制服を採用するのか，なぜこの形にしたのかという論拠にその園の教育観・子ども観がある。保育中の子どもの声についてはどうだろう。うるさいか，静かか。教師・保育士等主導の保育では，子どもは教師・保育士等の話すことをよく聞くことが求められる。一方，子どもの主体性を大事にする園では子どもの発言が奨励される。すると，クラスの集まりで担任が話しているときに「子どもの声」を前者では「うるさい」と捉え，後者では「活発」と捉える。教師・保育士等だけでなく，子ども自身もその園の文化に浸っている。自由に遊ぶときは，全員外に出ることがよいと思っている園は，室内でやりかけのことがある子どもも外遊びに連れ出すだろう。ある幼稚園教諭が大学院の授業で自分の園児時代を回想して，「外遊びのときは，ドッジボールなど皆で集団遊びをしなければならないと思い込んでいた。が，ある時，集団から離れて座っていて，あ，こんな風にしてもよいのだと気がついた」と語っていた。このように，子どもにも共有されるその園での外遊びの仕方の根底には「みんな一緒に」や「体力づくりに外遊びが大事」というゆるぎない信念がある。なぜ制服を採用するのか，なぜ

子どもの声をうるさいと捉えるのか，なぜ全員一緒に外遊びに行かなければならないのかといったことの背景にある信念，これが第2のレベルといえよう。

　この第1，第2のレベルは，園の教育方針であったり，園の伝統的な行動規範であったりするので，園の中にあってはなかなかに変えがたいものがあろう。これはこれで間違っているわけではない。しかし，たとえば外遊びの全員参加の強制は，子どもの主体性や自由といった視点からは画一的な教育といえるわけで，子どもが主体的に環境にかかわって試行錯誤することから生みだされる学びをいかに保証するかという問いが成立する。しかし，実習生や他園での経験がある教師・保育士等が，「なぜ，みんな外に出すのか」と聞いたとしても「だって，外で運動するのは大切でしょう」とか「うちはずっとこうしてきたから」という答えが返ってくるだけで，なぜそう思うのだろうという根本的な思考には至らない。

　外圧がかかったとしても，気づけないこともある。ある時，イギリス人の幼児教育学者が筆者の園に見学に訪れたときに，"noisy"であるという感想を述べた。筆者は，「元気な子どもたちの声がしてよいではないか」となかば反発したが，今になって思えば，それは，「子どもが本当に集中して没頭しているときには，声が出ないのではないか，この子たちは本当にやりたいことに集中しているのか」という問いであったのかもしれない。その時は，彼女が"noisy"と感じたその感覚の差異に気づけず，それを取り立てて考えることもなく，むしろ反発という形で退けたのである。現在の筆者は，「子どもの経験の評価」といったことに関心をもち，ベルギーのラーバースの子どもの主体的な経験に共感的なまなざしを向けて振り返る手法[6]やニュージーランドのラーニングストーリー[7]といった評価手法を知ることにより，この差異に潜む問いに気づくことができた。このように，園長など経営者が研修を受けるなり，公開保育で指摘されるなりして差異を問題として捉えることができ，自分たちの園内研修のテーマとして取り組めば，園での共通した価値や行動様式を変化させることも可能だと思われる。しかし，若い教師・

126 第2部 経営革新の契機となる「差異」

保育士等がおかしいと思ったとしても，声を上げ，討論するといった草の根からの変革はかなり難しいのではないだろうか。

　さらに問題なのは第3のレベルである。第1，第2レベルの表面的な園の雰囲気，目に見える教師・保育士等の行動，教育理念や教育方針の奥にある，その園を動かしているより深いレベルの文化，シャインのいう仮定や前提である。つまり，それは当然と見なされるような仮定や信念であって，普段はそのことすら気づかないものである。「環境を通しての保育」といいつつ，毎月の製作や歌はあらかじめ決められ，運動会では毎年組体操を繰り返し，発表会は劇の台本を教師・保育士等が書き子どもはそれを覚える。これらの活動の「仮定」は，保育の計画や中身は教師・保育士等が考えて，子どもに与えるということである。それは，子どもは自分で学ぶ力があるとは考えず，教えてやらなければならない存在だという考えが自明のこととしてあるからである。そうした集団内では日々の保育の中で，子どもは学ぶ力があるかどうかということなど改めて考えることはないだろう。

　もう一つ，例をあげてこの自明の仮定を考えてみよう。事故が起こったときの対処はどうであろうか。滑り台から落ちて子どもがけがをしたとき，その事故についてどのような報告，あるいは反省会をするだろうか。そのクラスの子どもを「見ておくべき」担任が個人的に責任を感じる形になるのだろうか。または，「高さのある滑り台は気をつけましょう」という一般的な注意だけで終わりにするだろうか。これらの対処の仕方の奥には，「教師・保育士が気をつけて，よく見ていれば事故が防げる」「固定遊具は変えられない」ということを疑わない無意識の前提，仮定がある。園内でこの種の事故が起こるたびに，繰り返し表面上の解決がなされる。つまり見ていなかったのは誰か，注意が足りなかったのではないかと個人の責任に帰し，問題の原因と対策を全教師・保育士等で考えるということもしない。外遊びのときの教師・保育士等の配置を増やすなどというその場の対処がなされればまだよい方である。それが無自覚的に繰り返され，「事故は見ていれば防げる」という考え方が疑われもせず当然視されるので，新しく入ってきた教師・保育士等も

第1章 差異が生みだす主題の位相　*127*

それをおかしいとも思わず，それに馴染み，当たり前のこととして受け入れて，代々引き継がれていく。しかし，一つひとつの固定遊具に教師・保育士等が張りついていれば事故は必ず防げるのだろうか。目を離さないなどということは不可能ではないのか。

　集団保育の場で「事故は起こるものだ」という仮定があれば，「固定遊具の安全性」や「教師・保育士等の位置関係」「子どもの経験差，得手不得手」という観点に立って，事故を検証するという姿勢が生まれる。遊具の安全性については，「リスク（事故の回避能力を育む危険性あるいは子どもが判断可能な危険性）とハザード（事故につながる危険性あるいは子どもが判断不可能な危険性）」[8]の点からどのようにしたら事故を防げるかの対策を立てることができる。たとえば，子どもが飛び降りることが可能な高さはリスクであり，子どもの動線の交錯や小学生用の高さの滑り台，ねじの緩みなどはハザードである。教師・保育士等の位置関係については，事故当時の人の配置，それぞれの教師・保育士等がその位置から目視でカバーした範囲などを振り返り，一人の責任ではなく，どのようにしたら事故が防げたかを関係の中で捉える必要がある。そのほか，子どもの動線を含む事故の原因，事故の起こった時間帯，事故の起こった遊具やまわりの地面の安全性，その遊具自体のリスクとハザードを含めた適正性など，教師・保育士等全体で様々な角度から考えることができる。そして，その検証のプロセスで，一人ひとりの教師・保育士等の思考が鍛えられ，問題が起こったときは，誰かのせいにしたり，誰かの指示で動いたりするのではなく，皆で様々な角度から考えていくという文化がつくられていく。それは園の上下関係や意思決定のプロセスについての変革であり，対話の文化が醸成されていくということである。公立保育所のように，個々の園長が何を考えようと結局は監督行政の意見が通る，あるいは行政が出てきて問題の対処に当たるといった場合は，教職員は園長の言うことより，まずは前例に従う，行政に報告するといった行動をとるだろう。公私を問わず，危機管理意識の欠如，問題の先送り体質，身内をかばう仲間意識などの根底にある文化が，組織の中にあってはなかなか気づけない第3

のレベルの「仮定」である。

　組織文化はすぐに顔を出すものではなく，危機に瀕したときにより明確に表れるものであり，普段はその園ではあまりにも当たり前で無自覚な前提（仮定）である。しかし，それがその園の第1のレベル（目に見える人工物），第2のレベル（行動様式を支える価値）を規定するものなのである。良くも悪くも組織文化は日常に深く埋め込まれ，そこに参加するメンバーに無意識にそのグループに所属する一体感を与えるものである。そして，それは日々形成され，伝達され学習される。

　しかし，もしそれが変革され，新しく創造されていくとするならば，そのことに決定的な作用を及ぼすものの一つが園長のリーダーシップである。しかし，園長がいくら笛を吹いても，結局は上意下達でしかなく，第1レベル，第2レベルの変化にしかならないこともあろう。開本浩矢はこのことについてたとえば，トップ主導で新しい経営戦略や哲学が掲げられたとしても，組織のあちらこちらで首尾一貫しない仕事のやり方や行動が見られる場合があるが，それは，「人工物」と「価値」との矛盾が起こるからだと説明し，だからこそ，それより深い第3のレベルである「仮定」がどのようなものであるかを知るということが重要だと述べている[9]。

　もし，組織を変革しようとするならば，そこには外部適応を図り，内部統合に働きかけられる何らかの装置が必要なのではないだろうか。上意下達でなく組織構成員である教職員一人ひとりが自分で疑問をもち，考え，議論しながらボトムアップで変革していく「学習する組織」になると，この第3のレベルも意識化され，変化を遂げていくだろう。

（3）　保育研究における組織文化への言及

　保育研究の中には，まだ組織文化という視点からの研究はほとんど見当たらないが，教師・保育士等集団の雰囲気やあり方といった視点で，いくつか組織文化に近い研究が見受けられる。師岡章，金田利子，無藤隆，由田新によれば，園内研修の有効なあり方を導き出すには，組織文化という視点が必

要だとする[10]。野本茂夫は，組織文化には踏み込んでいないが保育カンファレンスを通して「保育者同士の支え合いがどう機能するか」について支え合いという土台，組織力について述べている[11]。また，大豆生田啓友，三谷大紀，高嶋景子は「個々の保育者の資質はその個人の持っている能力だけでなく，その保育者が所属する集団や組織の関係性の中で構成されていくもの」として，その「学び合う，育ちあう園内の体制や風土」という言葉で組織文化に近い視点を提示している[12]。

秋田喜代美は「同僚性」という言葉を使い，「専門職としての成長を目的としてインフォーマルに生まれてくる教師文化」[13]を説明している。秋田は同僚性を単なる「職場や役割などが同じ人」というだけでなく，「専門職としての対等な成員関係の質を示す」[14]という意味で用い，ここでは小学校教師の授業研究を例にあげ，経験や勤務校の違う教師たちが集まって研究会を開いている様子を分析している。その中で，参加者は抽象的な議論や一般論を述べたり，賞賛や批判をしたりするのではなく，授業風景のビデオ映像という具体に即して，率直に一人ひとりの感じや考えを語っている。つまり，参加者が皆，水平で対等な関係の中で会話が進められているのである。もし研修会でこれと同じように誰かの保育の映像を使って語り合おうとするならば，園長や主任，あるいは講師が発言の優先権を握り，会話の順番が暗黙のうちに決まってしまうことにならないだろうか。この二つの雰囲気の違いこそが組織文化である。そして，秋田は「教師同士が閉じた固定的関係にならないためには，その集団から見て異質な文化を常に受け入れ，自分のまわりの社会を意識することが必要であり，そのためには教師だけでなく，いろいろな専門文化を担った人との関係性を教師の実践の創造活動の中につくりだしていくことが必要である」[15]と述べている。すなわち，「異質の文化」を受け入れること，つまり差異に対して開かれた感覚をもち，同僚を学びのプロセスを共有するコミュニティの仲間として捉えることが大事だということである。

以上のように，大豆生田らが思わず「語り合い」たくなるような「学び合

130　第2部　経営革新の契機となる「差異」

う，育ち合う園内の体制や風土」と呼び，秋田が「同僚性」と呼んだような，教師・保育士同士が思わず語り合い，学び合う，すなわち園として常に対話する「学習する組織」や体制，風土が当たり前になっているかどうかということが組織文化の第3のレベルの「無意識の仮定」の一つであろう。誰かが疑問に思ったことや外から指摘されたことなど，新しい局面に出会ったときにその園の全教職員の問題として，話し合い，勉強し，納得しながら実践しつつ，改革していける「学習する組織」であるかどうかがこの第3レベルにある仮定である。高間邦男は，組織変革に必要なこととして「組織的学習性」をあげている。すなわち「組織が自律的に環境変化に適応して，新しい価値観や世界観，思考方法，知識，技術，行動を獲得する力を持つこと」[16] と述べており，組織内の一人ひとりが学習する力をもつことだと指摘している。さて，このような「学習する組織」であるための文化はどのようにしたら創造できるのだろうか。

2.「学習する組織」とは

　この「学習する組織」とは，1990年にピーター・センゲが "The Fifth Discipline"[17] と題して提唱した概念であり，「従来の権威主義的な『コントロールを基盤とする組織』」[18] とは異なっている。この「学習」という言葉の意味するものは，単に知識を暗記するということではなく，「経験や環境の変化に対応して，自ら新しい知識・技術・行動・思考・態度・価値観・世界観を獲得したり生成したりすること」[19] である。この「学習」の捉え方は，2017年改訂の幼稚園教育要領，小学校学習指導要領などにみられる学力の3要素（「知識・技能」「思考力・判断力・表現力等」「学びに向かう力・人間性等」）に通じるものがある。センゲが提唱した5つのディシプリン（学習し習得すべき理論および技術の総体）[20] は下記の通りである[21]（番号と括弧内は筆者による）。

1. 自己マスタリー（自己の成長）
2. メンタル・モデル（思い込みや固定概念を捨てる）
3. 共有ビジョン
4. チーム学習
5. システム思考

　これら5つのディシプリンを園の運営に関連させて考えてみると，「1. 自己マスタリー」は，教職員の一人ひとりが，主体性をもって自分の教育・保育を語れるだけの知識や技術をもとうと絶えず研鑽をつむこと，「2. メンタル・モデル」とは，先に述べた組織文化の第3レベルを意識し，常に実践において，内省すること，「3. 共有ビジョン」とは，園の教育理念や現在求められる教育・保育に関して園の全教職員が理解して，それを達成しようと情熱をもっていること，「4. チーム学習」は，学級担任とか預かり担当といった自分のテリトリーからだけの発言ではなく，組織として変化にどう対応していくか全員で考えられること，「5. システム思考」は，組織としての変革を社会や保護者との関係を含めて，全体の中で考えていくことといえよう。

　センゲは，チーム学習のツールとしてダイアログとディスカッションをあげている[22]。ディスカッションは共通の関心事であるテーマが参加者によって様々な観点から分析され吟味されるが，自分の考えを押し通して「勝つ」，すなわち自分の考えをその集団に認めさせることを重視するという。対して，ダイアログは勝とうとする者はおらず，一人の人間の理解を超えることで個人ではとても到達できない洞察を得ることであり，それは複雑で難しい問題を様々な観点から集団で探求すること[23]である。この考え方は，2017年改訂の幼稚園教育要領（第1章総則第4指導計画の作成と幼児理解に基づいた評価），小学校学習指導要領で重要視された「主体的，対話的で深い学び」につながるものである。

　ダイアログではたとえ対立しても「対立しているのは私たちの意見であり―（中略）―私たちではない」と切り離して考えることができ，「自分の思

考に対して，より創造的で，より受け身でない姿勢をとり始める」[24]のである。このダイアログを対話として考えるならば，どのような対話が園で行われると「学習する組織」になるのであろうか。

3．対話とは何か

自分たちで考える組織，すなわち「学習する組織」という新しい文化を構築するためには，園長などの管理職も含めた教職員集団における，キャリアに関係なく活発に意見が交わされる同僚性のある対話が必要であろう。それは，今までの職員会議と何が違うのであろうか。まずは対話について考えてみよう。

（1）西欧式の対話から

職員会議，園内研修，子どもや保護者との相談，保育後のミーティング，職員間での悩み事の話など私たちのまわりには，「話すこと」が満ち溢れている。教育・保育は人と人との営みなので，話さなければ仕事にならない。そして，話すことは当然「聞くこと」も含まれるやりとりである。しかし，その話はどのような構造をもっているか。会話か，対話か，説教か。聞き手がとるのは，傾聴か，拝聴か，謹聴か。日常それを子細に考えることは皆無であろう。

中島義道によれば，「対話」は，討論＝ディベーティングでも，会話でもない。討論については，現代日本人は特定のテーマを設け，身の安全が保障されるかぎり，私情を挟まず客観的に語ることはそれほど不得意ではないという[25]。会話については，彼は国民的映画『男はつらいよ』をあげて，そこでの会話は言葉に表現された内容よりも，寅さんを心配している人との人間的触れ合いを重要視していると述べる。そして，私たちが日常でいつも遭遇する感謝や挨拶などにも，このような言葉の内容よりも，そこに流れる人間的触れ合いを軸にして，対立はあってはならないと見る。たとえば，「いい

お日和ですね」と挨拶されたとき，たとえ自分は「あら，少し寒くなったじゃ
ない」と相手と少々違う感覚をもっていても，「そうですね，でも，朝夕は
寒くなりましたね」とまずは相手を受け止めて，私情を微妙に重ねながら流
れるように会話を展開していくというような場合である[26]。それは，日本人
が表出された言葉の内実より，言葉を投げ合う全体の雰囲気の中で，漠然と
かつ微妙に互いの人間性を理解し合うことを好むからであり，それが会話と
なるのである。つまり，言葉の裏をさぐる文化，「言葉の裏を了解するコミュ
ニケーション，それが日本的会話にはタップリ含まれている」[27]という。

　では，「対話」（哲学的対話）とは，どのようなものであろうか。中島は，「各
個人が自分固有の実感・体験・信条・価値観にもとづいて何ごとかを語るこ
と」[28]であるとする。また，それはヨーロッパ文化の発祥とともに生まれた
ものであり，古代ギリシャ世界一般に浸透していた「真理を求めるという共
通了解をもった個人と個人とが，対等の立場でただ『言葉』と言う武器だけ
を用いて戦うこと，これこそ『対話』なのだ」[29]という。つまり，「身分・
地位・知識・年齢等々ありとあらゆる『服』を脱ぎ捨て，全裸になって『言
葉』と言う武器だけを手中にして戦うこと」[30]であるというのだ。とはいえ，
それは相手に勝とうとするためだけの議論ではなく，また相手の語ることに
同意し頷くことでもない。それは，相手の見解と自分の見解との小さな差異
を見逃さずに，それにこだわって反応することなのだという[31]。中島のあげ
る対話の 12 の基本原理[32]のうち，筆者が園の運営に特に必要だと思われた
ものを抜き出すと，以下の 5 点になる。

　②人間関係が完全に対等であること。
　④相手の語る言葉の背後ではなく，語る言葉そのものを問題にすること。
　⑨相手と見解が同じか違うかという二分法を避け，相手との些細な「違
　　い」を大切にし，それを「発展」させること。
　⑩社会通念や常識に納まることを避け，つねに新しい了解へと向ってい
　　くこと。

134 第2部 経営革新の契機となる「差異」

　⑪自分や相手の意見が途中で変わる可能性に対して，つねに開かれてあ
　　ること。

　そして，これらを感情的に訴えるのではなく，あくまで普遍的な真理を目
指して論理的に精緻に語ることが「対話」であると中島はいう。このうち，
②と⑩はセンゲの「学習する組織」と共通である。
　しかし，なぜこのヨーロッパ式の「対話」の考え方が日本では成り立たな
いのだろうか。中島は，思いやりを優先する教育によって「『対話』が成立
しなくなり」「他人への『思いやり』や『優しさ』に押しつぶされ」「真相は
いつも他人への配慮の背後に隠れ，追求されなくなる」[33]からだという。中
島は，相手のことを思えばこそ，優しさや思いやりをもって対立を避け，誰
も傷つけないために言葉さえ失う羽目になるという。会議の席では，対立を
避け，誰も責任をとらなくて済む「こうするよりほかに仕方がなかった」と
いう空気支配などをあげている。そして，「対立」を避けることは「対話」
を避けることだという[34]。
　最後に中島は，こうした西欧式の「対話」に対して，日本の「連歌のよう
に，相手から与えられた状況に合わせていきながら自分も一歩新しい境地を
展開する対話や，禅問答のように日常的言語を破壊することによって，言語
の表層を超えた（いわば身体全体で納得する）より深い了解に至る対話」など
があることを認めている。それでも「われわれ日本人の肌身に浸透している
言語行為には数々の美徳もあるが，人々を沈黙させ（お上から，多数派から）
与えられた状況を受容させる機能も備えている」のだから，「言葉の『表』
の意味を尊重する欧米的態度をもう少し増やしてはどうか」と提案してい
る[35]。

（2）「妥協点」としての対話

　平田オリザは演劇の領域の中で，画一的な教師が上から教え込むような価
値観に対して，異を唱えている。北川達夫との対談[36]において，北川の話

第1章　差異が生みだす主題の位相　*135*

すフィンランドの教育との対応をさせながら,「日本の国語教育は, 一面で戦前の修身の代用品みたいにされてきたという歴史がある」と指摘し,「道徳的な読み取り, あるいは, 規範的なことばの学習」の傾向があり,「読解力と言っても, それが実は, 社会の道徳観やその先生の価値観をくみとること」[37] であったりすると指摘している。

　第2部第1章§1の4. で述べた国語教材『小さい白いにわとり』は, 実にその典型的な例で, ウクライナの民話 (英語版) では,「働かざる者食うべからず」であるのに対して, 日本の国語教材としては,「和を以て貴しとなす」「みんなで協力, みんな仲良く, 一人はみんなのために」などの教師の, あるいは大人の道徳的価値観を読みとるものとなっている。

　北川は, 西洋的な概念として, ヨーロッパの人々は「いろいろなことばや宗教や文化や伝統を持った民族がぶつかり合いながら生きてきた過程で, 一方の価値観を強制的に押しつけることがどれほど悲惨な結果を生んできたか」を身をもって知っているという。したがって, 様々な価値観を, 状況に応じて考えられる人に育てることが大事だということになる。日本では, ときに「だめなものはだめ」と教えなくてはという意見があるが, 北川は「だめだと言われたからだめなんだ」と思う子どもを育ててはいけないという。それは思考を停止させることなのである[38]。変化の激しい社会に対応する人間を育てる教育は,「従来の価値観を無批判に受け入れるのではなく, 様々な価値観に触れながら, ひとりひとりが自ら判断していくような学びの場を創出するところからはじまる」[39] とまとめている。

　それには, 集団での話し合いの中で, 正しい意見, 間違った意見という発想は捨てることが大切である。そして, 教師によるまとめのような言葉で, せっかくたくさん出た意見をつぶさないことが大事だという。つまり, 答えは一つではない, あるいはすぐに答えを求めないということ[40] であり, それは教師がもっている権力を捨てるということでもあるし, 既成の価値観, 道徳観を捨てるということでもある。

　そうやって, 集団の中で様々な意見を出し合い, 最後には一つに絞らなけ

ればならないときもある。対立したり，選択して捨て去ったりすることは痛みを伴うことも確かである。「表現すること，人とコミュニケーションすることには痛みやリスクを伴う。そこのところを通過せずに，かわいそうだから，多数決はしないというのでは，本当のやさしさも対話の場も生まれない」[41] のである。

　このことについて，ある園の事例から考えてみよう。その園では，年長組2クラスが1年間使用するクラスの名前を自分たちで決めている。例年だとクラスの名前の候補を子どもたちが出し，いくつかの名前に絞られて，残った二つが組み合わされて長い名前（例：ひまわりハムスター，ほしきょうりゅう）になったりする。ある年の担任たちが，クラスの名前を単なる漫画のキャラクターや好きなものといったものではなく，子ども自身が年長組としてなりたい姿を現すものといった条件で考えるということにした。子ども30人それぞれが宿題として家庭でクラスの名前を考えてきて，理由・根拠を述べて一人ひとり発表することになった。そして，「それは去年も使っていた名前である」「それは年少組の子どもが言いにくい」など議論し，それではこちらに賛成というようにだんだん名前の候補が絞られていき，最後に二つになった。その年は担任たちが相談して名前は一つに決めようということになっていたので，最後に多数決を取ることになった。そして，二つのクラスの名前は，「なないろ」と「たからばこ」に決まった。偶然であるが，二つともクラスの一人ひとりの個性や良さを表した名前であった。「なないろ」の方は，その年開業したスカイツリーにちなんだ名前が最後まで争って，多数決の後，敗れたスカイツリー派の二人の子どもは悔しくて泣いたとのことであった。多数決を取った場合，さんざん根拠を述べて話し合い，ある程度納得した結果でも，選択ということには痛みが伴うということを子どもは経験したのである。多数決でも，ただ単に初めから多い方に決まったというのなら，多数派の子どもは少数派の思いには気づかなかっただろう。差異にとことん向き合い，言葉を尽くして意見を述べ合う中で，少数派の涙を受け止めたことは大事な経験だったように思う。人生では，少数派になることもあ

るかもしれないし，立場が変わることもあるという中で，少数派に思いを寄せる姿勢が育つのであろう。自分が勝つための議論ではなくて，より良い考えを導き出すために，皆で考えを述べ合うという対話になったのだと思う。

　次の年には，最後に残った二つで，やはりなかなか決まらなかったが，ある子どもが一つの名前の意味は，もう一つの名前に含まれているからというと，皆納得して決まったという。この例のように根拠を明確にして自分の意見を述べ合うという経験は，物事を深く考え，名前に込められた意味を掘り下げることによって，残った二つの名前の共通項を見いだすという新しい経験を子どもにもたらしている。このようにして自分たちの1年間使うクラスの名前を決めたことで，子どもはその名前に込められた意味を味わい，誇りに思い，大事にする気持ちが生まれたという。この園の事例は，"対話による深い学び"になっていると思う。

　ここでもう一つ大事なことは，教師・保育士等の役割として，子どもが安心して自分の意見を言える空間をつくるということである。得てして，教師は質問の形で子どもの意見を引き出そうとするが，実際は教師のもつ正解に近い発言を取り上げていく。そうでないものは，一応は聞くことは聞くが，「そうね，はい，別の意見は？」と，さほど取り上げずに飛ばしていくことになる。そうするうちに子どもは，知らず知らずのうちに教師・保育士等の意図に沿った発言をしようとするようになる。筆者の大学のゼミでもなぜ学生が意見を言わないのかと問うと，学生は間違っているかどうか，教員の意図に合っているかを気にしていて，思ったことが言えないと答えた。幼いときから自分の思ったことをお互いに表明し，相手を否定せず，そこから新しいものをつくりあげていく対話の経験ができると，自分だけで考えていたのでは到底思いつかないような思考の質と量の変化をもたらすだろう。教師・保育士等には，一人ひとりの根拠を大切にしながら，「自分の意見を表明する」ということができる空間を演出することが求められている。それこそまさに対話であり，子どもも教師・保育士等も考えが深まり，広がっていくだろう。

　フランスの3歳児が教師に導かれながら哲学を語る映画『ちいさな哲学者

138　第2部　経営革新の契機となる「差異」

たち』[42] では，教師の問いには一見関係ないような子どもの発言でも，よく
聞くと主題とつながるものがあるし，3歳なりの理解と言葉で，たとえば「愛」
「友情」「自由」といった抽象的な概念を語っている。これには正解はもちろ
んない。1年間を通していくと，最初は発言があまりなくて終わってしまっ
たり，眠かったり，気が乗らなかったりすることもあるが，回を重ねるごと
にクラスメイトの発言に触発されて，思考が自由に膨らんでいくのを見るこ
とができる。このような集団による対話によって，各々の思考が練り上げら
れていく時間が，日本の就学前教育においても試行され，挑戦されないだろ
うか。

　北川は，元外交官という経歴から，外国との交渉で見えてくる対話の違い
を，「日本人だと対立を回避する」「ヨーロッパ人は対立点を積極的に見つけ
て行って，お互いが考えていることと少し違った次元に話を持っていく」[43]
という。平田は，同じような点について，「日本人は合意できるところから
だんだんに積み重ねて」いくが，「向こうは初めにばーんと来る。それからハー
ドルを下げてきて，交渉しているうちにどうしても譲れない線が見える」と
述べている。そして，日本人は，一度言ったことが変わることをとても嫌う
が，それは自分が嘘をついたようになるからだという[44]。

　筆者の個人的な経験からもそれには同意できる。以前，国際会議の仕事を
したとき，すでに締め切りが過ぎていても，外国の参加者はとにかく発表さ
せろと言ってくる。どこにも，どうしても時間はないというと，それなら仕
方ないとあっさり引き下がる。こちらは，「えっ，いいの？あんなに主張し
ていたのに」と愕然とする。また，イギリスにいたときも "I changed my
mind." と言われて仰天した。「えっ，だってこの前，こう言ったじゃない」
と思ったが，「そうか，気持ちが変わったのね」と受け止めるしかなかった。
そして，気持ちが変わるということは前のが嘘だったということではないの
だと発見した。その後，この "I changed my mind." というフレーズは筆者
も使わせてもらうことにした。

　つまり，北川も平田も対話において，妥協することはマイナスではない，

互いの意見を衝突させて，前向きに「妥協点」を見いだしていくことこそ，対話の最高到達点であるという[45]。変わることを恐れず，どちらが勝つ，負けるではなく，新しい考えを生みだしていくことが「対話」であるという。

　例に引いた，子どもたちが経験したクラスの名前を決めることは，まさにそのような「対話」であった。そして，人は話してもわかり合えないこともあるということ，あるいは「相手の気持ちはわからない」という前提が，「言語，文化，宗教，伝統，性別，世代，立場など，あらゆる『違い』を超えたコミュニケーションにおいては，必要不可欠のものとなる」[46]という。ここに，対話が生まれるのである。日本人の協調性，平田はこれを「価値観を一つにまとめる能力」[47]と呼ぶが，その考え方とは反対である。平田は，これからの日本に必要なものは社交性だといい，それを「異なる価値観はそのままに，知らない人同士がどうにかうまくやっていく能力」[48]と定義づけている。北川は，特にこれからの国際的な移民の流動化を見据えると，わかり得ないということを前提にして，日常的にお互いの価値観をすり合わせていくようなコミュニケーション能力が必要であるという。平田も共感を得たり，違和感を覚えたりしながらも，粘り強くコミュニケーションを続けていく精神的体力が必要だといっている[49]。これは，異文化との交流でなくても，われわれの日常の生活の中に，あるいは，職場において新人とベテランとの間に，園長と担任との間に，教師・保育士等と保護者の間に，そして教師・保育士等と子どもの間にも起こり得る違いであり，それこそが対話を必要とする場なのである。

　北川は，生きる力＝対話力といい[50]，対話は「考える個」そして「主張する個」の融合[51]であり，そこから新しいものが生みだされていくと述べている。まさに差異を見いだし，超えていく力である。それは子どもの中にも，教師・保育士等にも必要な力である。

第2章

実践のイノベーション―日々新たに―

§1 卒園式をめぐって

1. ガラパゴスの日々―何が「差異」と映ったのだろうか―

　第1章では，異文化，組織文化，対話といったテーマをあげて，日本の就学前教育の世界がいまだガラパゴスにいて，改革が難しいこと，改革を進めるには対話が必要であることを述べてきた。第2章ではそのガラパゴスからいかに脱却していくか，事例を通して検討したい。

　幼稚園・認定こども園・保育所では一般に卒園式といわれる，園生活最後を飾る，子どもとその保護者や家族，教師・保育士等，来賓その他が一堂に会する式がある。ある園で卒園式に列席したとき，筆者は自分の考える卒園式とのあまりの「差異」に大変驚いた。その園では，ホールの舞台壇上に園長や来賓が座り，園児はフロアにクラスごとに並んで，しかも3年保育の男児，女児，そして2年保育，1年保育と，在園歴（保育年数）と男女差をつけて舞台の方を向いて座っていた。そして，その後ろに子どもの背中を見る

形で保護者席があった。証書授与は、「〜くん」、「〜ちゃん」と呼ばれた園児が舞台に上がり、保護者に背を向けた状態で証書を受け取り、礼をしてフロアの自席に戻る。この子どもと保護者の並び方および証書授与の形は、伝統的に小学校以上ではよく見る形式である。その後の記念の写真撮影は前列中央に園長、そして両脇に副園長と主任、そして担任が続く。園児は両脇と後ろ、男児は青、女児はピンクの証書を入れる筒を持つ。保護者はさらに後ろに立つ。

　筆者は何を「差異」と感じたのだろうか。まずは、子どもの並び方、座り方、呼び方、持ち物において男女に分けること、そして男児優先にすること、保育年数で序列化すること、卒業証書（卒園証書）を授与されるときに、高い壇上で保護者に背を向けたまま園長から受け取ること、写真の中央に園長が収まることである。これらは何から何までその園の45年前の開園時と変わらないのではないかと思った。まさにガラパゴス。この卒園式を次の二つの視点から考えてみたい。一つは、教育における子ども、保護者、教師・保育士等の関係性について、もう一つはジェンダーについてである。

　卒園式あるいは小学校以上の卒業式は、学校主催の式の前後に、謝恩会あるいはお別れ会といった保護者を交えての会や、記念のアルバムや文集づくり、発表会などが行われることが多い。幼稚園・認定こども園・保育所で行われる謝恩会は保護者主催で子ども、保護者、教師・保育士等が集い、飲食をともにし、出し物（お楽しみ・余興）をして子どもの成長の節目を祝い、謝恩会という名のごとく、多くは保護者が教師・保育士等の園側に感謝の意を表する会である。今では、謝恩会というような保護者からの一方的な「謝恩」ではなく、子どもの成長をともに祝う「卒園を祝う会」や「卒園茶話会」「卒園パーティ」「お別れ会」などといわれることもあるが、保護者が主催して、最後に教師・保育士等に花束や記念品を贈ることが多いのではないだろうか。しかし、この名称の変化こそ、保護者と教師・保育士等の関係性の変化を物語っていると思われる。また、園側も卒園記念のアルバムや文集、発表会などで、子どもの成長を伝えることもするだろう。しかし、ここでは、

142   第2部　経営革新の契機となる「差異」

園主催の卒園式に焦点を当てていく。まずは卒業式の起源から探ってみよう。

2．卒業式の起源

　日本の小学校では，学校教育法施行規則第58条で「校長は，小学校の全課程を修了したと認めた者には，卒業証書を授与しなければならない」と定められている。つまり，式の形はどうであれ，卒業証書を授与するということ自体は必要なのである。その中で筆者が遭遇したような卒園式，あるいは私たちが経験してきた卒業証書の授与式は日本の伝統ともいえるものである。この形はいつからあったのだろうか。

　明治政府が学制を発布したのは1872年である。卒業式に関しての研究は多くはないが，有本真紀によれば，日本の一番古い卒業式の記録は1876年6月29日に陸軍戸山学校で行われた「生徒卒業式」であるという[1]。それは，広い場所での観兵式，軍楽隊の演奏，正服（制服）着用で執り行われ，成績優秀な生徒には銀時計が下されるという，今に続く伝統の始まりであった。

　軍学校以外で初めての卒業式を行ったのは東京大学で，1877年12月19日午後1時から午後3時に行われた。しかし，この後1878年7月8日に行われた東京大学の第2回目の式は午後8時〜11時半，元開成学校物理学科第1回卒業式（1878年12月24日）は午後7時からと夜遅い時間に行われている。それは，軍学校の卒業式参観が来賓と卒業生の保護者・親戚だけに許されたのとは違って，これらの学校では新聞紙上で予告され，できるだけ多くの人に見せるよう企画されていたからとのことである。そして，それはさながら「鎮守の祭りか縁日か」といわれるほど提灯を連ねて，楽隊の音もにぎやかだったという[2]。その後の官立・公立の学校では，たとえば体操伝習所（筑波大学体育科学系の前身）では午前が通常の授与式，午後は卒業生が体操場で体操を行い，また後に東京藝術大学となる音楽取調掛では，「卒業演習会」として，証書授与が演奏会の中に組み込まれるなど，それらの学校の教育の成果を披露することが卒業式の大きな意義であったという[3]。国家事

業として始まった学校教育システムの頂点に立つ大学で卒業生を送り出すという祝祭は, 国家の祝典に準ずるものと意味づけられていたと有本はいう[4]。一方, キリスト教系の私立学校では, 礼拝や弁論大会, 演習, 証書授与式などを兼ねたようなものが3～4日続き, 既卒生や関係者が集まる機会にもなっていたようである。1890年頃には, 中等教育学校における卒業式は官公私立問わず盛大になり, そのことの批判もありながらも, コミュニティのメンバーにも対外的にも盛大さを誇示する重要な学校行事として成立していたようである[5]。現在の幼稚園・認定こども園・保育所でも, 卒園式に続いて発表会をしているところがある。

　さて, 初等教育においてはどうであったろうか。有本によれば, 前述したように中等・高等機関では1870年代後半に卒業式は定着していたとあるが, 同じ頃の小学校ではほとんど行われず, それどころか新年最初の登校日に行われる始業式の他には儀式らしいものはなく, 1885年以前の小学校では遠足や学芸会などの行事もなかったとのことである。

　近代学校制度開始以前の教育機関としては, たとえば藩校（武士）や寺子屋（庶民）が思い浮かぶが, それらでは年が改まっての最初の稽古日や入門は大切にされ, 入門儀礼は藩校では「束脩（そくしゅう）の礼」, 寺子屋では「坊入れ, 坊入り」と呼ばれ, それぞれ子どもと保護者が酒, 赤飯などを携え正装で師匠宅を訪れた。この時代には入門は随時受けつけられ, その際に師匠と弟子との関係を結ぶための個人的な儀礼として「束脩」「坊入れ」があった。現在でも伝統的なおけいこごと, たとえば茶道の入門においては入会金のような意味合いで, 月謝の一か月分ほどを「束脩」として包むところもある。一方, 卒業に関しても近代以前の教育機関ではいつ勉学を終えるかは各人がそれぞれ決めることであった。つまり, 入学, 卒業は個人個人によって決定されていたのである。「寺子屋の場合もサムライ学校の一つである藩校も―（中略）―あくまでやはり個人単位の儀礼だった」[6]のである。

　では小学校の卒業式はどのように始まったのであろうか。式の中で最も重要な「卒業証書授与」についてみてみよう。1872年に学制が敷かれたとき,

144   第2部　経営革新の契機となる「差異」

日本の近代小学校は等級制を採用し，下等小学校第8級から第1級までというように区分され，それぞれの級を終え，次に進むには試験が行われ，それに及第した子どもだけが「お免状」をもらって昇級した。つまりそれが，卒業証書の授与である。

　近代以前の教育機関，たとえば藩校などにおいては，「素読卒業」「五書卒業」などというように，ある一定の課業やテクストを修了したという意味で「卒業」という言葉を使っていた。明治以降の社会では，教育は有意な人材を育成する国家事業であり，個人にとっては身分にかかわらず教育によって，立身出世の道が開けることとなった。それゆえ，試験による進級の認定は学校のみならず，四民平等となった社会制度の基盤となるべきものであり，学校ごとの裁量事項ではなく，官吏立会いの厳格なものであった[7]。よって，子どもは夜遅くまで試験勉強をさせられ，教師も教え子の試験結果によって教師としての優劣を比較され，保護者も気にかけ「羽織袴で威厳を正して」試験に送り出し，あるいは付き添ったといわれている。それほど，この時代の「卒業証書授与式」は合格した者には，「誉れの式」であったといえよう。各級の標準学修期間は半年であり，臨時試験も行われていたので，年4回はこの「卒業証書授与」があった。つまり，徹底して個人に対しての授与であり，特定の年齢や季節とも結びつかず，集団としての儀式ではなかったということである。

　寺子屋や私塾の師匠や先生に特別な資格があったわけではないが，近代学校制度が整い，小学校などが各地にできると，机と椅子を使った西洋式の一斉教育を行う教師を大量に養成しなければならず，師範学校が1872年に開設された。そして，ここを拠点に各県に師範学校が生まれていく。こうして，一般の小学校で卒業式が開始される頃には，東京師範学校，東京女子師範学校を頂点とする官立師範学校から，県立の師範学校（後国立），そして，各地の小学校へと授業内容・方法をはじめとして政府が主導する教育が広まっていった。師範学校の最初の卒業式の記録は，1879年の東京女子師範学校で，皇后を迎えての祝辞のほか，証書授与，ピアノに合わせての合唱，理科の実

験や体操なども披露している。1877年に来日した大森貝塚発見で有名なお雇い外国人のモースは，1882年7月15日にこの学校の幼稚園の子どもから師範学校の生徒までが一堂に会した卒業式の様子を記録として残している[8]。日本の幼稚園の始まりは，1876年に開設された東京女子師範学校の附属幼稚園といわれているので，このモースの記録は開校6年目の卒業式といえる。モースの記録では，講堂ステージ壇上に皇族方からモースのような来賓までが席に着く。そして「実にちっぽけな子供までが，ヨチヨチやって来た」と記述される幼稚園児から，「大きな娘達」と書かれた師範学校の生徒まで，卒業生は一人ずつ名前を呼ばれ，壇上に進み出て証書と記念品をいただき，これらを頭の上に押し戴き，後ろ向きのまま下がって行く様子が描写されている。有本の記述には会場配置についての言及は少ないが，元開成学校物理学科第1回卒業式を予告した新聞記事では，式場の配置として，文部省関係者，学校上層部，お雇い外国人などの来賓は高座に，その他教授は左右楼上，その他教員と卒業生と親戚は高座下，生徒及び一般来観人は前面に着床[9]とある。先のモースによる東京女子師範学校の卒業式会場の配置およびこの新聞記事での配置から，卒業式はステージなり，講義室なりの前面高座に文部省関係者，校長以下幹部教員，来賓が並んで，向き合う形で生徒たちが下座に座っていたと想像される。これは，以前の卒業試験即卒業証書授与のときの試験場配置と同じ構図[10]であり，教師と子どもが向き合い，その子どもの後ろに参観者が並ぶという，今に続く典型的な卒業式会場の人の配置であると考えられる。

　一般の公立小学校で，いわゆる卒業式が執り行われるようになったのは，就学率も上がり1校あたりの児童数や試験科目が増え，試験当日中に卒業証書の準備が不可能になったからである。第一次小学校令期（1886〜1890年）には，試験日とは日を改めて「式」として行われるようになった。それまでは級ごとに試験，即卒業証書授与であったが，「式」として切り離されると，全校生徒が集まっての格段に規模の大きい，式として整えられたものになっていった。この卒業式は様々な教育内容の披露もあり，住民にとっても学校

146   第2部　経営革新の契機となる「差異」

にとっても娯楽と啓蒙の要素を備えた一大イベントになり，来観する人数も多かったため，校庭で行われた記述[11]もある。しかし，この頃はまだ随時入学であり，授業日数や時数もばらつきが多く，各級の卒業証書を授与することを試験日とは別に全級まとめて一度に行うことにしたという形であった。

　ところが，1885年に一つの級の標準学修期間がそれまでの半年から1年に変更された。そして，この1年進級制によって段々に「卒業」と「修業」が区別され，「生徒卒業証並びに昇級証書授与式」と呼ばれるような1年に一回の式となっていった。ここに，「卒業」という言葉が現代と同じ数年間を経たその学校生活最後の日，学校生活に別れを告げる日となったのである[12]。そして，学年度の始期終期は地域や学校種で異なっていたのを1892年から小学校は全国的に4月1日始まりと統一されたことにより，卒業式は3月下旬の行事として定着していった[13]。

　これらの歴史的経緯により，3月の風物詩として今のような卒園式，卒業式の形が出来上がったのである。

3．比較教育学にみる卒業式

　日本での卒業式の成り立ちは前述したとおりであるが，この卒業式が私たち日本人に呼び起こす感情とは一体どのようなものであろうか。有本は，卒業式にまつわる歌についての考察で，多くの日本人が卒業式で歌われる歌に涙を想起すると述べている。私たちは卒業式というと，たとえば古くは「蛍の光」「仰げば尊し」「送る言葉」「思い出のアルバム」など，新しくは「旅立ちの日に」「友だちになるために」「Believe」など，それぞれの年代で，それぞれの学校種での卒業式の歌の記憶をもっているだろう。これは，外国でも同じなのであろうか。

　石附実は，教育について外国との比較をする場合，その対象を一つは法規上の制度や政策から，もう一つは社会的，文化的な制度や慣行，すなわち教

育風俗からその実態に迫ることができるのではないかとして，具体的な日常の生活次元から教育のあり方と特質に迫ろうとする[14]。たとえば，教育方法が学力別学習か同年齢集団の一斉学習か，落第や飛び級が日常的にあるか，昼食はカフェテリア式，弁当持参，帰宅しての食事など多様な方法から選べるのか，それとも全員同一の献立の給食が原則なのか，おやつの持参の可否，制服の有無，個人の違いを尊重するか，集団全体から考えるかなどから，教育への考え方の違いをみることができる。また，学校と家庭との教育についての連携や分業といった考え方の違いによって，生徒指導や健康診断などのあり方も変わるという[15]。つまり，前章で述べた組織文化にみる表層に現れた制度やあり方の奥にその組織のもつ価値が潜み，その下にさらに無意識の前提があるという考え方にも似て，石附は，法規上の制度や政策ではうかがい知れない私たちの文化に根差す教育への考え方を教育風俗という視点から見ようとする。

　石附は，日本の教育ではごく当たり前の教育風俗が外国では極めてまれだったり，ほとんど存在しなかったりすることもあるという。大学などで学位を授与する卒業式は西洋にもある。高校までの学校で卒業式をするのは，タイや韓国などアジアの国にはあるようだが，飛び級制のある西洋にはない国が多いようだという。たとえば，筆者の娘が通ったイギリスの学校も入学式，卒業式はなかった。石附によれば，入学と卒業の節目に儀式が行われるということは，学校が強固で社会的に大きな力をもつ集団であり，完結した社会であるとして，そこへ入ることと離脱することに大きな意味づけが行われ，教育が個人よりは集団に重きを置く学校観や教育観を表しているという[16]。確かに，イギリスでは，法令で満5歳からの義務教育の開始と定めてあるが，それこそ各人によって誕生月は違うわけで，9月が新学期といっても9月入学，翌年の1月に5歳になってからの入学，4歳になったばかりでもレセプションクラス（未就学の子どもが通うクラス）に1年早く入学することもできる。小学校からの飛び級や落第も盛んにみられ，保護者が自分の子どもはゆっくり育っているから，就学を少し遅らせようということも可能で

ある。

　イギリスのある公立の小学校の5歳児クラスを見学したとき，30人位のクラスで，担任は6人ほどの子どもに対して国語のリーディングを見てあげていたが，その子どものレベルに合わせてそれぞれ別の本が課題に出されていた。クラスの他の子どもたちは教室内でそれぞれに絵を描いたり，ごっこ遊び用衣裳コーナーで動物の着ぐるみを着て遊んだりしており，同じ教室の一角ではダウン症の子どもが先生と1対1で勉強しているなど，時間割もレベルも個人個人の学力に合わせて構成されていた。

　結城恵も，アメリカでの幼稚園の入園の様子を語っている。彼女が配属された3〜4歳児のクラスでは，1日目に新入生が7人，保護者やきょうだいと一緒に登園し，3人の担任がそれぞれ2〜3人の子どもを担当し活動の内容やルールを説明し，いつものように遊んだり子どもとその家族を集めて自己紹介をしたりし，ここに集まった子どもたちは皆クラスの仲間だということやさらに仲間が増えることなどを説明する。2日目には昨年からの持ち上がりの3歳以上4歳未満の子ども7人，そして3日目に残りの4歳児の子ども6人が加わったとのことである[17]。結城は，日本のある幼稚園の入園式について，保護者も子どもも，教師も特別な日としてこの日を迎え，フォーマルな式として在園生や保護者も列席する中で行われ，初日からクラスの色と形の名札を付け，クラス名で「〜組さん」と呼ばれ，集団の中の一員として扱われる様子を描写している。このように，入園式，卒園式といった学校行事においても，日本の学校の特色としての集団性が現れてくると考える。

　イギリスでは，学校と家庭の関係においても日本との差異が見られた。現在では日本でもいくぶん様子が変わってきて，園や学校の行事に関係なく家族旅行にいく家庭があるが，当時，筆者はまずは学校が先と考えていたので，家族でイギリス国内の旅行に行くという理由で娘が学校を休むときに，そのことを申し訳ないという気持ちで先生に伝えると，「見聞を広めるためによいことだ」と言われた。これは筆者が外国人だからではなく，イギリスではholidayが大切にされ，それも日本のゴールデンウィークのように皆が一斉

に休むのではなく，家庭ごとに折りを見て出かけていたからでもあろう。家庭と学校が子どもの教育において，それぞれの役割をもって対等であると考えられるからこそ，家族で旅行に行くことは「見聞を広めること」だと歓迎されるのだと推察される。給食についても教師が世話をするのではなく，dinner lady と呼ばれる給食の係の職員が，食べられる量だけつぎ分けてくれていた。そこでは，偏食の矯正や食べ方の指導といったことは教師の仕事ではなかった。食事に関することは「家庭教育」の範疇だということである。ホームスクーリングやオルタナティブ・スクールの選択肢もあって，学校における教育はいろいろな教育の方法の一つであるという感じがした。

　一方，日本では子どもに年齢をたずねるとき，「何歳？」と聞くより「何年生？」と聞くことが多い。その方が，その子の置かれている立場がわかりやすいからであるが，それは学校制度が同一年齢集団で構成されているからである。落第や飛び級が当たり前にある国では意味のない質問だろう。このように教育を集団単位として捉えるか，または，個人単位で捉えるかの違いが儀式のやり方にかかわってくるとも考えられる。日本の卒業式のような，歌や呼びかけ，証書授与の際の作法などは，前もって時間をかけて集団で練習しなければできないだろう。

　そして，イギリスでの滞在の1年が過ぎ，小学校を卒業するというとき，ほとんどの子どもはそのまま中等部へ進学するが，何人かは外の中学校に転出するにもかかわらず，卒業式はなかった。卒業パーティもなく，淡々と終わった。

　日本に滞在したあるアメリカ人の母親によると，アメリカでは，彼女の時代（30年前）は高校の卒業式だけだったが，最近は少しずつ幼稚園，小学校，中学校での卒業式も珍しくなくなったとのことである。電子版ワシントンポスト（2011年6月4日）には，小学校の卒業式をするようになったが，それは本当に意味があるのかという記事がある[18]。学校サイドは，お金をかけて式をするが，それは graduation（卒業）ではなく fifth-grade-promotion（5年生進級），小学校から中学校への進級と呼ぶといっている。なぜならそれは，

150　第2部　経営革新の契機となる「差異」

アメリカの教育制度の中で，17歳まで続く義務教育の first grade（1年生）から 12th grade（12年生）までの中の一つの milestone（重大な出来事）ではあるが，小学校を graduate（卒業）して教育が終わるわけではないことを示したいからだとのことである。しかし，小学校の卒業式を義務教育修了の高校や，ましてや大学の卒業式と同じようにガウンやキャップを身に付けるなど重要視するのは，このような教育を受けたことがない家庭が多いからではないかとある校長はいう。この学校には，最近移民でやってきた家族は子どもが卒業証書を手にするところをわくわくした気持ちで見ているという。このように派手に小学校卒業を祝うと教育がすでに終わったかのような雰囲気を感じるとも述べている。Jay P. Greene は，2000年の高校卒業率はアメリカ全体で69％，アフリカ系アメリカ人では55％，ラテン系アメリカ人では53％と述べている[19]。電子版ニューヨーク・タイムズ（2010年11月30日）は，高校卒業率は2008年には75％になったという[20]。そしてまた，電子版 NBC ニュース（2012年6月8日）では，高校の卒業式で大騒ぎする生徒や保護者に卒業証書を授与しなかったり，警察が逮捕したりするさまも書かれている[21]。ところによっては日本のような厳粛な式というよりお祭り騒ぎのようなにぎやかなものもあるらしい。これらのことから，第1章で述べたように多文化，移民社会であるアメリカでは日本とはまた違った視点で卒業式の意味を見いだしていると感じられる。先のアメリカ人の母親は，「日本は式の国だから，成人式や入社式もあるので幼稚園の卒園式があっても不思議ではないが，アメリカで幼稚園や小学校の卒業式が派手に行われるようになったのは最近のことだ」と語った。日本の文化の中には，たとえば保育所なら0歳でも入園式に出るなど，幼稚園，小学校，中学校，高校，大学，成人式，入社式と集団として扱われながら，人生の節目を祝い，本人も家族も社会もその集団の構成員としての自覚や認知をしていくという面があるのだと思う。

　また，卒業式がないということは，アメリカの例で見たように教育が幼稚園から高校の12年生まで連続したものと捉えることや，あるいは大学に行

くための評価は卒業とは別であるということも大きいのかもしれない。イギリスでは，義務教育を終えると GCSE（General Certificate of Secondary Education）という全国統一試験を受ける。それはいわゆる外部試験を受けるということであり，学校は教育をするだけで，その評価は外部からという一種の分業の態勢といえる[22]。大学に進学するためには，イギリスでは GCSE の次の A レベルの試験，フランスではバカロレア，ドイツではアビトゥーア，アメリカでは SAT などが外部試験としてある。

　卒業式一つとってもそのあり方には，西洋の「個々の人間の人生や生活の方こそが主たる目的であり，学校はそれを達成する一つの手段でしかない」[23]と見て，個人が学校との関係，その始まりと終わり，また進級や落第などを決めるという考え方と，日本のように学校側がそれらすべてを決めるというあり方との違いがあるのではないだろうか。学校へ通うことも，英語では単に"go to school"というが，日本では，特に義務教育の始まりである小学校へ入学することを「学校へあがる」といい，日常でも「登校，下校」とまるで学校を一段高いところにおいて上り下りするかのような言い回しをする。日本における近代学校制度の歴史の中で，学校への絶対視や逆にしつけや日常行動の訓練までも学校に依存する傾向が生まれてきたともいえよう。

　石附は，英語の graduation（卒業）と commencement（卒業式）という言葉を取り上げて，graduate の語源となるラテン語の garadus は，もともと生成発展する継続的仮定の中での歩み，段階といった意味でゆっくり段階的に進むことであり，commence は始める，着手するといった意味であるので，どちらも一区切りしたのち先へ進むということであり，卒業という言葉に「終わり」「終了（ターミナル）」といった意味をもたせる日本との違いがあるという[24]。確かに，日本における入学，卒業といった学校行事は人生の節目であり，新しい気持ちを生みだし本人はもとよりその家庭や親族，ひいては国民全体で共有する季節の，文化の一大イベントである。このことを否定はできないし，そのメリットもあるだろう。しかし，石附は今まで見てきたよう

に，卒業式のような学校の儀式は，やはり学校中心社会になり，学校教育絶対観というような学校による教育の独占を象徴するものだといっている[25]。

これからの日本の教育は，教育基本法第3条に「国民一人一人が，自己の人格を磨き，豊かな人生を送ることができるよう，その生涯にわたって，あらゆる機会に，あらゆる場所において学習することができ，その成果を適切に生かすことのできる社会の実現が図られなければならない」とあるように，教育は学校だけ，若いときだけのものではなく，生涯にわたって学習するという教育観を大事にする必要がある。

石附は，学校を閉じられた世界と見て，そこへの参加も離脱も特別の儀式で臨み，特に卒業を修了，終結として見る立場は，教育の分業化と集団単位の教育から個別化・個性化，自由化へと向かうべきこれからの生涯学習と学習の多様化の時代には適応していけないのではないかと述べている[26]。そして，何よりも大切なことは，卒業が終わりではなく始まりであるという捉え方，また，個々の生徒が学校という集団的な組織と結びつくことより，生徒と教師の人間としてのきずなの強化が図られるような儀式が望ましいという。江戸時代の寺子屋や藩校のように学習者個人が，教育の始期，在籍期間，内容，離脱期を決め，学校を多様な教育のあり方の一つだとすることを今一度，歴史的に評価し，再生から出発することが21世紀の日本の教育の創造的発展に寄与すると述べている[27]。

昨今，小中一貫校等が増えてきて，学制が変化している中，どこで卒業式をするかを考えるとき，卒業式の意味が再び問われるのではないだろうか。

4．実践を振り返る
―子ども，保護者，教師・保育士等の三者の出会う場に―

これまで見てきた日本における卒業式の歴史，またその伝統的な卒業式に潜在する教育観・学校観を吟味しつつも，現実の園生活を彩る行事としての卒園式をどのようにデザインしたら，新しい意味をもつ式になるのだろうか。

先に本章の冒頭にあげた筆者が「差異」を感じた卒園式を題材に考えてみたい。

　伝統的な卒業式では学校が一段高いところにあって，子どもも保護者も学校から決められた課程を修了したという認定を受け，卒業証書をいただくという上下の関係性がある。これは卒業式の歴史から見ても，試験官と向き合って修了試験を受け，合格すればその場で修了証書を授与される形，そして保護者や見物人がその後ろから見るという形の伝統が受け継がれている。舞台上にいる校長や来賓は，フロアにいる子どもからも保護者からもよく見えるが，はたして見せたい姿は誰なのであろうか。

　幼い子どもは家庭にあっては保護者の配慮と支えがあり，園生活という社会的な場では教師・保育士等の援助のもと，多くの子どもと出会い様々な経験をすることによって，大きく育っていく。子どもを真ん中にして，保護者と教師・保育士等が手を携えて子どもの成長を支える，つまり，育ちゆく子どもと保護者と教師・保育士等の三者が対等に向き合い連携することで，園における就学前教育が成り立っている。筆者は，卒園式はこの三者の対等な関係性の中で子どもの成長を喜び，次の段階へ送り出し，次の一歩を踏み出す一つの節目としてデザインしたいと考えていた。よって，この章の冒頭にあげた事例の園のあり方に差異を感じたといえよう。そう考えると，三者を晴れ舞台に乗せる席の配置を工夫する必要性が生まれる。すなわち，どのような考え方をするかによって席の配置も異なってくるといえよう。

　日本の伝統的な証書授与は，教師と子どもが対面し保護者がその後ろに控えるという配置で，名前を呼ばれた子どもが壇上で保護者に背を向けたまま証書を受けるという形である。これは，呼名によって返事をし，ハイライトを浴びて壇上まで歩き，証書を受け取り，その後保護者に向けて見せる緊張と喜びの子どもの姿と，子どもの全行程を見てその自立を見届けるという保護者の姿が対する形である。あるいは，園と子どもとの閉じられた世界を後ろから見るという形にも受け取れるし，舞台に上がるわが子を見ることで共同者としての満足を得るという見方もできる。証書授与だけでなく，式の途

154　第2部　経営革新の契機となる「差異」

中に子どもの歌う歌や言葉に成長の証と保護者への感謝が盛り込まれると，一歩距離を置いて見る姿勢が生まれるからこそ「ここまで大きくなった」と振り返る余裕が生まれ感動もするのであろう。ここでは子どもの育ちをともに支えてきた保護者の意識は，内省的・間接的なものになるだろう。この場合，卒園式の主役は集団での生活をともにしてきた子どもと教師・保育士等である。だからこそ儀式の前後に保護者主催による祝いの集い，つまり保護者が当事者として大活躍する場が設けられたり，子どもの成長を見る発表会や記念のアルバムや文集の発行があったりするのだろう。

　しかしながら，筆者はそういう形の証書授与は，やはり幼少期の育ちをともに支えた保護者が園生活を一歩離れて見る距離のある姿勢と感じる。園と家庭が協同する，連携するという就学前教育のあり方からすれば，保護者からも証書を受け取る際の子どもと園長とのやりとりや子どもの表情が見える，見守ることがうれしいのではないかと考え，筆者は園長になった際，証書授与の形を変えることを提案した。年長が4クラスあったので，ホールのフロアの4つのコーナーに子どもたちが中心を向いて座るようにし，各保護者一人は子どものクラスの後ろに座った。証書を受け渡すときは，ホールの中心で保護者から証書を受け取る子どもの顔が見えるような角度，すなわち園長が保護者に斜めに背を向けて立った。園長は，順番に4クラスの子どもに証書を渡すたびに自分の立ち位置を変えていくことになる。そして，がら空きとなった一段高い舞台上にはビデオカメラを構えた保護者たちの姿があった。今では，保護者の席にはあらかじめそれぞれの子どもからの感謝の一人ひとりの手書きのメッセージが置かれ，子どもたちの後について入場，着席した保護者は，まずわが子からの思いがけないプレゼントに目を潤ませるのである。

　この園において，なぜ長年の慣習，すなわち写真撮影も含めて旧態依然とした伝統的な式のあり方を誰も疑問に思わなかったのだろうか。それとも疑問に思っても言い出せなかったのだろうか。園長が長い間変わらず，自分たちの保育を見直してみようという雰囲気がなかったからかもしれない。新し

く入ってきた教師・保育士等もその園のやり方にならされてしまう。園長が変わったことで，初めて自分たちの保育にトップダウンの形で疑問が投げかけられ，教師・保育士等が「自分の頭で考えること」を始めた。証書授与の一場面を取ってみても，子どもとの関係でいえば机を挟んで上から下へと証書を渡すその姿に，教師・保育士等の無意識の中に宿る上下関係を感じる。卒園児の担任たちが出してきた改革案では，園長と子どもが何もない空間で対面し，証書を手渡しする。園長と子どもは，人としてフラットな関係であることを表している。

　卒園式はどのあり方がよいというものではなく，園の伝統や園児数や教育目標，前後に行われる付随したお祝いの会や文集づくりなどによって変わってくるだろう。しかし，自分たちが伝統として行っている卒園式を今一度見直してみると，何を大事にしているのかが見えてくる。たとえば，伝統型の卒園式か，それとも前述のようなフラットな場所での卒園式か，または一学年に100人を超える卒園児がいるならば一堂に会した式でなくて，園長が各クラスを回って一人ひとりと話しながら証書を渡すこともありうるかもしれない。保育所に多く見られるような小さな園であれば，輪になって座って子どもが園生活の思い出やこれからの決意といったスピーチをしつつ，証書を渡すなどということも可能であろう。保護者も一言，園生活の思い出を語ってもよいかもしれない。さらにはどのような卒園式をするか，子どもたちが考えて行うことも考えられる。一つのプロジェクトのような形でつくっていくプロセスこそが子どもの成長の証となるだろう。その他，来賓も肩書のある政治家ではなくて，子どもたちをいつも見守ってくれた地域の交通安全の方や，お泊り保育で夕食の買い物に出かけた商店街の方，小学校見学で出かけた地域の小学校の先生など，子どもたちが本当にお世話になった方やこれからも見守ってくれる人々を呼ぶといった人選も成り立つだろう。

　子どもにとっても名前を呼ばれる，証書を受け取るといった受動的な立場に置かれるのではなく，前述した感謝の手紙を保護者に届けることや園生活のことを語ったり，将来の夢を披露したりする主体としての参加も検討され

156　第2部　経営革新の契機となる「差異」

るべきであろう。小学校や中学校では，子どもが学校生活の思い出や感謝な
どを「呼びかけ」という形で言葉にする場面があるが，この呼びかけも子ど
もがやりたいと思い，内容も子どもが考えてという企画ならば意味があるだ
ろう。感謝の手紙もやらされるのではなく，その形でなくても子どもが企画
する，一緒に考えることに意味があるのではないだろうか。

　卒園式が終わると卒園記念写真を撮ることがほとんどであろう。これはこ
れから続く小，中，高校，大学という教育現場では必ず入学と卒業のときに
集団でそろって撮ることになる写真である。まさに集団での教育の証である。
筆者が子ども，保護者，教師・保育士等，この三者が対等に出会うという意
識で卒園記念写真の撮影を考えたときには，もちろん子どもが前列，担任は
その脇，保護者は子どもの後ろ（両親，祖父母，きょうだい），そして園長，
副園長は隙間を見つけてもぐり込むという構図になったのはいうまでもな
い。もちろん証書入れは，全員同じスクールカラーのホルダー式である。こ
れも，各園によって考え方が違うだろうから，伝統的に園長や来賓が前列正
面ということもありうる。それはどのような意味があるのかをもう一度考え
てみることが，自分たちの組織文化の暗黙の仮定を探ることにつながるだろ
う。

5．国旗と国歌

　国旗（日の丸）と国歌（君が代）は入園式，卒園式につきものであるが，
それをめぐって様々な意見がある。園によってその取り扱いは異なることと
思うが，その根拠はどのようなものであろうか。日本の国旗，国歌の歴史や
諸外国の事情について調べてみよう。

（1）　日本の国旗と国歌

　日本の国旗と国歌が法律で定められたのは，なんと1999年8月である。「国
旗及び国歌に関する法律」によって国旗（日章旗）と国歌（君が代）が正式

に制定された。当時の内閣総理大臣であった小渕恵三は「いずれも長い歴史を有しており，既に慣習法として定着したものであり―（中略）―，今回，成文法でその根拠が明確に規定されたことは，誠に意義深い」[28]と述べている。このことからわかるように，私たちが当たり前のように国旗，国歌と思っていたものは，1999年まで法的な根拠のないものだったのである。まずこのことに驚愕する。ここで，簡単に国旗と国歌の歴史を見てみよう。

(2) 日本の国旗の歴史

日の丸に象徴される太陽は，神話では天照大神（太陽神）として神格化され，皇室の祖神（皇室の祖先の神）とされている。人々の日常には今でも，太陽を「お天道さま」「おひさま」とあがめて呼び，元旦の初日の出はことのほかめでたく，ところによっては毎日の日の出でも柏手を打って礼拝する習慣があるそうである。このように，太陽は日本人の生活の中に長く太陽信仰として定着し，武家にあっても『平家物語』などで那須与一が紅地に金の日輪が描かれた扇を弓矢で射抜く場面が描かれるなど，旗指物として武士の諸家が用いたことが知られている[29]。

江戸時代になると，徳川幕府が非常時用の米を直轄地や各地の親藩から江戸に運ぶためのほぼ安全な日本一周航路を整備し，海賊などを防ぐために「城米回漕令条」（1673年）を出し，中世の武将たちが軍扇や旗指物に用いたその「日の丸」の脇に苗字を書きつけた旗を官船の印とした。この「日の丸」を船印として，御城米積船が毎年西回り，東回りと航海して幕末まで続いたので，沿岸の人々は皆この「日の丸」の旗を承知していたわけである。

そして，1843年頃から頻繁にやってきた異国船と日本船を区別するために，1854年に「日の丸」を総船印としたのである。ちなみに1854年はペリーが浦賀沖に姿を現した翌年であり，日米和親条約を締結した年である。つまり，「日の丸」は近世初期（1673年）以来の徳川幕府直属の御城米積船の船印から格上げされて，日本艦船の総船印とされたと暉峻康隆は述べている[30]。そして，1860年に遣米使節の乗るアメリカ軍艦に随行した咸臨丸こ

158　第2部　経営革新の契機となる「差異」

そが，海外における日の丸掲揚の第一号の船であるという。徳川幕府が日本の総船印を日の丸と決めた 1854 年から 10 年足らずで，欧米諸国が日本の国旗として認定したということである[31]。

　暉峻は，鎖国から開国へ踏み切った幕府が掲げた船印（商船）としての「日の丸」が，遠洋定期航路が開設されて郵船商船が世界の海を往来するようになると，国籍を表す必要不可欠のものとなり，また居留外国人が自国の大祭日には国旗を掲げるのを見て，さしあたって船印の「日の丸」を掲揚するようになったのはいかにも文明開化の感が深いと述べている。「日の丸」と同時に「旭日旗」も国旗のように思われるが，こちらは 1874 年に天皇から近衛歩兵連隊に授与されたもので，軍艦旗も同じく赤色の旭光 16 条が描かれている。すなわち「日の丸」は日本商船の標識，「旭日旗」は軍旗といえる[32]。

　このようにして，「日の丸」は，特段の法律的な解釈もなく国旗として扱われたのであるが，古代農耕民族の太陽信仰に端を発して，江戸時代には商船の船印だったものを明治政府が日本国籍を表す船印とし，国民も強制されるまでもなく国旗として認めたのであった。決して，明治の帝国主義のシンボルではなかったのである。ところが，昭和に入ってから満州事変をきっかけに戦争に突入し，東南アジアの占領地で「日の丸」を掲げると，その地の人々には侵略のシンボルとなってしまった[33]。暉峻は，自身も戦中派としてその「日の丸」のもと戦地に駆り出され，九死に一生を得た体験から戦前の軍国主義のシンボルとなった「日の丸」に対して，その暗いイメージによって敗戦後敬遠されたことを自然の成り行きと見ている[34]。戦後すぐは GHQ によって禁止されていた「日の丸」掲揚が一般国民に許可されたのが 1949 年，1958 年の小・中学校の学習指導要領の全面改訂では，祝日などの儀式では，国旗掲揚・君が代斉唱が「望ましい」とされている。1985 年には天皇在位 60 周年を迎えて，文部省が小中学校の入学・卒業式での日の丸掲揚・君が代斉唱の「徹底」を求めている。その後 1989 年の学習指導要領改訂の際には，入学式や卒業式などにおいては国旗掲揚・国歌斉唱を「指導するものとする」

とし，違反者は処分とした。1990年には高校の入学・卒業式でも同様とした。1985年の徹底の求めに対して，まだ戦中・戦後の「日の丸」「君が代」への不信感は消えておらず，通達に従わない学校も多くあり，さらに違反者は処分することになった。その結果，2002年度はほぼ100%の実施率となった[35) 36)]。

　しかし，これまでにはたとえば唯一の地上戦の行われた沖縄の人々の思いや，日の丸・君が代に対しての軍国主義のイメージをもつ人々，生徒の自主性を伝統とした所沢高校の生徒と学習指導要領を盾に取った校長との戦い（1998年）などがあり，当時はまだ法律的な制定もされていない中で国旗・国歌として強制され，従わないと処分されるというような，政府・文部省の一方的なあり方は1990年代の大きな問題となった。

(3)　日本の国歌の歴史

　戦時中の記憶とともにときに敬遠されることもあるが，もともとは特定のイデオロギーをもつものではなかった「日の丸」とは違って，国歌「君が代」は，意味をもつ和歌である。暉峻によると，「君が代」のルーツは平安時代の905年の第一勅撰集『古今和歌集』第7巻・賀歌の筆頭の読人知らずの和歌「我君は千代に八千代にさざれ石の巌となりて苔のむすまで」であり，それはどこでも通用する長寿を祝う歌であり，この「我君」とは「あなた」という意味であるとのことである。それが，「君が代」となったのは，それから100年後の1013年頃の『和漢朗詠集』である。この「君が代」というのは，「君が代に」「君が代の」「君が代を」という形でよく詠まれていて朗詠に適していたので，謡曲，長唄，琵琶歌などにも読み込まれているそうである[37)]。そして，戦後，この「君」という語の解釈は，1990年の朝日新聞によると，1989年当時の文部大臣で「日の丸・君が代」の義務化を通達した西岡武夫が「新しい憲法下において，国民全体」と言い，文部省幹部は「天皇を指す」と国会答弁した。山住正己（当時東京都立大教授）は「『君が代』と言う全体で捉えると，古今和歌集の当時は『君』はいろいろな人，明治以

降は明らかに天皇陛下の世」といったようにいくつかあったようである。暉峻は,「この時,『君は国民』と言う新解釈を公表したら,教職員も保護者も反対どころか進んで国歌として歌う気になったかもしれない」と述べている[38]。すなわち,万葉集以来一般的に「君」は敬愛する男女(夫妻)の両方,そして天皇の方は紛らわしいので「大君」と区別された。しかし,「代」というのは,勅撰集の賀歌では「齢,年齢」を表したものであったが,中・近世になると「代」は主として,時代・治世の意味で用いられるようになり,したがって「君が代」は,室町時代には「天皇の御代」,元禄の井原西鶴の物語では徳川将軍の治世,そして明治維新後は「天皇の御代」となるのである[39]。

さて,この歌がなぜ国歌になったかというと,これまた1869年に横浜に駐屯していたイギリスの軍楽長のジョン・ウィリアム・フェントンが「外国には国歌というものがあって,日本にもあった方がよいのではないか」と進言し,薩摩藩の大山巌(後に元帥)らが日頃愛誦していた琵琶歌の中に引用されていた「君が代」を歌詞にフェントンが作曲を担当した。しかし,これは人気がなく,その後の文部省の作曲も歌われず,宮内省雅楽課が作曲したものが現在まで使われている。1888年にはこの君が代が海軍省より各条約国に「大日本礼式」として公文書をもって通告されている[40]。

正確にいうと,もしこれが古今集からとられたものであったなら,「我君は千代に」でなければならないわけである。

このように,国旗も国歌も成り立ちを見てみると,案外即席でその場でつくられたものであるような気がする。戦中派の抵抗感もすこぶる理解できるものでもあり,これをもって強制的に「公務員たる教員の義務」などと押しつけられることに対する反対意見もむべなるものかなと感じられる。

(4) 外国の国旗,国歌に対する考え方

世界の国旗と国歌に対する考え方は,当然ながらその国によって違うのだが,今回この原稿を執筆するにあたって調べてみると驚くことばかりであっ

た。たとえば，日本の国旗はずっと「日の丸」なのだが，メキシコの国旗の中央に描かれる鷲の顔の向きがその時の政権が左翼陣営のときは左向きに，右翼陣営のときは右向きにと描かれた時代があったそうである。また，アメリカのお馴染みの星条旗も，ストライプの数はイギリスから独立したときの13州を表す13本だが，星の数は州の増加に従って増え，今は50番目のハワイ州によって50個になっている。その他，戦争によって負けて統合されたり，逆に独立したりして国旗が何回も変わっている国もある。カナダはイギリス連邦の一員であるとして国旗の一部にユニオンジャックが含まれていたが，1965年にこれを外しメープルリーフ柄の国旗に変更した。そしてそれを参考に，ニュージーランド国旗は左上にユニオンジャックを配しているが，まったく新しい国旗を国民から候補を募って，国民投票で決めようとした。候補にはニュージーランド原産のシルバーファーンというシダなど，いずれも国を代表するシンボルが描かれている。しかし，2016年3月24日に，現行のユニオンジャックを配した国旗の維持が選ばれた。

　スイスのように国歌が定まっておらず，国民投票で新しい国歌を決めようとする国，戦後独立したときに国民投票によって新しい国歌を決めた国（オーストリア，ペルーその他）もある。フランスの国歌であるラ・マルセイエーズは戦いの歌であり，国歌としてふさわしいかどうかがいつも話題に出るそうだが決着がついていない。

　これらのことから，筆者はあまりにもナイーブに国旗や国歌を不変のものと思って，賛成や反対と考えていたことに気がついた。国旗や国歌に対する思いは，同じ国の人間でも戦中派と戦後派，そして今の戦後70年たった時代の若者ではそれぞれに違っている。今の若者はオリンピックやスポーツの国際大会などで，「日の丸」があがり，「君が代」を歌うことは勝利であり，熱狂であり，迷うことなく頬に「日の丸」のフェイスペインティングを施す。一方で，その「日の丸」を苦々しく思う国の人もいることは確かである。アメリカ合衆国でも，様々な民族から成り立っている国として星条旗に向かって忠誠を誓うというのが学校生活の毎日の始まりだったようだが，ベトナム

162 第2部 経営革新の契機となる「差異」

戦争の戦中派という人々の中にはそれを拒否する人もいるらしい。永家光子は，自分の子どもが通ったアメリカの学校生活において，スポーツ大会の国旗・国歌に対しても学校生活でのそれらの取り扱いも，まさに教師，保護者，子どもそれぞれの自由に任されていたことを書いている。そして，個人に任された自由だからこそ，国旗好きな人も認められて，自分の家の庭に天気の良い日には毎日欠かさず国旗を揚げると述べている[41]。戦争やテロが起きると，ナショナリズムも沸騰し，国旗や国歌が煽られて出てくる。日本の教育の中で国旗や国歌の成り立ちを学び，歴史を踏まえ，新しくつくるのではなくてもその解釈を国民で考え，その掲揚や斉唱を強制ではなく，それぞれの良心に従って選択できるようになったらよいと思う。

　幼稚園等では機会を捉えて国旗・国歌を取り扱っていると思われるが，2017年改訂の幼稚園教育要領，幼保連携型認定こども園教育・保育要領，保育所保育指針では，領域「環境」の内容（6）において「日常生活の中で，我が国や地域社会における様々な文化や伝統に親しむ」とされ，内容の取扱い（4）の中では，「文化や伝統に親しむ際には，正月や節句など我が国の伝統的な行事，国歌，唱歌，—（中略）—我が国の伝統的な遊びに親しんだり」と，国歌にも言及されている。就学前教育に国歌が掲出されるのは第二次世界大戦後初めてのことで，あくまでも我が国の文化や伝統に親しむとともに異なる文化にふれることで，国際理解の意識の芽生えが養われるとするものである。こうしたことから，自分の国の国旗や国歌とともに，在園児の母国の国旗・国歌の扱いについても一度よく考えることが必要であろう。こうしている今でも，内乱や統合，分裂で国境が変わり，国旗が変わる国があるかもしれない。運動会の万国旗一つとっても，細心の注意が必要であろう。

§2 ジェンダーセンシティブな教育・保育へ

1. 園のジェンダー意識，社会のジェンダー意識

保育現場や学校では，「隠れたカリキュラム」の明示的なもの，たとえば，色や名簿での男女の区別は改善されてきているが，そもそもジェンダーによる線引きがどのような影響をもたらすのかを検討しよう。

(1) ジェンダーによる二分化の現状

本章の冒頭にあげた園は，卒園式の並び順も男女別の男児優先，証書入れの筒の色も男女別（ブルーとピンク）であったが，普段の保育の中でも子どもの名簿，上履き袋から絵本袋を入れるかごまで男女別であり，もちろん列に並ぶときは男女別の2列だった。

これらのことが，今でもごく普通に行われている園もあるだろう。色分け以外にも，園や学校の制服，子どもの「〜ちゃん」と「〜くん」との呼び分け，女児には「かわいい」，男児には「かっこいい」と褒め，健康診断などでは女児は待たせておけるので男児を優先する。いや，教師・保育士等だけではない。子どもも年齢が上がるにつれ男女別の遊びをするようになり，それを男女混ざって遊びなさいというのはいかにも教師・保育士等の強制的指導，いわばやらせだと考える人もいる。小学校の校庭では，真ん中の広い場所は男子のサッカーに占領され，女子や低学年の子どもは，校庭の隅でなわとびや鉄棒・太鼓橋といった固定遊具に取りついている。

社会に目を向けても，テレビの番組はヒーローものとプリンセスものに分かれているし，市販されている文房具やおもちゃもその図柄を使い，男の子用，女の子用と分かれていることが多い。確かに，「男らしく」「女らしく」ということに疑問を感じない人も多い。いや，そうでなければ社会は成り立

たないという人もいる。また，幼児期は性差がないのだから，男も女もない
だろうという人もいる。むしろ，保護者の方が「男らしく」「女らしく」あ
るべきだと思っている。確かに，日本の教育は戦前とは違って今や男女平等
であり，技術家庭科も保健体育も男女共修である。どこにジェンダーバイア
スがあるのかといわれるかもしれない。1990年頃より，学校で使われる名
簿も男女混合が採用されるようになってきた。

　ジェンダーについての学習が進むにつれ「隠れたカリキュラム」も意識さ
れるようになった。隠れたカリキュラムとは「保育・教育において，表だっ
て教えられ，語られることはなく，暗黙のうちに園児や生徒に伝えられる規
範・価値・信念の体系」[1] である。このジェンダーに関する隠れたカリキュ
ラムには明示的なものと黙示的なものがあるという[2]。青野篤子によると保
育の場では，前者の例が名簿の記載順，名前シールの色と絵柄，カバンの色，
靴箱の並びなどいわゆる物的環境における性別の区分であり，後者が教師・
保育士等から子どもへの働きかけや子ども同士の相互作用など，いわゆる人
的環境における男女差としている。前者は目に見える「隠れたカリキュラム」
なので指摘しやすいし，ジェンダーについての理解が進めば是正されやすい。
しかし，黙示的なものについては気づかないことが多い。そのことについて
検討していこう。

(2)　性別カテゴリーの使用における問題点
①　ジェンダーによる心理的線引き（ジェンダースキーマ）

　この性別による二分法の代表は学校現場での男女別名簿ではないだろう
か。どちらかが優先される名簿（特に男子優先になりがち）はジェンダーバイ
アスにつながっていき差別意識を生みだす土台となり，決して些細なことで
はないとされてきたが，吉武久美子は先か後かよりも，男女を区別するとい
うこと自体のもつ心理的線引きの影響を問題視した[3]。つまり，分けること
自体の問題である。社会心理学において，心理的線引きとは「個人の内面に
おいて，その個人自身が自己と相手を見る時に，何らかのカテゴリーに分け，

第2章　実践のイノベーション―日々新たに―　*165*

線引きをすること」⁴⁾とされている。自分をそのメンバーであると認知している集団を内集団，それ以外を外集団とすると，内集団には好ましく思ったり，自分と似ているものを発見したりして親近感を感じるが，外集団に対しては一人ひとりの顔が見えなくなりステレオタイプ化し，偏見や差別的な態度が生じる可能性があるという。男女の二分法を多用すると，子どもが自分たちを男と女のグループという二つで区別して捉えるようになり，一人ひとりの個人ではなく，たとえば男児一人が乱暴なことをすると「男は乱暴」とひとくくりにし，女児一人が泣くと「女はすぐ泣く」と女の特性のように捉えるようになる。なかなか男女混ざって遊べなくなったり，一人ひとりの良さや可能性がお互いに見えなくなったりもするだろう。これは，ジェンダーだけでなく，たとえば民族とか文化などについてもいえることである。ジェンダーによる区別は，よく「差別ではない」といわれ，3歳でもわかる二分法のカテゴリーとして多用される。しかし，区別は差別を生む。先に述べたようにクラス活動のとき，何かにつけて「待っていられない男子は先に」と男児優先が繰り返され，「男が先」「女は後」という概念が刷り込まれ，女は男の後についていくという行動様式を身につけてしまいかねない。また，いつも男女での二分法しか経験していないと，他の分け方ができなくなる。あるとき，先の園でクラス全員男女混合の1列になった後，ちょうど真ん中にいた子どもに「ここからは前に来て2列になってね」と教師が指示したが，誰もどう動いたらよいかわからなかった。また，別のときに通園バスから降りて学年も男女も混合で2列をつくろうとしたらできなかった。子どもの中に，男女別で別れること以外の2列をつくる経験はなかったのである。2列に並ぶ並び方には，来たもの順，生まれ月，バスのコース，背の順，あるいは生活グループなどいくらでも考えつくことができる。並び方を子どもたちと一緒に考えてもよいだろう。

　このように園や学校において，男女別に並ぶ，色・靴箱などを男女別にするなど男女の区分に比重がかけられすぎているという状況は，子どもや教師・保育士等の内面に男子，女子という心理的線引きをして相手を見る認知傾向

を生じさせる可能性が高い。そうすると，教師・保育士等も一人ひとりを個人として見て，その多様性を評価することより「今年の女子は…」「男子が…」と，単純にステレオタイプ化していくことになろう。

② 教師による性別カテゴリーの使用

平等主義，普遍主義を統制原理とするはずの学校でなぜこの性別カテゴリーが多用されるのであろうか。宮崎あゆみ[5] は，まず，どのようなときにこの性別カテゴリーが使われるかを小学校の授業観察で検討した。彼女の観察やインタビューで，学校で多用される主なカテゴリーにはa.能力別カテゴリー，b.性別カテゴリー，c.ランダムカテゴリー，の３つがあることが明らかになった。たとえば，泳げる子と泳げない子を分けて指導するというのは能力別カテゴリーである。身体測定などでは性別カテゴリーで児童を分ける。これらは分ける目的が，能力別に指導した方が適している（業績），または性別にする必要がある（属性）などとはっきりしている。それに対してランダムカテゴリーとは，グループの質を業績にも属性にもかかわらず分けるというとき，たとえば人数が多いから分けるといったときに用いられる。しかし，性別カテゴリーはランダムカテゴリーが使われるはずの，どう分けてもいいような場合に多用されている。園でも朝礼などで並んで教師・保育士等の話を聞く場合，子どもは性別で分かれて並ぶ必要はないのである。このように，性別カテゴリーはランダムカテゴリーが使われてよいはずの場面で多用され，しかも，それに価値づけ（後ろ，前）されるという可能性がある。そこで，宮崎は千葉市内の公立小学校で，普段教師が性別カテゴリーを多用していた学年ごとの水泳指導場面で，性別カテゴリーを使わないで指導してもらうという実験をして，後でインタビューをした。この実験は宮崎の予想に反したものになり，教師たちは性別カテゴリー禁止に無抵抗に応じ，ほとんどの教師に混乱は見られなかったという。そして，「いつもの指導と変わらない」「性別カテゴリーを用いなくても構わない」と答えている。しかし，「いつもと同じ」と語られた場面で観察された「いつもと違う」部分は，「念押し」と「逸脱矯正」であった。「念押し」とは，性別混合の列をつくった

後に、「今日はこの並び方でやりますよ」「ちゃんと並び方をおぼえるのよ」「ここまでで12人」と、指示通りに行動させるために、指示を繰り返し強調することである。「逸脱矯正」とは、指示通りに行動をしなかった場合、「△△ちゃん、違うの？」などと修正することである。この授業では、性別カテゴリーを使用しないために、授業が始まる前に性別混合の列をつくり何回か念押しをしている。これらの「念押し」は性別カテゴリーが使用されていたときは、観察されなかったことであり、「逸脱矯正」も普段より目立って行われていた。これらは普段「男子ーっ！女子ーっ！」といった性別カテゴリーが果たしていた機能を、それが禁止されたときに補うものであった。そして、この後インタビューによって、この性別カテゴリーが果たしていた機能とは、「掌握しやすい」「指導しやすい」、また、「低学年の児童がわかりやすい」といったことや、学年単位で「人数が多いときも分けやすい」と説明された。すなわち、性別カテゴリー使用の理由として「操作上、統制上」の便宜というのが理由であった。言い換えれば、「性別カテゴリーはストラテジー、つまり、スムーズに活動が行えるように児童の行動をパタン化する手段の一つ」[6]であるということである。宮崎は、さらに教師が学級内の秩序を確立するための手段として、言葉のトーンやため息など微妙な潜在的手段を使用することがあることに言及して、性別カテゴリーはもっと顕在的な手段としてより多用されていて、学級よりも大きな集団、匿名の集団にも即効力をもつ手段となっていることを明らかにした。

　では、なぜこのように学校で性別カテゴリーが多用されるのだろうか。宮崎は、一つは、子どもが小学校に入学するときにすでに性に対するステレオタイプをもっているから教師がそれを利用しやすいということ、二つ目には、多くの教師が「性別ごとではなく個人個人を見る」「性に拠らぬ同一処遇」という普遍主義的、平等的意識を表明するにもかかわらず、教師自身が性別ごとの類型化を行っているので、性別カテゴリーを「自然」なものとして受け入れているからだという。これらのインタビューから、宮崎は「教師の中で平等主義とセクシズムが共存し、錯綜している」[7]と分析している。

168　第2部　経営革新の契機となる「差異」

そして，子どもの方から見れば，このような頻繁な性別カテゴリーの使用
は，すでにセクシズムをもっている子どもにとっては紛れもない「社会的リ
アリティ」である。教師が単に「操作・統制の手段」として使った性別カテ
ゴリーは，教師—児童の相互交渉が成立するとき，子どものもつセクシズム
を強化することになろう。実際に宮崎の観察では，性別カテゴリーに慣れた
児童は教師が何も言わなくても自分から男子が前，女子が後に並ぶのだそう
である。教師は，意図せずして「性役割の社会化」をしていることになる。
つまり，先に述べたように，こうした性別カテゴリーの多用は，子どもにジェ
ンダースキーマを形成し，性別役割分業や性による権力の非対称性などを再
生産する危険性をはらんでいるといえよう。名簿の記載順や持ち物の色分け
といった明示的な「隠れたカリキュラム」だけでなく，意識することなく集
団の「操作・統制」に使われる性別カテゴリーといった黙示的な「隠れたカ
リキュラム」も，そこに単なる区別ではなく，ジェンダーバイアスの再生産，
ひいては差別につながっていくものがあると筆者は考える。

2．保育現場における黙示的なジェンダーバイアスの検討

　実際の保育現場では，どのような黙示的な，すなわちあまりに普通で，そ
うとは気づかないジェンダーバイアスがあるのだろうか。

(1)　教師・保育士等のかかわりから
　河出三枝子[8]は，保育所でのまだ幼い赤ん坊についての事例で，保育士は
男児が積み木を車に見立てて「ブーブー」と言っているのは容易に理解する
のに対して，女児がミニカーに手を伸ばすが取れないで泣いていると，泣い
ている原因（ミニカーが欲しい）に気づかないという場面を取り上げている。
その保育士は，河出に「女児とミニカーという組み合わせはどう見ても不自
然ではないか」と言ったそうである。保育士の「女児はミニカーにはあまり
興味を示さない」という思い込みが，子どもたちは同じような動きをしたに

もかかわらず，男児には「達成感」を，女児には「挫折感」をもたらしている。河出は，それを「挑戦─達成を承認される男児とそれから外される女児という認知枠組みが，このようなふとした経験を通じ言葉を獲得する以前の子どもの中に体性感覚化していく」[9]と述べている。この思い込みは，筆者も経験したことがある。園庭でサッカーをしていた集団のわきでじっと見ていた女児に，筆者は何も声をかけずに行きすぎたのである。保育後の振り返りをする中で「あ，あの子もサッカーがしたかったのかもしれない」と思い至った。これが男児だったら，その時「あなたもやってみる？」と声をかけたかもしれない。もちろん，この女児自らが「入れて」と入っていくことが大事だという見方もある。しかし，筆者はこの女児が自分もサッカーをしたいと思っているかもしれないという可能性にまったく気がつかなかったのだから，女児のその一歩を見守ることすらできなかったのである。

　同じく河出は事例として，4歳児のクラスで，マット遊びを続けたくて片付けをせず給食になっても騒然としている男児と，片付けをして整然と座って配膳を待つ女児に対して，保育士が「女の子はしっかりしている，かっこいい子から配るね」と言ったにもかかわらず，女児には注目せず，背筋を伸ばして座っている一人の男児から配膳を始めたという場面を取り上げている。ここで保育士が女児の生活行動に注目し褒めることによって給食の時間という場の秩序を回復しようとしているのだが，それにもかかわらず，その正しい秩序を守っている女児にはあえて言及せず，男児の一人を正しいあり方として取り上げて，先に配膳している。保育士は，河出のインタビューに答えて「女児はわかっているので，ルールを守ったことに対して賞を与えなくてもよいが，男児はその時々に契機（比較的静かに着席していた男児）を掴んで，確実にフォローする必要がある」[10]と語っている。生活行動の面で優れていると女児を価値づけることが，男児を矯正する手段となっているのである。この一見どこにでもある保育士の集団統制の手段には，「しっかりしている女児─だらしない男児」「しっかりしている女児が，一歩退いて男児のレベルアップに協力する」というコードが隠されている。これは河出の言

170 第2部 経営革新の契機となる「差異」

うとおり，既成社会の男性性・女性性の対置，女性が背後に控えて男性を補弼（ほひつ）する構図であり，まさにステレオタイプのジェンダー社会化であるといえるだろう。ここで女児からは，保育士のルール違反（正しい姿勢の者からと言ったのに，女児を無視している）についての異議申し立てはないが，女児も4歳にしてこのジェンダーの社会化を受け入れており，「仕方ないね，男児は…」といった含意があるのではないかと考えられる。保育士にとっても，女児を褒めつつモデルを示し，できている男児を取り上げて，それを強化するなどということは毎日の普通の保育上のストラテジーにすぎないであろう。

　さらに河出は事例として，男女に分かれて障害物競争の練習をしている場面を取り上げている。まず1回目は女児チームが勝ち，保育士は「女の子はみんな頑張れたね。一生懸命走れたよね」と言い，男児には「女の子には負けられないもんね」と2回目の競争を提案し，今度は男児が勝つと「すごいね，やっぱり男の子だもんね。本気を出せばね」と言う。河出によると，この集団は普段から男児の方が押され気味で，保育士は男児に対抗意識・競争心を呼び起こし，集団のパワーアップ（集団の秩序形成）を目指しているそうである。つまり，「女の子には負けられないもんね」という言葉がそれである。この2回の競争の結果，この過程で保育士が女児に対して認めたことは，「頑張ったね」という努力の行為であり，男児は「やっぱり男の子だもんね」という存在自体である。河出は「集団内で，認知・共有されることとなったコードは人格的存在としての男児と女児の，生得的重みの違いである」[11]という。この保育士には河出のいうようなつもりはまったくなかったに違いない。われわれも，一見するとこの保育士は女児の努力ももちろん認めて褒めているし，男児にも今回は勝てたねとともに喜んでいるわけで，なんの異論があろうかというところである。しかし，ジェンダーの視点からはもう一歩踏み込んで「やっぱり男の子だもんね」という言葉の意味を考える必要があるのではないかと筆者は思う。これこそ，黙示的なジェンダーバイアスであろう。

第2章　実践のイノベーション―日々新たに―　*171*

　これらの事例からいえるように，私たちは教師・保育士等のストラテジー
として，無意識にジェンダーで区別をしており，それが社会におけるジェン
ダーの不平等につながっていることにまったく気づいていないのが現状であ
る。このことは，マイラ＆デイヴィッド・サドカーが『「女の子」は学校で
つくられる』[12]で述べていることと一致している。同時期に日米でなされた
これらの研究によっても，このような黙示的な「隠れたカリキュラム」が明
らかにされている。マイラ・サドカーは，この本の「初めに」のところで，
1960年代の自分の大学院博士課程のときの経験を語っている。当時大学院
に女性が，しかも夫婦で在籍していることはたいへん珍しいことだったそう
だが，その50人ほどの院生たちによる教育現場での人種的マイノリティの
公民権についてのディスカッションの中で，女性であるマイラの発言はまっ
たく取り上げられず，このマイラの意見をある大柄の男性が繰り返したとこ
ろ，一同が素晴らしい意見だと認めたという。つまり，前述したジェンダー
スキーマの強い1960年代では女性の言葉など誰も取り上げなかったのであ
る。その後，夫のデイヴィッドと二人で企画書に仕上げ発表すると教授が
「ディヴィッドの案は素晴らしい」と褒め，マイラが「私も一緒に書いた」と
伝えたところ，教授は驚きと困惑の表情を浮かべ，「デイヴィッドという場
合は，もちろん君のことも含んでいる」と言った[13]。これは1960年代であり，
前述したように，アメリカでは1964年に公民権法が成立し，教育現場でも
人種的マイノリティの扱われ方に注目が集まっていたときであった。その差
別的な教育に関してのディスカッションのときに，女性差別についてはまっ
たく気づかれなかったのである。人類の歴史において，このような差別に対
しての気づきは，国連での「人種差別撤廃条約」1965年採択，「国際人権規約」
1966年採択，1976年発効，「女性差別撤廃条約」1979年採択，「児童の権利
に関する条約」（子どもの権利条約）1989年採択，「障害者の権利に関する条約」
2006年採択と進んできている。この歴史から見ると，1960年代のアメリカ
ではまだ，人種的マイノリティに対する教育についてやっと光が当たったと
ころだったのだろう。人は，見ようとしなければ見えないということがよく

172　第2部　経営革新の契機となる「差異」

わかる例である。

　さて，前の話に戻ろう。英語のフレーズには Mr. and Mrs. David Sadker という言い方がある。これは日本語ではサドカー夫妻という意味であるが，妻の名前（Myra）は完全に抜け落ちている。もちろん Mr. and Mrs. Sadker という言い方もある。日本語でも同じであろう。しかし，この教授の言うように，「デイヴィッドの案」といったときには，もう片方の共同執筆者である妻の名前は夫の名前に含まれてしまって，個人としての存在はなくなってしまうことになる。この共同の書き手がもし，男性であったらどうであろうか。たとえば，John and David ならばどうだろうか。教授は二人の名前を言うか，少なくとも「デイヴィッドたち」と複数形にするのではないだろうか。筆者自身も 1980 年代に夫と共著で書いた論文の筆頭著者をどちらの名前にするかを悩んだことがあった。それまでは夫の名前を先にしたが，その時はどう見ても筆者が書いた分量の方が圧倒的に多かった。共著論文の場合，著者の評価に関して筆頭かどうかということが重要になってくる。筆者はなぜ悩んだのだろうか。同性なら，あるいは異性でも研究者仲間なら「多く書いた方，構想を練った方，あるいは先輩」など，筆頭になる条件は暗黙の裡に了解されるだろう。書いた分量が少なくても先輩だからと筆頭になるなどの葛藤もありうることであるが。その時，筆者は同じ研究者仲間であっても，夫と妻であれば，妻の名前を先に書くのはなぜかでしゃばっているようで，夫の名前が先の方が収まりがいいように感じたのである。しかし，結局筆者は自分の名前を先に書くことを選んだ。筆者はこの時一瞬でも葛藤したことを 30 年以上覚えている。今の若い研究者はもうそのようなことはないのかもしれないが，当時筆者は一瞬なりとも躊躇したのである。

　今まで述べた事例は，教師・保育士等の側の無意識なジェンダーバイアスの再生産の例である。本人にはそのつもりはなく，長い歴史や伝統・文化の中でつくられた無意識の中での言動である。しかし，いったん気がついたら，それは是正されなければならないものではないだろうか。『「女の子」は学校でつくられる』の原題『FAILING AT FAIRNESS　How our schools cheat girls』は，まさに学校教育が公平さにおいて失敗している（failing at fairness），つまり女子生徒をいかに不公正，不公平に取り扱っているか，いかに女の子を cheat（だます，ごまかす，欺く，裏切る）しているかということなのである。人種差別についても，たとえばアメリカでは 1862 年にリンカーンが奴隷解放宣言を出したのだが，ポール・ブルームは，『ジャスト・ベイビー』で人間の道徳性について書く中で，「200 年前は自分とは違う出自の者を奴隷にしてもかまわないと多くの者が思っていた」[14]と述べている。その当時は，奴隷制は多くの人に支持される「正しい」ことだったのだ。しかし，このことの不公正，不公平に気づいたときから，長い時間かかって 1960 年代の公民権法成立を経て，現代社会ではいかなる人も奴隷の扱いを受けることの間違いを知っている。そうであるなら，人種に続いて，女性の平等も子どもの権利も障害者の権利も見直されるべきであると筆者は思う。

（2）　子ども同士の相互交渉の中で

（1）では，教師・保育士等が無意識のうちにもっているジェンダーバイアスが，いかに子どもに影響するかを取り上げたが，子ども自身はどう思っているのだろうか。ここで，もう一度，河出の事例から考えてみよう。

まず，男女混合で遊ぶ 5，6 歳児が大きな山に続いて川をつくる場面で，男児が女児 2 人に水を汲んでこさせようとし，女児がなぜ自分たちが汲んでこないといけないのかと聞くと，男児が「男の方が偉いんだぞ」と言う事例である。年長児集団では，「男の領分からの女の排除のみならず，同一の遊びや作業の過程で，—（中略）—男児の優位性を明示して非中枢的な役割やケア役割を女児に課す場面もしばしば見受けられた」[15]という。この場合，男児は水汲みという周辺作業を女児に押しつけようとしている。

次は，粘土遊びをしている 5 歳児クラスで女児が作った作品を男児がけなし，言われた女児が泣きそうになり他の女児も気にする。そして，とうとう女児が泣きだすという場面である。河出はこの場面を「男児の深層に投影されている社会的大状況の男女の力関係は，女児に向けての直接的優位宣言と

174 第2部 経営革新の契機となる「差異」

してだけあるのではない」[16] という。つまり，この女児のような典型的な傷つきタイプは，「傷つき」や「後退」によって男＞女の価値観，即ち男＝優・強，女＝劣・弱という価値観を追認的に共有する場合となるということである[17]。そして，まわりの女児も状況を察知して思案顔だが何も言えないでいる。このようにして，子どもは男＞女という価値観を実感的に機能的にコード化していくと河出はいう。この時，まわりに保育士はいなかったようだが，その場にいたらどうしたらよかったのだろうか。河出は保育士の指導には言及していないが，筆者ならば「誰も相手をけなしてはいけない」という普遍コードにおいて，男児を注意するだろう。ここに，このようなジェンダーバイアスが潜んでいることには到底気づかない。女児の方にも「いやなことはいやって言いなさい」というような人間関係的な自己主張の見地からの励まし的なことは言うだろう。さらに，特にこれが5歳児集団と考えれば，当事者も含めてまわりにいた子どもたちも見ているだけで何も言わないという状況に，「クラス内にこんな人間関係しか育ってない」ということの方がショックである。筆者はやはり，この女児が「泣く」という表現しか出せなかったというその子の問題として，また，5歳児集団のあり方としての問題意識はもつだろうが，これが男＞女の価値観を子どもに内在的にコード化するなどとは到底思えないだろう。

　このように教育・保育の現場には，社会にあるジェンダーバイアスや子どものジェンダー観の発達にかかわる事項があちこちにあるにもかかわらず，それが見えてこないという事実が明らかになる。隠れたカリキュラムというとき，私たちはつい前項で取り上げたような明示的な，物的なことを考える。しかし，教師・保育士等の普遍的なコードとしての，みんな仲良く，どの子も分け隔てなくという「平等主義」，あるいは一人ひとりの個性という「子ども中心主義」などに隠れた，トラブル発生時の秩序回復，集団統制，あるいは「自然な」男女別行動といった教師・保育士等が採用する教授法・指導法（ストラテジー）のなかに，黙示的なジェンダーバイアスが潜んでいることにはなかなか気づきにくい。宮崎が，「ジェンダーカテゴリーを自明視

せず，どのようにジェンダー権力及びアイデンティティが日々複雑に構成されていくか」を観察することが研究の進化につながる[18]と述べているが，まさに就学前教育の場も，子どものジェンダーアイデンティティがいかに構成されていくのかを見ていくことが課題であろう。

3. ジェンダー社会化の相互エージェントとしての子ども

前項では教師・保育士等のみならず，子どももジェンダーを無意識に，またはストラテジーとして意識的に使っていて，かつその使用が意図せずしてジェンダー社会化を促進しているのではないかということを見てきた。つまり，子どもがジェンダー社会化の客体であるばかりではなく，自ら相互にジェンダー社会化を強化し合っている面もあるということである。以下，具体的に見ていこう。

(1) ジェンダー社会化を再生産する子ども

今まで幼児期のジェンダー研究にはあまり日が当たってこなかった理由について，河出は，幼児期は，ア）性自認の初発期であること，イ）幼児にとって大一小，大人一子どもといった二分法が極めて明快でわかりやすいこと，ウ）大人や社会の文化的な圧力に対して，極めて無防備で情報や行為の受け手として存在すること，エ）集団保育における性別カテゴリーの多用があるということ，を挙げている[19]。

このような時期にある子どもは，園でどのようなジェンダー社会化を相互にしているのであろうか。藤田由美子[20]は，1998年に幼稚園3～5歳児の9～12月に行われた観察で，園では漫画のキャラクター（家から持ち込まれたもの），色の好み，遊びなどにすでにジェンダーによる二分化が見られ，4歳児が二分法的なジェンダーラベル付け（青いボールだから男の子が使うなど）を相互容認する様子や，海賊ごっこでの男児の専制的な男らしさの行使と，女児の囚われの姫という権力の非対称性を，また女児がジェンダーの境界を

176 *第2部 経営革新の契機となる「差異」*

超えるときの自由さと男児がそうするときの困難性を事例としてあげ，幼児が相互にジェンダーを構築していることを検証している。さらに5歳児になると，対の概念としての「カレシ，カノジョ，ケッコン」という言葉もしばしば子どもの会話の中に登場していたという。このことは，ある20代の独身の男性保育士が子どものつぶやきを集めた本[21]の中で，ジェンダー化された言葉（女の子らしい，男の子らしい）を拾っていることにもみることができる。5歳児が独身で「カノジョ」のいない保育士（著者）をからかって，あるいは同情している言葉があちこちに見られる。著者は「父兄」という言葉も使う。この著者だけでなく，今でも多くの教師・保育士等がジェンダーやセクシュアリティに無防備で，子どものもつジェンダー観を「子どもの自然」として当たり前に感じているということがよくわかる例である。これらの例は，幼児にとって二分法が明快で，社会のジェンダー文化を受け入れ，ヘテロセクシャルであることを当然としていることを表している。先にあげた，イ）やウ）の例である。

　これらの研究で幼児がジェンダーの操作の主体でもあり，けっして社会化の客体というばかりでないことは理解されるが，結局どのように二分法を身につけていくのかということは明らかになっていない。藤田はメディアの影響と園の保育実践の中でのジェンダーの二分化カテゴリーの多用を示唆しているにとどまる[22]。

　作野友美[23]も，5歳児が自ら性別カテゴリーを用いてグループ分けをしたり異性を排除したりする事例，ままごとなどでの性別役割観が現れた事例，同性同士で座るなどの同性選考意識，異性への関心や「キスやおっぱいなど」のセクシュアリティに関することなどの事例を収集し，5歳児にはジェンダーにまつわる発話の継続や相互作用の成立が見られ，性別とそれに関する特性がステレオタイプ的に表現されているエピソードを抽出した。ゴロンボクは「子どもは2，3歳のころからジェンダー・ステレオタイプに関する知識を持っており，子どもの時はステレオタイプに対しての柔軟性がなく，子ども同士でも互いにジェンダーを理解し，社会化しあう」[24]といい，子ども

自身もジェンダーを再生産するエージェンシーとして捉えている。また，コールバーグ[25]が，5歳になると，時間や状況が変わっても自分自身や他者の性別が変わらないことが理解できるようになるといっていることから，作野も先のように5歳児を観察し，子どもがコミュニケーションの円滑化，継続化のために性別に付随するステレオタイプ的な特性を理解し，利用していると述べ，特にふざけやいざこざに見られるような笑いやからかいの中に，ジェンダーによる差別や権力構造の構築に作用する可能性が見られると示唆している。

(2) 子どもの性自認の時期

しかし，これらの研究は「すでに性自認をしている子どもが，どのように性別カテゴリーを受け入れ，強化していくのか」というプロセスを扱っているのである。そもそも子どもはどのように，自分の性を自認し，ジェンダーを理解していくのだろうか。

この性の自認のプロセスについては心理学の立場では様々な議論がある。しかし，大滝世津子[26]は，従来の性自認の心理学的研究で見落とされがちな，しかし，社会学で幼児を対象としたジェンダー研究では重視されてきた「集団における相互行為の影響」という点に着目した。河出も大滝[27]も言及しているように，兄弟姉妹が多い時代では兄弟姉妹間での同性集団，異性集団が形成されて，近所の遊び仲間でも性別の集団に出会うことが多く，こういった時代は子どものみで形成された集団が幼児の「性自認」形成に影響を及ぼしていたと考えられる。しかし，現代では兄弟姉妹数，地域コミュニティでの幼児集団も少なくなり，幼児が初めて同性集団，異性集団に出会うのは幼稚園・認定こども園・保育所であるという場合が多いだろう。しかも，家庭内では名前で呼ばれることが多く，男の子・女の子の集団と分けて呼ばれることはほとんどない。幼稚園の4月の3歳児クラスでは，男女別に分けたときに自分がどちらに所属するのか不確かでうろうろする子どもがいるというのは往々にして見られることである。その後，子どもはどのようにして，性

178 第2部 経営革新の契機となる「差異」

自認していくのだろうか。大滝[28]の研究でも，教師は性別カテゴリーが幼児にとってわかりやすいカテゴリーだと思い込んでいるが，実際この研究で実験をした二つのクラスの教師は，大半の幼児が自分の性別を認識していない事実を目の当たりにして愕然としていたそうである。つまり，幼稚園入園時の3歳児の中には，まだ自分が男の子か女の子かを自認していない子どもがいるということである。

　大滝の一連の研究によって，幼児が幼稚園という集団において，どのように自らの性別を確認し，ひいてはジェンダー意識を相互に強化しつつ，ついには権力関係に持ち込むかというプロセスが明らかになった。これは，前述した宮崎の「ジェンダーカテゴリーを自明視せず，どのようにジェンダー権力及びアイデンティティが日々複雑に構成されていくかを観察するべき」[29]ということに呼応する。

(3) 子ども同士の相互関係における性自認のプロセス

　それでは，園生活の中で子ども同士の相互関係における性自認はどのようにすすむのであろうか。大滝は，自由遊び中心の指導をしている幼稚園の3歳児のR組，K組の2クラス（計34人）を4月から10月まで観察した。性自認しているかどうかは担任の教師の「男の子来てー，女の子来てー」といった呼びかけに答えたかどうかである。その結果明らかになったのは，①入園時性自認をしていた幼児7名，していなかった幼児24名，10月になっても不明が3人，②誕生日順に性自認したわけではなかった，③クラス内の集団形成状況との関係，④性自認時期と集団形成時期の関係，の4点であった。

　ここで，発達論的には誕生日順に性自認が進むであろうというところだが，この観察からはそうではなかったこと，むしろクラス内の集団形成状況との関係が明らかになったことが新しい発見である。つまり，入園したときは個人がばらばらであった子どもたちが，何かのきっかけでクラス内に小集団をつくったことで性自認が進んだのである。一斉に性自認が進んだのは，R組は7月，K組は5月である。このクラス内集団という学校コンテクストの中

で，仲間や教師がいつ，どのような行動を取るかによって，幼児の性自認時期が異なることが解明され，それが極めて社会学的な問題であることが検証された。

　さて，このように性自認の時期が違うという二つのクラスの背景に一体どのような集団形成プロセスがあったのだろうか。大滝によるとR組は，入園当初の個人ばらばらな状態から，すでに性自認していた4人の中で大柄で元気がよく，リーダータイプの女児Sが6月には男女混合集団をつくり，そこから6月末に女児集団が独立した時期に，それまで性自認していなかった幼児8人が一斉に性自認したという。一方K組は，4月当初は母子分離が難しく泣いている子どもが多く，5月初めまで幼児間の相互行為がほとんど見られず，個々に好きな遊びをしていた。ところが，5月10日に教師が当時テレビで放送されていた戦隊もののお面を投入したことから剣も作ってもらい，このヒーローごっこにのめり込む男女混合集団が成立した。が，そのうちの集団から女児が去り，男児は「俺」という自称詞を使い，男言葉での会話が見られるようになった。そして，保育室の中央を剣を持って飛び回るという状態からぶつかるなどのことも起こり，女児が恐がり部屋の周辺部で遊ぶようになってきた。こうした中で，女児の発言を男児が集団で否定したり，乱暴な振る舞いで女児を泣かせたりすることが見られるようになり，男女の隔たりが大きくなった。5月末からそういった男児集団の中でも分裂が起こり，ヒーローものを続けて室内中央部を占拠する男児集団，ヒーローものに参加したり，しなかったりする男児，ヒーローものを怖がる男児，まったく関係しない男児と4集団に分かれていった。この間，女児は一度も集団を形成しなかった。このK組では，4月末までに3人が性自認していたが，このヒーローものが投入された5月10日〜24日までに9人が一斉に性自認している。これらのことから幼児がクラス内集団の影響を受けて，年齢（月単位というミクロな時間軸ではあるが）とは独立した独自の発達を遂げているということが明らかになった。

　この研究は，今まで述べてきたように幼児が単なる社会化の受け手ではな

180 第2部 経営革新の契機となる「差異」

く，相互にジェンダー化し構築していく社会化のエージェンシーであること
を解明するものであるが，ここで忘れてはいけないことはK組の集団形成
のきっかけは教師の投入した「ヒーローもの」，すなわち「社会のジェンダー
ステレオタイプ」そのものだったということである。そして，それがこのク
ラスの男＞女の非対称性の権力関係（上下関係）へと発展していることも重
大である。これがもっと別のモノの投入だったらどうだっただろうか。たと
えば，2014年に『アナと雪の女王』が大流行したときは，3歳児クラスで
は女児のみならず，男児も風呂敷をまとって大型積み木で作った1段のス
テージで歌を熱唱していた。ここから生まれた男女混合集団はどのように発
展していくだろうか。R組は力のある女児がリーダーになって，今のところ
女児集団が上位にいるとのことだが，この後3年間の園生活でこの集団の位
置・権力関係はどのように推移するのだろうか。これらの研究をまとめた
2009年の集大成では，大滝は幼稚園3歳児クラスに最初に男女間の差異を
持ち込んだのは教師であり，それには直接的な男女間の上下関係自体はな
かったが，その「男女の差異」を提示され続けることによって幼児は自らの
属性を意識し，やがて自らの地位を特権化するため，あるいは他者を排除す
るために，教師から教わった自らの性別カテゴリーを利用して，「男女の上
下関係」を生産するようになっていく[30]と分析している。すなわち，クラ
ス内に男女いずれかの同性集団が形成された後に「男女間の上下関係」が顕
在化するが，3歳児クラスの「男＞女」という構造は固定的にはなっていな
いと述べている。今後これが，どのように非対称性の権力構造のジェンダー
バイアスになっていくのかを明らかにする必要があろう。

　以上のことから，現代の子育て環境の中で，子どもの集団体験としての幼
稚園・認定こども園・保育所の役割は大きく，その中で，教師・保育士等は
学校教育の普遍主義，児童中心主義の中に埋もれたストラテジーとしての性
別ステレオタイプや，性別カテゴリーの使用が意図せずしてセクシズムを含
むジェンダー化を促進し，その中で子どもたち自身がエージェントになって
相互にジェンダーを構築し，再生産していることを肝に銘じていかなければ

ならないだろう。

（4） 教師・保育士等の中に構築されてきたジェンダー意識

　教師・保育士等自身のジェンダー意識はそもそもどう構築されてきたのだろうか。伊藤理恵，白川佳子[31] は，4 年制の保育者養成校と他大学のどちらも女子学生を対象にして，「もし，あなたがそこにいたら」という保育空想場面で，幼児の行動評価を調査した。どちらの学生も子育てや教育・保育の方針については身体的な性差は考慮したうえで，男女は同じように扱うという意見に賛成していた。しかしながら，保育者養成校の女子学生は「女の子は女らしく，男の子は男らしく育つよう配慮すべき」ことに対して他大学の女子学生よりも賛成する傾向にあり，色やおもちゃの男女別の区別にも他大学の学生より保育者養成校の学生の方が許容度が高く，伝統的な女らしさ，男らしさをより強く意識していたという。その一方で，男女ともに「指導力」の重要性，および男性が「家庭的である」ことの重要性も強く意識していたとのことである。これはどういうことなのだろうか。一つの調査結果から普遍化することはできないが，保育者養成校の学生が伝統的なジェンダーバイアスをもちつつ，かつ現代の社会通念である職業人に重要なリーダーシップと，現代的な「父母協同の子育て」の理想像を同時に抱いていると解釈することもできる。森繁男[32] によれば，学校教育の中で女子の野心・向上心は「女として」の進路展望の狭さによってクーリングダウンされ，特定の進路へと「水路づけ」され，家庭の文化資本や保護者の性役割観に基づく動機づけがその進路の志向性に強く働いているという。確かに女子生徒にとって，保育者養成校へ入学することは，工学部や理学部，農学部に進学するよりもまわりの理解を得やすいことだろう。保育職は従来のジェンダー・ステレオタイプに則れば若い女性の多い，母親代わりの「女性に適した仕事」と考えられ，保育職を選ぶ学生がこうした幼少期からのジェンダーによる水路づけの結果，よりジェンダーバイアスを内包している可能性も考えられる。これまで見てきたように教師・保育士等の意図しない「性別カテゴリーの使用」の積

182 第2部 経営革新の契機となる「差異」

み重ねが小さな子どもにもやがて，権力構造のあるジェンダーの社会化を再
生産していくことを考えると，私たち自身がどのような教育を受けて自分自
身を形づくってきたかをもう一度捉え直さないと，いつまでもガラパゴスで
同じ教育を繰り返すことになる。このことはジェンダーに関してだけでなく，
自分たちの教育・保育を俯瞰し，自明とされているような教育・保育におけ
る価値についても他の園や，歴史や海外と比較し，相対化しながら捉え直す
ことによって，ガラパゴスから脱出できるのではないかと考える。

　文部科学省の幼児教育の無償化に関する根拠資料として，1960年代に行
われたアメリカのペリー就学前教育計画[33]の40年に渡る追跡調査によって，
3，4歳児の2年間の質の良い幼児教育を受けた集団と受けなかった集団で
は明らかな差があったことが紹介された。「質の良い幼児教育」は，何か一
つ決まったものがあるわけではない。それぞれの教育・保育現場で教職員が
常に差異に気づき，学習し，変化をつくりだす組織であることによって，「質
の良い幼児教育」を志向していくことができるのだと思う。

　ここで補足しておきたい点がある。これまで園の中で子どもがそれまでに
見聞きしたジェンダーステレオタイプを持ち込み，かつお互いにジェンダー
エージェンシーとして作用し合っていることを検討してきたが，それに対し
て頭ごなしに「悪いこと」として直ちに是正したりすることは，子どもを否
定してしまうことにもなるという点である。しかし，放っておいてよいとい
うわけではない。子どもが，自分を女の子である，男の子であると認識し，
家庭や園や社会の中で文化の中のジェンダーステレオタイプを身につけてい
くことは，ごく日常的なものである。幼い子どもは，大―小，上―下，暑い
―寒い，母―父などと対になる概念，あるいは物事を二つに分けるという捉
え方をする。生後すぐの未分化な感覚から，段々に感情が生まれ，「知って
いる人」「知らない人」とまわりの人を二分化して捉える「人見知り」とい
う区別も始まる。しかし，その赤ん坊自体も「Baby X」[34]の実験で明らかな
ように，生まれた直後，いやお腹の中にいるときから，男の子，女の子とし
て育てられるのである。よって，子どもが今の世の中のジェンダーステレオ

タイプを学び，自分のジェンダーを意識化していくのは当然といえるわけであるから，それを直ちに否定すると子ども自身をも否定することになる。そのことを理解したうえで，ジェンダー，あるいは民族や障害などを超えて一緒に遊ぶと楽しいよという経験をたくさん用意することで，子どもの中のジェンダーバイアスやその他の偏見が減少していくことが考えられる。

　世の中には，その子どもが今まで出会わなかった価値観や多様性がたくさんある。たとえば，ディック・ブルーナの『ちいさなうさこちゃん』[35]シリーズでは，新聞を読むお父さんに対して，エプロンをかけて料理をするお母さんが描かれるが，料理をするお父さん，自動車を手入れするお母さんだって世の中にはたくさんいる。ルイーズ・ダーマン・スパークスは『ななめから見ない保育』[36]の中で，ジェンダーだけでなく民族・文化，障害といったことについての多様性と偏見について，さらに固定概念や差別行動に抵抗することを学ぶということをねらいにあげている。単に自分が差別をしないということだけでなく，世の中の偏見や差別に抵抗していく力を育てようとするものである。これは筆者が，1992 ~ 1993 年にマンチェスター大学大学院の "Equal Opportunities in Education" というコースで学んだときに示された，自分が差別をしない偏見をもたない "Non-Sexist, Non-Racist" であるだけでなく，世の中の差別や偏見に気づき，声を上げる "Anti-Sexist, Anti-Racist" であれということと同じである。邦題『ななめから見ない保育』の原題は "Anti-Bias Curriculum Tools for Empowering Young Children" であり，幼い子どもの反偏見の力をエンパワーするための実際的なカリキュラム，教材などを紹介している。前節では主に，ジェンダーに関する人間関係における言葉，かかわり方について焦点を当てて，いかに子どもの中にジェンダーバイアスが存在しているかについて検討してきたが，それを変えていく実際のカリキュラムや教材などについてさらに研究が必要であろう。著者のスパークスは，たとえば子どものもっている固定観念を突き崩すような経験として男性看護師，黒人の女性医師，女性消防士，女性トラック運転手など，職業に関しての固定観念に挑戦するような人を招くなどの活動や，絵本でもいろい

184　第2部　経営革新の契機となる「差異」

ろな家庭，ラテン系の弁護士，父親が看護師，車いすに乗った人の話など，さらには身のまわりの絵本の中の fair（公平）でないところに気づくなどAnti-Sexist, Anti-Racist の姿勢が育つような活動を紹介している。私たちの保育室の絵本を見直してみるだけでも違ってくる。教師・保育士等として，今までジェンダーバイアスがあるかどうかで絵本を見るということはそうなかったのではないだろうか。教師・保育士等の研修会で一人1冊ずつ好きな絵本を持ってきてもらうと，多くの絵本の主人公が男の子であることに，皆今さらながら驚くことが多い。中川素子の『女と絵本と男』[37]には，新しいジェンダー観による絵本が多数紹介されている。教材の研究として読んでみるのもよいだろう。

第3部

経営革新を生みだす教育評価

　　第3部では，自己形成する子どもの尊厳に畏敬と喜悦をわかせ
ながらともに暮らす就学前教育の様相について，どのような実践
的言語を豊穣につくりだしていくことができるかを実践・評価・
計画の視点から考える。

　　第1章では，教育経営の内的事項として，教育の実体をつくる
様々な場所(トポス)の実践と，環境をカリキュラムとし，経験を物語る就
学前教育の論理を浮き彫りにしている。また第2章では，教育評
価・学校評価についての歴史的変遷を踏まえるとともに，評価の
原点に立ち返って，子ども，教職員，保護者がともに読み解いて
共通感覚を醸成していく，評価の多様性について考える。

第1章

教育内容を創造する経営ビジョン

§1 一世一代の挑戦

1．経営の断片にみる論理

　就学前教育施設は，生の根本にある人間が人間自身をつくりだす時間と相互作用過程が生まれる "場所の創造" にその特徴がある。各園の外側・内側から，保護者・教職員・子どもが，それぞれ組織の意味や長所短所を感得し，共同し，省察して意味を織りなし，「場所トポス」を創造する理である。ここでは，あるいくつかの経営の断片から場所トポスの姿形をつくりだした論理を捉え，それが社会的評価につながっていく具体を捉えてみたい。

（1）　世代循環する生涯学習の場所トポスへの挑戦

　「教育の自由」論議は日本でもたびたびなされてきた。持田栄一はこの教育の自由論議は，「教育行政を制限することではなく新しい形の教育行政を創造し，公教育運営に親や教師や生徒が直接的に関与することによって保障

される」[1] とするベッカーの言葉をかりて，「教育の自由」を保障するための教育行政は，教師・保護者・生徒の三者による生活共同体が必要である，とする新しい形の教育行政の創造を紹介した。

　学校・園の教育の質は行政の質と深く関連するものである。それにチャレンジした市川市教育委員会の社会的教育実践の事例からその意義を捉えてみよう。

　公園は，早朝からマラソンや体操，憩う老人などで賑わい，出勤する人々が通り過ぎるころから乳幼児を連れた親子が集まってきて，広場では保育園児の歓声も聞こえる。砂場は年1，2回きれいな砂が補充され，朝夕，網の取り外し，網掛けがなされ清潔が保持されている。幼い子どもが午睡する時間になると，犬を連れた人々，日光浴や涼みをする人々が集まり，午後になると幼児期から学童期の子どもが遊ぶ。毎日，同じ時間帯に出会う老人は紙飛行機やどんぐりコマなど季節の遊びに興じる子どもの輪の中で一緒に遊ぶ。放課後はサッカーの練習なども行われており，月1回はミニSLも走る。フリーマーケットも開かれ，水辺で遊ぶ子どもが飛び回る。一日数回，ゴミを拾い歩く市民が町をきれいにしている。やがて夕刻になると，子どもの帰宅合図の音楽が流れ，市民がその安全を見守るといった，市街地には珍しい雰囲気をもった町空間である。

　国のコミュニティ・スクール先導試行に遡ること四半世紀，1980年から独自に全校種でコミュニティ・スクール事業を展開し今日に至っている市川市[2] は，学校施設開放，祭りや交流教育，田植えや海苔づくりなどの地域教育力の活用と，天文教室やパソコン教室など地域貢献の双方向のふれあい活動を一本化して教育課程に重点を置いたコミュニティ・スクールへと進化している。オルゼンらの「地域社会学校」[3]，ラングランらの「生涯学習の基本原理」[4] の思想に基づく学校の自立，市民の自立，コミュニティの自立の実践で，豊かな体験的学びを通して夢や感動，生きる力を育んでいる。ここではコミュニティ・スクールと，地域住民の自立したナーチャリング・コミュニティ事業が一体的に行われる。教育委員会主導から市民との共同へ変貌し

188　第3部　経営革新を生みだす教育評価

た町では，子どもの遊びを支援したり，生活を守り安全を支えたりする人々の継続的な活動が日々展開される場所（トポス）の文化をつくり続けている。

　園の教育経営はこうした安全が保障され，遊び空間があり，労働が見えるコミュニティの中での営み事である。「社会から学校へ」の流れを失うと学校や園は孤立する。明治期以来の「学校から社会へ」という流れを「社会から学校へ」と循環する構造を市民と共同する過程に，本来の学校・就学前教育の場所（トポス）が誕生していくといえよう。

(2)　人権尊重に徹する生活への挑戦

　正月も明けた1月，一人の老人が段ボールを地面に敷き，そこに正座して子どもと目線を合わせて笑顔で迎え挨拶すると，子どもは，白い息を吐きながら駆け寄ってきて老人と握手し挨拶する。合間を見て地元の人々も寄ってきて話をしている。その老人こそ，第1部の経営論に見た安部幼稚園共同体にその人生をかけた安部富士男の姿である。山の木々は葉を落としているが，畑には大根や白菜が青々と育ち，山を駆け回る子どもの視界には色づいたミカンや綿の実が入ってくる。かつて在園生だった保護者が人形劇を演じ始めて25年が経つという。今ではセミプロとして，福祉施設や幼稚園等をまわって活動している。ここでは保護者・地域住民が集う空間もあり，“子どもや子どもを取りまく保護者・家族が自らを創造し，理性的共同体に満足をつくりだし，教育の循環作用を生みだして次の世代を育成する場所と時間・過程を提供すること”が日常になっている。

　60年近い蔵月をかけてつくりだした教育共同体の場所（トポス）である。安部は言う。「保育とは，子どもとともに園や家庭も含め地域の生活をまるごとゆたかにする営みであり，その中でこそ子どもの人格の発達が促され，教師自身も成長する」[5]と。その子ども像実現の保育という営みは，社会像，地域像実現のための営みを内包しているのである。関係する人々の営みが，生きる意味を醸しだすこの雰囲気・文化こそ，園児，保護者，地域住民，教職員らが自らを創造し続ける共同体としての場所（トポス）である。人権尊重の場所（トポス）づくりに

かける歳月と揺るがぬ理念・信念を語る身体行為が，一人ひとりの心に届き，思想や実践を創造に向けていくといえよう。

(3) 人材が生きる組織への挑戦

　健伸幼稚園（千葉県船橋市）の企画部で発行されている園だよりには，巻頭言から月々の生活目標，子どもの活動の姿，教職員の研修・研究結果の報告，子育てサークルや地域情報まで掲載され，園での生活が面的広がりをみせる。一人ひとりの教職員が自分で仕事の価値を判断して行為することがなぜ可能なのか，その組織のありように，経営の構造が組み込まれている。

　園は二つの園と関連集団を保有する連邦分権型組織体で，保育部門は新任や若い教員団が主になって担任し，その泣き笑いの実践を中堅のベテラン教員が支える。そして中堅教員は，プロジェクト学習や新企画の実践，自らのリカレント教育など新たなミッションを選択して組織外の環境に飛び出し，試行錯誤しつつ時代を読む力や新しい学問知などを身につけ，園に活力を注ぎ込む使命を担っている。また教頭や副園長，主任になると企画部，総務部，事業部等の担当になり，園や町，関係事業者の情報発信，研究企画・海外研修，研修のまとめ，園内の子育て支援といった新たな分野を担うことになる。さらに，産休などでいったん現職を退いた者がわが子と一緒に地域の子どもも育てる事業所内小規模保育所も開設し，そこで子育てが一段落すると職場に復帰するといったシステムに挑戦している。このほかに預かり保育の活動拠点 E.A.S（Excellent After School）もあり，地域社会の子どもも含めて休業期間や週末も活動している。スポーツクラブは自立した組織で，国体や世界大会等で優勝する子どももおり，園と地域と大学をつないでいる。さらに保護者の活動部門も用意されていて，地域の人々を支えて地域振興計画を担うところになっている。

　教職員歴を大きく4区分しキャリア形成するこの試みは，ドラッカーやシャインの論を具現化した，従来の学校機関がもつ組織構造からは想像できない斬新さをもつ。構成員が常に新しい使命を見いだし，役割変化によって

自己啓発し，自己拡大する可能性に大きな喜びを得て，人生のサイクルを自ら創造するという意味を生成している。しかし，この循環が頭打ちになった場合，組織は停滞する。柴田沼夫は，子どもの満足・自己信頼を醸成するための一つの方法論として，教職員が組織内における企業設立の立場を経験できるシステムを動かし，保護者，教職員，経営者のイノベーションを図っている。従来の組織構造を大きく転換させた根底には，自立した人間の関係を築き，専門家たちの集団経営によって保育の質に挑戦する気概がある。日本的でありながら世界的な視野に立った組織づくりに生き甲斐，働き甲斐を見いだした教職員・保護者のネットワークは大きく，子どもや地域住民だけでなく小・中学生，大学生や次世代経営者の学びの故郷として，大小の歯車を回転させ循環する未来展望が開かれている。

（4）　社会の子どもと生きる

19世紀のイタリアで，ドン・ボスコは自らの行為をもって，信じる道を実践する意味を後生の人々に示した。東京都北区の星美学園幼稚園と，併設された児童養護施設星美ホームは，その思想を教育理念に置いている。

星美ホームには保護者のいない子どもや被虐待などで施設での養護を要する子どもが100名ほど生活しているが，ここで子どもは愛護され，助け合い，祈り，成長する時間を過ごしている。ホームのシスターや教職員は，すべての子どもに温かな目と手をさし伸べて，巣立っていく日までともに生活し，その後々まで心のホームであり続ける。

赤木淳子が描く3歳から5歳の世界は，子ども同士が入り交じって心ゆくまで遊び，休息し，労作しながら日常に祈りが織り込まれている生活である。「君たちと一緒にいること，それがわたしの人生だ」「信頼関係を育むものは愛情である」[6]とするボスコの考えは教職員の行為からにじみ出て愛とは何かを問いながら接するので，子どもが安心して遊びに没頭し，労作し，仲間と食事し，祈り，暮らす場所を生成している。

今日，幼保連携型認定こども園だけでなく，市川市立第七中学校のような

中学校，給食室，公会堂，保育所，ケアハウスおよびデイサービスセンターを併設した複合施設も誕生している。全国的には保育所と老人ホームや学童クラブなどの福祉施設，幼稚園とプールや図書館などの社会教育施設，企業や病院内保育所などが共存し相互活用されるようになっている。社会の子どもとして光を当てる場所（トポス）は，本来，集団教育誕生の源泉であった。その組み合わせは多様だが，世代や立場を超えて学び合うことで豊かな情報が交流し，価値が創出され，社会貢献する文化が根づいていく。ここに地域社会の中にある園が目指す社会像を具現化する意義をみることができる。

(5) 家族経営の意味への問い

　祖父が理事長，父親が園長，母親が事務長，娘が副園長，息子が講師と家族で経営する園がある。とうみょう子ども園（福島県会津若松市）には，雪深い会津の町で，かつて私財を投じて幼稚園等を開設し，家族を総動員してその地域の就学前教育のために献身してきた文化が残っている。古い町に新住民が加わって変貌し，法人組織になったとはいえ，地縁で結ばれるその地域の人々にとっては，仏教精神を共通感覚としたお寺さんの幼稚園として代々続く経営者に安堵感を抱いている者が多い。これは，日本の就学前教育に顕著にみられる経営様式の一つである。就学前教育だけでなく企業であっても，伝統を引き継ぐ仕事であればあるほど，家族を総動員して営み事を支えている。

　組織論として考えれば，家族であろうがなかろうが組織の構成員はそれぞれが組織の使命・目的を理解し，理念を実現するイノベーションを図ることに変わりがない。かつて「親族を封建して互いに助け合え」[7]として封建を築いた王たちは，「草創と守文といずれが難き」を問いつつ，帝王学を学んだものである。「仁義積めば即ち物自ずからこれに帰す」として仁義，忠義，孝友，公平，誠心の尊さを説き，「君が暗愚で臣がへつらば国は滅る」からこそ六邪（見臣（ゆ），諛臣，姦臣，讒臣（ざん），賊臣，亡国の臣）を排除し，賢人を求め，臣下を適材適所に用い，君主みずから贅沢を戒め，学問を崇ぶことを教えて

いる。それができなければ家族経営は経営者に甘く，情報が家族内に滞留し，いつか破綻を迎える。帝王学[8]を修めることを必須の条件として，地域と切っても切り離せない歴史的な意味が生きている場所（トポス）であり，日本的な経営の伝承をここにみることができる。

(6) 森の幼稚園が捉えた日本の教育課題

　デンマークで始まった「森の幼稚園」は1990年代に入りドイツで急増し，「五感を使った自然体験」「環境市民」を育てるものとして，特に欧州において広がりを見せている。スウェーデンのムッレ教室も5,6歳期に自然にどっぷり浸る生活を実践し，国民の5人に1人が体験者というほどに，教育の自然回帰によって閉塞的な教育現象を根本から改善しようとするものである。

　内田幸一・明子夫妻による長野県長野市のこどもの森幼稚園も，今では日本中に森の幼稚園を拡げて，教育の基本命題を問い直す働きをしている。30年前，たった3人の園児から出発した森の教室は，季節の巡りと祈りとともにあり，それを地域社会が支えて根を下ろした。必要なものは自然の恵みを生かして自分たちで作る。雨が降ったら雨の日を楽しみ，雪が降ったらスキーやソリで遊ぶ。内田は，子どもに導かれる自分を感じ，子どもの生命が「成長するのに何が必要かは子どもたち自身が本当は一番良く知っています」[9]という。もちろん，日本初の森の幼稚園を始めるにはその論拠が必要である。写真家の夫は仕事を変えて妻とともに日本の幼稚園で就労経験を積み，海外に森の幼稚園のルーツを求めて研修に行き，年間過ごせる森を探し，長野の飯綱高原に家族で移住し，新しい日本の「森のようちえん」の姿形をつくりだした。国の制度では認定されない中で地域に根を下ろし地域がその理念を支えるという，教育の根幹をみることができる。

　「森のようちえん」のネットワークは今日，全国202団体（2018年2月現在）におよび，様々な組織・形態の幼年期教育の場所（トポス）を生みだしている。これと呼応して，地域の里山を生かした里山保育[10]，「天地は真の保育室なり」とした園庭，園外での野育[11] など，地域社会から遊離し自然離れした保育を

見直す潮流が勢いを増し，その数は数え切れないほど広がりをもち実践されている。

　時代の挑戦者は，信念に突き動かされ，ときには無謀とも思われる世界を描いて挑戦していく。標準化の弊害を突き破るのは，現実課題を直視した未来への挑戦であり，国際社会の変化，子どもの変化に即した先導試行が教育内容を見直す契機になっていくといえよう。こうしたイノベーションが民間から生まれるところに，就学前教育機関だけでなくその国全体のイノベーションがある。今日では，森の幼稚園も国に認可されるようになるとともに，長野県では条例で質の維持向上を目指し，その特色を生かした教育機関として保障されるなど，その形態も多様になっている。

（7）　企業やNPO法人等が目指す幼児教育の場所（トポス）

　幼児教育の場所（トポス）は，コミュニティや就学前教育施設だけではない。企業も直接的・間接的に就学前教育施設と循環してそれを担っている。

　スウェーデンのアネビーの町の名前を冠した会社で遊具をデザイン・設計する熊尾重治[12]は，子どもの遊ぶ権利を基本に置き，木製にこだわり，遊びの哲学を具体的な形に現してメッセージを発信する。彼は，建物にかける費用と同等に屋外環境に投資して子どもの遊びを充実させることが，就学前教育を充実させることにつながると主張し，東日本大震災で流失した幼稚園や保育所をまわり，総合遊具を設置し寄贈する。一面土色の中に赤い大型の木製遊具が映え，復興への希望を放っている風景は，これからの就学前教育施設の場所（トポス）を支える。

　給食産業も保育界にとっては重要なパートナーである。保護者の手作りの弁当から給食の時代へと変化する中で，加藤弥生は，病院や福祉施設の給食の経験を生かし，幼稚園や保育所等の給食をチルド食品によって普及させている。子どもに当たり前の「日本の食文化継承」を願って，和食を中心としたメニューを提供する。全国各地域で給食産業を担う人々も，医食同源，子どもの食が未来を創るというコンセプトのもと就学前教育に参画していると

194　第3部　経営革新を生みだす教育評価

いえよう。

　木製の独楽や肥後守を作る職人，あるいは獅子舞や和太鼓を演じ伝統芸能を伝える人々との交流も，園児には何よりの場所での経験となる。正月の門松づくりや郷土料理づくり，相撲力士との餅つき，田畑の手伝い，お囃子保存会などの活動の維持は，地域の人々との協働なくして実施できない。また大学内にある幼児教育研究所や久留米市の子ども未来部幼児教育研究所のような市町村立の研究所，あるいは子育て相談機関として日本で長い歴史をもつ母子愛育会をはじめとする子どもの発達相談機関，医療機関も，ともに地域の乳幼児の成長を支える場所である。大学構内の緑地や森を，市民の憩いの場として開放する東京学芸大学，一橋大学，東北大学といった多くの高等教育機関，放課後学童の居場所づくりに奔走するネイチャー・センター，プレーパークの担当者なども，幼児教育を支える仲間である。こうした多くの人々の交流する場所に，乳幼児期から学童期の子どもの生活が生まれ，活動が促進され，知識社会が創造される。

　さらに，現場の実践研究を支援するソニー教育財団[13]，出版社なども実践を活字化して歴史をつなぎ，就学前教育施設活性化の一翼を担って研究情報を発信している。これらも，幼児教育の場所の範疇に含めるのかと思われるだろうが，周縁の人々とのネットワークなくして健全な場所は生まれない。幼稚園・認定こども園・保育所，公私立が対立して園児獲得競争の相手として向き合うのではなく，こうした研究機関，行政機関，創造的な人々とのつながりによってイノベーションを競い合うことで，就学前教育界全体が社会的存在としての意義を見いだせるのである。

2．経営の循環構造

　先達が達観し，つくりだした理に共通するキーワードがある。それが「循環」である。自然界の命の循環，学校共同体の循環，学び合う子どもと教師の循環，関連するネットワークの循環があっての組織で，園という組織体は

人間同様，つながる世界で意味生成がなされる。筆者は，教育対象は場所^(トポス)であるとしてきた。生きとし生けるものすべて環境との循環作用によって生命を維持しており，自然界の循環だけでなく人も経済も組織も循環型社会にあって生きられる。場所^(トポス)は，その循環型社会を構成する開かれた小宇宙・ユニットの集合体であり，教育経営は教育の対象（一番心するもの）としての場所^(トポス)を，そこにある人や資源や文化が循環するシステムとしてつくりあげる営みともいえる。

(1) 場所^(トポス)の意味生成

　場所^(トポス)はすべての生命の根源であり，生活の拠点であり，自己を根拠づける存在の証である。また，場所^(トポス)は記憶のルーツであり，歴史的文化生成・意味生成の時間を支える拠点である。学校があろうがなかろうが人は社会という場所^(トポス)において生命ある時間を生きる。その「場所^(トポス)が子どもにとって『教育州・芸術州』なのか，『大自然の荒野』なのか――（中略）――どんな場所であれ，それらが自得した場所となることが陶冶を促す条件」[14]である以上，教育が対象とする場所^(トポス)の経営論理を見いだすことに，コミュニティを再構築している今日的な意味があると考える。ペーターゼンは，生活共同体学校として学校を社会に開くことを構想し実践したが，オルゼンらは地域社会学校として社会の中の学校を構想した。ここに場所^(トポス)の空間的・時間的な歴史性とベクトルの違いがあり，オルゼンらの構想はラングランの生涯教育の思想につながって教育委員会や社会教育の分野で生かされている。しかし，学校は置かれた条件によって，どちらかではなく両ベクトルを行き来することで，常に社会と接点をもつことができるといえよう。

　オルゼンらの『学校と地域社会』でクラークは，クックの地域社会の定義を引いて，地域社会は人口の集まりであり，近接した地域に居住し，過去の諸経験を通して統合されており，基本的な奉仕機関をもち，その地域社会の統一性を意識している。また，去来する生活の危機に当面して共同して力を一つにして行動することができる社会であり，郷土社会，地区社会，国家社

196　第3部　経営革新を生みだす教育評価

会，国際社会が重層的な領域を構成しているとする。また彼は，この領域とラッグが立証した地域社会の三つの層面，すなわち物質的層面（天然資源，生産分配する産業や奉仕職業，住宅，道路，公園や交通機関，消防機械など），制度的層面（組織化された生活の仕方，衛生習慣，家族の形式，政治，宗教，使用言語，数体系，経済流通など），心理的層面（住民の意欲，態度，習慣，思想，理想，忠誠，価値）が地域社会の実体をなしていると指摘する。さらに，これらの実体の背景となっている地域社会の基底として，①自然的基底（気候，都市か村落かといった大きさ，地形，土質や肥沃度，水源，鉱物の埋蔵量，森林および動物資源）と，人間的基底（人口数，年齢と性の構成，教育状況，職業的地位，国民性の型，少数民族のグループ，階級制度）が日常生活に浸透していることを調査することによって，それぞれの教育が何を為すかという意味をもってくるとする[15]。

　高度経済成長期以降の就学前教育は，施設内をサンクチュアリ（聖域）とすることだけに埋もれてしまい，第二次世界大戦直後を除くと，長らくこうした地域社会を場としていることを忘れてきた。子どもをどう遊ばせるか，明日何をするかといった狭い視点から，子どもを操作することに汲々としてその日暮らしをしてきた。

　　　教育という劇において最初にして重要なものは，教育の行われる社会的な場である。学校とは，この場のすべての要素の真中にあるものである。―すなわち土壌と気候，土地・河川・鉱物および木材，黒白色の各民族，その家庭・農場・工場・商店および道路，人々の仕事と遊び，彼らの家と庭園，衣と食，娯楽と民俗，政治，病気と犯罪の諸問題，貧富，次第になくなって行く自然的資源，経済的不安定，地位の不安定，その喜びと悲しみ，子どもたちの将来への不安と言った諸要素の真唯中に位置するものが，学校である―（アラバマ教育協会）[16]

こうした重層的・社会的な場の中に就学前教育施設があることが，教育お

および教育内容を思考する根本になければならない。オルゼンは，教育の対象が地域社会という場に行きつくまでの歴史を，書籍中心的な学究的な学校（1910年まで），児童中心的な進歩的な学校（1920-1930年），生活中心的な地域社会学校（1940年以降）に区分して，それぞれの目的や方法，カリキュラムの型，学習価値の置きどころなどを整理している[17]。そして，地域社会学校の基本的原理[18]を，

1. 学校の目的を，人々の興味と必要から取り出して来る。
2. 学校計画の中で，地域社会の多くの多種多様の源泉を利用する。
3. 学校と地域社会とにおける全活動の中で民主主義を実地に行い，これを促進させる。
4. 人間生活の主要過程と主要問題とを中心として，教育課程の中核をつくる。
5. 地域社会やそれ以上の大きい地域における団体生活を，計画的に協同して進歩向上させるためのある定った指導者としての性格を訓練する。
6. 共通の興味と相互の関心のある協同的な団体計画の中に，大人も子どもも参与させる。

とする。そして，日本ではすでにこうした地域社会学校が実践されていることを例にあげながら，学校と地域社会とを関係させる技術についても触れている[19]。確かに日本では第二次世界大戦前，すでに「面接，現場見学，調査，長期調査旅行，学校キャンプ」等，実体験を通した陶冶がなされ，なにより生活綴り方教育にみるように学校と地域社会との全活動から民主主義を実践する教育課程の中核が実践されていた。そして敗戦後の一時期は，オルゼンらのいうような地域社会学校が高らかに掲げられた。しかし，1956年を過ぎると書籍中心的な学校へと逆戻りし，今日再び地域社会学校への試行が始まっている。経営改革の変遷で見たとおり，教育もファッション同様，行き

198   第3部　経営革新を生みだす教育評価

場を失うと過去に遡ることを繰り返して再創造による時代の創造的中庸を模索するのである。

(2)　循環型社会の中の就学前教育

　学校であれ就学前教育施設であれ，企業であれ，「教育的営為が行われる場所（トポス）には，自然的，象徴的で，議論を提供する場所の歴史と人々の相互作用がある」[20]。そこに相互親和的なイノベーションの原理が働けば，自ずから理性的共同体に向かう。人間が本性としてもつ“それぞれの人のことを自分のこととして考える関係”に満足を創造できる，つまり，つながりから理性が生まれてくる。言葉の善し悪しではなく，それぞれの人のつながりを考えて必然の意味を置くことができる理性を自らに培うとき，就学前教育の場所（トポス）が活性化するといえよう。

　ドラッカーによれば，ポスト資本主義社会への移行は第二次世界大戦後間もなく始まったとされる。マルクス主義のユートピアが破綻し東西冷戦が終焉したときと同じ力が資本主義をも衰退させてきた。ドラッカーは，「ポスト資本主義社会においては，社会の重心，社会の構造，社会の力学，経済の力学，そして社会の階層，社会の問題は，過去―（中略）―とは異なるものとなる。基本的な経済資源，すなわち経済用語でいうところの生産手段は，もはや資本でも，天然資源でも，労働でもない，それは知識である」[21]とする。また彼は，「知識社会における最も重要な社会的勢力は知識労働者となる。資本家が資本の生産的使用への配賦の方法を知っていたように，知識の生産的使用への配賦の方法を知っているのは，知識経営者であり，知識専門家であり，知識従業員である」[22]とする。

　これらの人々は，かつての資本主義社会の従業員とは違い，知識を生産手段として所有する，ポスト資本主義社会の知識労働者だということになる。言葉と思想にかかわりをもつ知識人と，人と仕事にかかわりをもつ組織人といった労働者の二区分を乗り越えた新たな統合こそ，ポスト資本主義社会における哲学的および教育的な課題なのである。つまり，資本をもつ経営者・

知識人と従業員・労働者という二区分を乗り越えた新たな統合に知識社会が実現するといえよう。

　教育経営の場に置き換えれば，園長は知識人で従業員は労働者，教職員は知識人で子どもは未熟な者，教職員は知識人で保護者・地域社会の人々は啓蒙される者という固定した関係を乗り越える哲学的・教育的課題を担っているということである。園長も教職員も保護者も子どもも知識の保有者であり，その知識を交流させることでそれぞれの満足を創造する。筆者は，その場を教育共同体の場所（トポス）と表現してきた。地域社会学校と面を共有しつつも，知識社会への哲学的，教育的課題を乗り越えた先に新たな場所（トポス）が創造されると考える。

　教育経営は，もともと品物を生産するのではなく関係による知を創造し合う場，人間を創造し合う場であり，ポスト資本主義の先取りを仕事としてきた。ただ，組織体が資本主義の構造をまねて人間を量産することによって硬直化したという点では，就学前教育施設も哲学的，教育的転換期である。

　かつて，貧困からの脱却，公衆衛生の改善，識字率の向上，科学立国，平和主義の実現といった社会問題の解決のために集団施設教育・保育が生まれ，地域社会の人々がそれに参画し問題解決していく生活があった。昨今のコミュニティが失われた地域では，その活力が市民の中から生まれにくい。保護者も被教育者・被啓蒙者として置かれた時間が長く，共同する体験が極端に少ないのである。経営構造を転換させる意味はここにもある。今，在籍する子どもだけでなく，かつて子どもだった大人にも発生する諸問題をともに分析し，考え，解決に取り組み，相互理解していく経験をすることに意味がある。それは本来の教育経営の姿に戻ることを意味する。

　ドラッカーが「最大の無責任とは，能力を越えた課題に取り組み，あるいは社会的責任の名のもとに他から権限を奪うことによって，自らに特有の機能を遂行すための能力を損なうこと」[23] であるというように，今，経営者，教師・保育士等が自負をもってよかれと思ってやっていることが，保護者や子どもの教育権，意見表明権，参加する権限を奪い，子どもも保護者も知識

を統合することができずに本来の教育・保育機能を遂行する能力を失っては
いないだろうか。己の限界を知らない組織体ほど怖いものはない。知識社会
の到来を視野に入れて，今一度，就学前教育の神髄は何だったのかを振り返
るときであろう。

§2　教育課程経営

1．定まらぬ教育課程の概念

　教育経営は，場所(トポス)の教育内容の実体をつくりだすための営みに人々の叡智
を集めていくことが中心であって，それ抜きには教育経営も教育管理や教育
運営もない。教育学が歴史的に教育実体を生みだすための論理を学問として
きたことからも，教育経営の中核は子どもの"教育の実体"，"経験の総体"
を創造する営みであることが理解されよう。ここでは経営の中核となる教育
課程（以下，3歳以上児については教育課程，保育所については全体的な計画と
して使用）の研究課題を捉えてみたい。

　教育経営を語るには教育課程と実践評価は切っても切れない関係にあり，
また教育課程は「制度的言語」と「教育実践的言語」とが乖離した迷宮にあっ
た。福本昌之は，教育と経営が分離したこれまでの教育課程経営を改め，教
育活動全体にかかわってデザインされ，実行され，習得された学習内容の総
体をカリキュラムとし，教育活動の経営をカリキュラム・マネジメント[1]と
呼ぶ。2017年改訂の幼稚園教育要領，小・中学校学習指導要領および幼保
連携型認定こども園教育・保育要領では，「カリキュラム・マネジメント」
という言葉が登場し，教育課程に基づき組織的かつ計画的に各学校・園の教
育活動の質の向上を図っていくことと概念規定している。それらも含めて，
まずは法的に下りてくる「制度的言語」から教育課程の概念を整理してみた

い。

（1）　小学校の教育課程

　「教育課程」が公用語として日本に登場したのは，6・3・3制度が確立した以降のことである。学校で何をどう教えるかという問いは古代ギリシャの時代に始まり，16世紀後半には近代カリキュラムが萌芽していた。17世紀に脚光を浴びたコメニュウスの『大教授学』[2]は，富貴層だけでなくすべての国民を対象に教授内容・方法が研究されたもので，教科課程，段階的教授法などの知見がみられる。また，世界を席捲した新教育運動が日本で展開された頃には，教科カリキュラムだけでなくデューイの為すことによって学ぶ経験主義カリキュラム[3]や生活上の問題解決を中心として周辺に知識や技術を獲得する科目を配したコア・カリキュラム[4]が導入されるなどして，学校が何を，どのように，何のために取り扱うかが試行・実践されている。

　この教育課程とは何かを知る原点が1947年の学習指導要領にある。そこでは，教科課程は社会の要求と児童青年の生活から考えられるべきものであるから「それぞれの学校で，その地域の社会生活に即して教育の目標を吟味し，その地域の児童青年の生活を考えて」[5]教科内容を定める，としている。教科課程（カリキュラム＝走路）という言葉は，教科主義だけでなく経験主義カリキュラムやコア・カリキュラムを内包した概念として出発している。それが1951年の学習指導要領で国の基準をもとに各学校が，「教科や教科以外の活動の内容や種類を学年的に配当づけたものを教育課程といっている」[6]と概念規定された。「教育課程とは，学校の指導のもとに，実際に児童・生徒がもつところの教育的な諸経験，または，諸活動の全体を意味している」[7]「教育課程の構成は，本来，教師と児童・生徒によって作られるといえる」[8]と新しい用語普及が図られた。ここに，学校だけでなく児童生徒の主体的な参画が企図された"経験の総体"としての教育課程という構成が描かれている。

　しかし，1958年になると法に従い，「適切な教育課程を編成しなければな

らない」[9] という基準性が強いものとなり，子どもが参画した経験の総体の意味から，教師の編成する全体計画の意味に転じてしまった。この歪みを是正するために，基準が「ある限度において国全体の統一性を保つ」[10] ものとして確認されたのは 1989 年である。そして，画一化，閉塞化して発生する学校の諸問題を解決するための経営改革は，ゆとり教育，学校週 5 日制，生活科の新設など，教育課程を教育実践の中心軸に置く方向に向かい，「各学校においては，国として統一性を保つために必要な限度で定められた基準に従い」[11] 創意ある教育課程を編成する，として現場の主体性に言及された。

　さらに，2008 年には日本の伝統文化や規範意識等が強調されるとともに教育時数の見直しがされ，国や都道府県教育委員会は，それらの，学校や地方教育委員会の主体的な取り組みを支援していくことに重点を置く [12] ことになり，明治以来，管理監督に当たってきた行政の役割を支援へと大きく変えている。ここに管理から共同へ，教育の創造へという教育課程経営の大きな転換点が訪れた。しかし，実践現場は主体性を発揮するどころか学校内の諸課題に追われ，その趣旨を生かしきれないままに 2017 年の改訂を迎えている。ここでは，教育の目的及び目標の達成を目指しつつ，一人ひとりの児童が豊かな人生を切り拓き，持続可能な社会の創り手となるために必要な教育のあり方を具体化するため「各学校において教育の内容等を組織的かつ計画的に組み立てた」教育課程の編成の意義を説いている。そして，教育課程を通して教育の目的，目標を実現するために，「よりよい学校教育を通してよりよい社会を創るという理念を学校と社会が共有し」「どのように学び，どのような資質・能力を身に付けられるようにするのかを教育課程において明確にしながら，社会との連携及び協働によりその実現を図っていく」としている。さらに，各学校の創意工夫，積み重ねてきた実践研究や学術研究の累積，児童や地域の現状や課題等と関連させ，家庭や地域社会と協力して充実を図る大人の役割と学習指導要領の活用についても述べられている。

　この文言は，幼稚園・中学校にも同文が掲出されて各校種を越えた一貫性を堅持しつつ，未来が読めない時代の変化に正対できる人間教育への強い

メッセージが込められている。

(2) 幼稚園・幼保連携型認定こども園の教育課程

幼稚園で教育課程という用語が使われるようになったのも小学校の流れに準じている。1947 年の保育要領では、「幼児の一日の生活」「幼児の保育内容―楽しい幼児の経験―」として取り扱われていた。しかし、法的整備が進んだ 1956 年の幼稚園教育要領では 5 つの教育目標をあげ、幼稚園教育の「目的・目標を達成するためには、幼稚園としての指導計画をたてなければならない」[13] として年、月、週、日の指導計画の作成が強調された。教育課程という言葉はまだ俎上（そじょう）にあがってはいないが、上位目標を下位目標に具体化する教育における工学的な構造（本書 p.230 図表 3-1-5 参照）が示唆された。行為を通した経験なくして抽象的な言葉で掲げた目標は達成できないため、経験内容は 6 領域（健康・社会・自然・言語・音楽リズム・絵画製作）に分類され、「内容領域の区分は、内容を一応組織的に考え、かつ指導計画を立案するための便宜からしたもの」で、「小学校の教科指導の計画や方法を、そのまま幼稚園に適用しようとしたら幼児の教育を誤る」としている[14]。

指導計画の作成とその運営において、経験を組織する場合の着眼点を要約すると、①幼児の発達程度に適応し、②生活経験を基盤とし、③地域社会の実態に即し、④地域社会の特性を考慮し、⑤6 領域の全体にわたり、⑥季節や行事を考慮し、⑦発達段階に応じた集団生活を計画し、⑧個人差に応じ、⑨弾力性をもち、⑩小学校の教育課程も考慮し、⑪環境を構成し、管理の組織を考慮する、とされている。また、週単位の指導計画においては午前、午後の経験の予定を立てる程度とし、週間のおもな生活やその日のおもな計画は教師だけでなく幼児にも理解させ、自主的・自発的な態度を刺激し、希望や期待をもって生活できるようにすることが謳われている[15]。

教育課程という言葉が登場するのは、1964 年の幼稚園教育要領からである。総則に「教育課程の編成」があげられ、法に示すところに従い、「幼児の心身の発達の実情ならびに幼稚園や地域の実態に即応して、適切な教育課

程を編成するものとする」[16] となる。しかし，各幼稚園で教育課程が編成されることはほとんどなく，経験や活動を選択配列した年間指導計画が主流を占めたままになる。筆者が教育課程研究[17] に着手したのは，1975 年からであり，それは 1984 年の「東京都公立幼稚園教育課程編成資料」[18] にまとめられ，やがて大綱としての教育課程と具体的な手立てと幼児の経験内容としての指導計画との関係が明確になっていくのである。

　教育課程と指導計画の関係が法的に明記されたのは，1989 年である。幼稚園が意図的な教育を目的としている学校である以上，文部省の指導書において「全体的な計画を示す教育課程を編成して教育を行う」[19] とされた。教育課程は「指導計画を立案する際の骨格となるもの」で，教育課程の基準を基に各園が創意工夫して編成するとしている。従来と大きく変わったのは幼児が環境にかかわって生みだされる活動によって得られる発達の過程を大切にした具体的なねらいと内容を組織し，教育時数を押さえることである。この発達観の大転換は，ヴィゴツキー[20] の発達の最近接領域やロゴフ[21] らの社会文化的な発達観によるものであり，長い間ピアジェ[22] の発達論に依拠してきた保育界の視座の転換である。

　1998 年の改訂では，幼小中高が一貫性をもつものとされ，基本的には変わっていない。大きく変わったのは，2006 年の教育基本法，2007 年の学校教育法等の改正を受けて 2008 年に自己評価，関係者評価と情報開示が義務づけられたことである。幼稚園教育の社会的意義が評価されるのに伴って「教育課程に係る教育時間」とその「終了後等に行う教育活動」の二区分がなされた。1956 年から標準 4 時間を守ることにより保育所と区分してきた時間枠を拡大し，教育課程に係る教育時間の終了後等に行う教育活動の計画も求められるようになる。そしてこれは，2017 年の改訂では，教育課程を中心に，教育課程に係る教育時間の終了後等に行う教育活動の計画，学校保健計画，学校安全計画も含め，全体的な計画として明文化し位置づけられて，教育活動が一体的に展開されることが求められている。

　また，2015 年から施行の新法に基づく幼保連携型認定こども園における

教育・保育課程は，2017年の改訂で保育課程という言葉は無くなり，子育て支援等も含めた全体的な計画の中に位置づけられることになった。幼稚園の教育課程が教育課程外の教育活動等も加味した全体的な計画なら，幼保連携型認定こども園は，全体的な計画の中に教育課程を内包するという構造の違いはあるが，それは各施設のもつ特性の違い，保護者のニーズの違いによる保育時間枠の大きさに対応したもので，基本的には共通するカリキュラムの考え方が流れている。

　しかし，システムの移行期にある今日の3歳以上児の実態は，11〜13時間の委託時間で教育と保育が一体化としている園と，1日4〜5時間前後の教育課程と朝夕の延長保育を区分している園とがある。教育と保育の一体化は保育所を基盤とした法人に，教育と保育の時間区分と環境区分は教育を基盤とした法人に多く，全体的な計画の考え方も多様である。とはいえ，2017年の改訂で，就学前教育に始まり小学校から高校までの校種，各施設の特性に応じた教育課程編成やカリキュラム・マネジメントの考え方が取り入れられ，経営の内的事項に対する充実を目指すことが方向づけられた意義は大きい。また，前回の改訂で謳われたにもかかわらず多くの園で明文化されなかったり担当者だけの資料だったりした教育課程に係る教育時間終了後等に行う教育活動の計画や，学校保健計画・学校安全計画，子育て支援計画も含めて全体的に俯瞰できる計画作成が求められており，施設の多様化の中で一貫して3歳以上児の教育の保障と必要な幼児へのケア，保護者への支援等をマネジメントする可能性を大きくしたといえよう。さらに，障害のある幼児だけでなく海外からの帰国幼児や日本語習得が困難な幼児への指導も謳われ，社会の変化に伴う新たな対応に光が当てられたことも重要な視点となろう。

（3）　保育所の全体的な計画

　1948年の保育要領を幼稚園，保育所等が共有していた時代から児童福祉法に基づいて保育所の法体制整備が始まり，1950年の保育所運営要綱の発刊を受け，1952年の保育指針が通知された。ここでは保育計画作成の際は

206　第3部　経営革新を生みだす教育評価

まず「社会や国家が要求する児童像を建てること」「地域や家庭，児童自身
の実態をつかみ，保育内容を決めること」「生活指導，保健指導，家庭の指
導など心身両面の環境整備」「発達標準や興味を基礎にし」「季節や行事を考
慮」することがあげられている。

　1964年の幼稚園教育要領の告示によって保育所と幼稚園が異なる道を歩
み始め，幼保の目的・機能の違いに応じてそれぞれを充実整備するとともに，
保育所のもつ教育機能については幼稚園教育要領に準じることが望ましいと
された。こうして翌1965年，保育所保育指針が制定された。そこでは調和
のとれた発展的・組織的な指導計画の作成が謳われ，幼稚園同様，年間，月，
週案，日案の作成が求められた。

　以後，幼稚園教育要領が改訂になるたびに，教育の内容についてそれに準
じる保育所保育指針も改訂（定）されることになる。1990年改訂の保育所
保育指針の3歳以上児の教育機能については，1989年の幼稚園教育要領の
改訂に伴い6領域から5領域になり，発達が相互作用によって促進されると
いった社会文化的な発達観が掲出され，応答的なかかわりによる保育が強調
されている。計画作成上の留意点には，「全体的な『保育計画』と具体的な『指
導計画』とから成る『保育の計画』を作成する」[23]とし，保育計画に基づい
て指導計画が作成されることを明記している。しかし，実践現場に全体的な
計画が周知されたわけではない。3歳未満児は，一人ひとりの発達過程に応
じた個別的な計画の方がふさわしいと直感する保育士が多いからであろう。
乳幼児一人ひとりが環境との相互作用で発達要求を充足していく過程にあ
り，生活する環境での営みがカリキュラムである，換言すれば，"カリキュ
ラムとは環境"だからである。

　1999年の保育所保育指針もほぼ同様である。しかし，この間，幼保の歩
み寄りが施設設備の共用，時間枠の拡大等によってなされ，保育指針が通知
から告示へと移行する下地が準備されている。その結果，2008年告示の保
育指針では，「保育課程」と「指導計画」が明確に区分された。これはまた，
保育所の自己評価や児童福祉施設の設備及び運営に関する基準の第三者評価

の趣旨に沿った関係者評価，情報開示を目指すものとなっている。そして，大幅に改定された2017年の保育所保育指針では，保育課程を全体的な計画という文言に変更し，具体的な指導計画を作成し，創意工夫して保育を展開し評価する循環構造が明記されている。これは幼保一元化制度が完成予定の2023年には，日本の3歳以上児にはすべて就学前教育機会と必要なケアが保障され，保育所の使命が3歳未満児を対象としていく布石であろうか。

　文言の違いは小学校，幼稚園や幼保連携型認定こども園，保育所の機能の違い，文化の違いを表しているとはいえ，保育所保育指針が告示化によって最低基準として遵守しなければならないものとなり，三者三様に，教育課程，保育の全体的な計画を編成し，改善し，質的向上を目指すところに到達した。

2．民族が求め，時代が求めるカリキュラム

　教育内容は，民族，国家により，また時代により求められるものが異なる。カリキュラム自体は，欧米の学校制度の取り入れによって，夜警国家から教育・福祉国家へと文明化する手段の一つである。今日の識字率分布[24]は，大別すると学校制度によって経済発展し富を得て先進国となった国と，民族のもつ教育機能によって形成される伝統的なアイデンティティを守っている国，および先進国に支配され1960年以降独立したばかりの発展途上国とで差がある。その差を埋める流れは，民族のもつ発達のゴール，人生のゴールの違いを同一視する危うさも抱えている。なぜなら，どんな社会でも教育機能がない社会はない。太古の昔から人々は類をつなぐために，社会の中で学び合うシステムをつくりだしてきた，その根っこを揺るがすからである。

(1)　伝統文化伝承のカリキュラムがもつ特質
　明治の学制が敷かれるまでの日本では，帯祝い，誕生祝い，七五三など神のうちにある7歳までの儀式が多い。数え7歳から15歳までの少年期は自治的集団の子ども組に所属し，共同生活により伝統文化を学び，親から自立

208　第3部　経営革新を生みだす教育評価

することを学び，15歳で成年式を行い（女子は初潮をもって），若者組（娘組）に加入した。こうした通過儀礼[25]に学習内容が埋め込まれていて，成人になるための社会的カリキュラムとして示されていた。明治の学制により近代化に向かった今日では通過儀礼は祝い事として残るだけだが，今でもこうした社会的カリキュラムを大切にしている地域や民族もある。

　アフリカは人類発祥の地である。サバンナに走る大地溝帯の断層（グレート・リフト・バレー）には地球創世期の壮大さが残されている。その地に住むマサイ族は，近代化され学校教育が普及してきたとはいえ，民族が連綿とつないできた通過儀礼を守る独立心が旺盛で勇猛な人々であり，誇りは高い。他民族の伝統も重んじ，自由に国境を往来し，伝統と近代文明の間を生きる社会性の高い人々である。成人するまでの教えは生涯，人々の身体に刻まれている。

　マサイ族は，少年期，下級青年期，上級青年期，長老期，最長老期と人生を大きく5区分している。少年期は，部族集団の中で教育を受けた青年を教師として，集落の教育所（筆者の訪問したアンボセリ近くのマサイ村では屋外）で英語，算数を学び，生活や遊びの中でマサイ文化を学んでいる。下級青年期と上級青年期は，戦士時代と呼ばれ，放牧した牛や羊の世話，家族をライオンなどの野生動物から守る役割がある。下級青年は楯と槍の携帯が許され，新しい集落となる青年村をつくって共同生活に入る。そこで長老から伝統文化，牛や羊の屠殺，調理や薬草の知識を学ぶ。次の段階の上級青年昇級式は青年自身で執り行うため，リーダーを決め，儀式が行われる。儀式の最終日には牛を殺し，一片の肉を食べ，修了証書としての牛革の指輪を作り，長い髪を母親に剃り落としてもらうというものである。大人と見なされる割礼の儀式を終えると一人前となる。戦士の段階が10年程度だが，年齢で厳密に区分されるわけではなく長老の決定が儀式の時となる。長老期から最長老期にはそれぞれの役割を果たしながら草原の貴族とも呼ばれる部族としての誇りを次世代につなぐ役割をしていく。通過儀礼は祝いの儀式で次の段階に迎えられる仕組みであり，マサイ族の平均寿命は50歳前後と短い。社会のも

つカリキュラムは文章化されたものではないが，通過儀礼によって成長の節目を集団全体が確認し文化の伝承を行う，生きるための掟がある。そして死は土に還るだけで，人生のゴールは“無”なのである[26]。

これほど社会性があり，長老を尊敬し他者に寛容で，勇敢な戦士が育つカリキュラムには，近代国家が忘れた教育内容が埋め込まれている。近年は，政府により普及教育が奨励され近代的な教育課程にさらされているので，個々に戦士を選択するか学校を選択するか，割礼を選択するかしないかの自由度は高くなっており，マサイの伝統文化の変容は時間の問題かもしれない。しかし，通過儀礼や伝統文化の伝承方法・内容は風土性を色濃くにじませる。こうした通過儀礼に人間が“風土と共生し関係を生きる伝統文化の知恵と技術を習熟する”教育の課程（カリキュラム）を考える原点があるといえよう。

(2) 未来社会の指導者養成カリキュラムがもつ特徴

通過儀礼から近代学校に移行する過程で見られる教育課程は，国や社会集団の文化を土台として，諸外国の最先端の教育内容との融合を図るものが多い。日本でも，1876年にフレーベルの教育思想を取り入れ，第二次世界大戦敗戦後にはアメリカの教育課程・教育評価の考えを導入したという変遷をもつが，いずれの国でも導入期から融合期への過程に，優れた教育課程・教育実践が生まれている。

発展途上国がどこの国の教育内容を模範とするかは，国・植民地の歴史やインフラの整備状況により異なる。モロッコ（識字率69.4%，2012年）[27] は就学率も修了率も上がってアフリカでは安定した国である。カサブランカの指導者層の子弟が通う Ciel 幼稚園では，庭や畑をもち，フランスの就学準備型の最先端カリキュラムとしてプロジェクト学習を行い，子どもと創意する質的に高い教育内容を世界に発信している。一方，商業圏のマラケシュでは，町のいたる所で小さな部屋を二部制にしてリテラシー（読み書き）を学習しており，かつての東京女子師範学校附属幼稚園と市井の寺子屋風手習いの関係を彷彿とさせる。

210 第3部 経営革新を生みだす教育評価

　識字率世界最低の国から抜け出す途上のエチオピア（識字率39.0％，2007年）[28]は，2015年までにすべての子どもに初等教育の機会を提供することを目標にしてきた[29]。幼稚園教育はその普及教育との連続性を考慮する。筆者が訪れた私学の Dandii Boru 幼稚園は，就学準備型の最先端のカリキュラムを導入している。国民の年間所得が1か月の授業料という国の指導者層の子弟が通う（低所得者層も学習熱意があれば一定枠の範囲内で無償で受け入れている）環境のよいところである。4歳から図表3-1-1のようなカリキュラムを組んで，子どもが具体的に事物を操作し，発言し，読みと聞き取り，書き取りを中心に行っている。やがて民主主義の担い手となる国民のすべてに，その能力を育成するという高い目標を掲げている。

　一方，経済発展を目指すメキシコの義務教育は4歳児からである。レイヴ＆ウェンガーの『状況に埋め込まれた学習』のフィールド研究の対象であったユカタンに，地域の有識者が未来を見据えたリーダー層の育成を目指して建てた Modelo 幼稚園がある。設立以来の理念（哲学思想）である "基本的権利における平等，平和共存たるヒューマニスト教育と自由，良心と尊敬を

図表3-1-1　Dandii Boru Kindergarten のカリキュラム
Grasshopper Academic year（ばった組4歳，月〜金）

8：20－8：30	Hrt's time
8：30－9：10	English Literacy
9：10－9：50	Montessory/Numeracy
9：50－10：30	Break Time
10：30－11：10	Amharic Literacy skills
11：10－11：50	Craft（月）Art・Music /Phys・ED Video（金のみ）
11：50－12：30	Lunch Time
13：30－13：50	Lunch Break
14：00－14：50	H/Writing/Retelling/Story（月のみ）
	Science/Spoken English/Art・Music（火水木のみ）
	English-Leading（金のみ）
14：50－15：00	Home Time Preparation

促進して民主的共存を保障する"ことを掲げて教育目標とし, 教師の目標は, ①生じる対応と特定の質問の重要性, ②個人と集団の責任を分離しない相互依存関係に留意した積極性や自主性, ③思考スキルの開発と知識トレーニングを「生きるために学ぶ」, という最大の方針のもとに統合することである。

また教育実現の方法は, 現実を疎かにしない生活と自学自動の全人教育を構成し, 教師と子どもの関係を知的財産として位置づける。"男女問わず人間としての願望である柔軟性と生命の尊厳, 自然の復元, 物質的や性的な条件の改善"を目指している。教育内容は国家基準に則り, 幼児学級では情緒, 社会, 身体, 知的の各領域で構成され, 小学校入学時に厳しい評価がなされる。読み書き, 言葉での表現, 演算の基礎については, 重要科目の位置づけをもつ。小学校低学年では, 国語, 算数, 社会, 科学に英語が毎日あり, 週に1, 2回音楽と体育 (いずれも専門家が指導) がある。

発展途上国の貧富格差は激しく, 世界にはいまだ教育機会にさえ恵まれない子どもが大勢いる。マダガスカル島の幼稚園やエチオピアのアディスアベバのスラム街の幼稚園では英語と母国語 (マダガスカル語, アムハラ語) の読み書きと算数が, ケニアのキベラスムスでは英語とスワヒリ語の読み書き, 計算が取り扱われる就学準備型の教育である。ペルーの山岳部の子ども, あるいはネパールなどアジアの多くの子どもも, 未来社会建設のための優れたカリキュラムに浴する子どもがいる一方, 就学すらままならない地域では労働のかたわら読み書き計算という最小限の内容しか享受していない。

こうした近代学校制度導入過程では, 国の未来の指導者を養成するカリキュラムと, 底辺層の生活環境改善のための教育的施策が模索されている。そして, 貧富格差を克服して未来社会を築こうとする希望が, 世界最先端の外国のモデルカリキュラムを自国の文化と融合させる高い理念をもった指導者を彗星のごとく出現させているのである。

(3) 教育の大衆化と標準的カリキュラムの特質

すべての子どもを対象に教育を普及することは, 基本的人権と教育の平等

212　第3部　経営革新を生みだす教育評価

を保障し，社会を安定化させ経済発展を遂げるうえで重要な意味があり，近代国家は国民皆学を掲げて識字率100％を目指してきた。日本では教育保障が憲法に謳われ，国の教育課程基準（細かい諸通知や学習指導要領等）で統一性をもって発展させてきた。

　しかし，教育・保育施策は，標準化による底上げの一方で，大衆化がもたらす矛盾も発生させる。なぜなら標準的カリキュラムは，言葉による統制が暗黙裡になされ，道徳，知識，技術等の提供機会を平等にする一方，その枠から外れる教育内容は捨象される。また，自然風土によって文化が異なるにもかかわらず，標準という物差しによって，それぞれの地域や学校の実態を考えることを忘れさせる。今日，標準化が浸透した日本の就学前カリキュラムは，法の言葉を計画に載せるだけの形式的なものになったきらいがある。

　①　生活基盤型の根拠

　日本の就学前教育における教育課程の基準は，生活基盤型を基本としている。その根拠を筆者は，①日本も多民族国家だが共通語文化圏にあること，②学齢満6歳以降の義務教育，高等学校までの教育が普及していて非識字率はわずかであること，③昔から国民の自己学習力を尊ぶ勤勉さの文化があること，④入れ子型構造で意思，思想を表現する日本語の対話力を高めることが識字に先行すること，⑤書き言葉は現代口語文法に則るとともにひらがな，カタカナ，漢字，ローマ字の4表記をもつ特性があり文字数が多いこと，⑥学制発布後，学齢満6歳の論理を構築した歴史，などにあると考える。

　多民族・多言語国家であれば，就学準備型をとり，対話が成立する共通語と文字の読み書きを早い時期から統一することによって人々の共通理解を可能にし，社会の安定を図る必然がある。明治の標準語の制定過程で国語を英語によって統一することが検討されたのも，生活に根を下ろした各藩の方言を統一するより英語を導入した方が容易との考えであったろう。しかし，共通語圏の形成としてカタカナの読み書き（1881年改正「保育科目」）から出発したが1899年「幼稚園保育及設備規程」では読み書きは取り上げられていない。幼稚園からの文字の読み書きに反対の声が上がり，小学校との差異化

の必要から見いだしたのが子どもの本性としての遊びを生かすことであった。早期のリテラシーに走るより生活基盤型で遊びを豊かに経験させ，文化創生を学習して感性や想像力・創造力，社会性などを開発する方が，将来の可能性を大きく開くという選択になったのではないかと考える。それだけ，当時は学びを促進する社会的な環境が豊かだったということもできる。

② 教育課程と指導計画の形骸化

しかし，今日の幼稚園や幼保連携型認定こども園，保育所等を合わせると100％近い就園率は，就学前教育施設があって当たり前の時代を意味する。園・学校教育の普及は社会の教育力を低下させたため，教育内容を社会に照らして吟味することもなく標準化による惰性を生んだ。その惰性が顕著に現れたのが，現実の生活と，教育計画と，実践との遊離した現象である。

筆者が3県，200幼稚園の教育課程の構造を大きく3分類した結果，構造化に対する言説の乏しさ，構造化がもたらす内容の空洞化が見られた。それは生活による教育実践という豊穣な営み性を見失い，実践を語る言語が形骸化していることを意味する。

一つ目の類型は，教育課程と指導計画とが同一で，月のねらいと活動を配列し，日々の実践に具体化している場合である。理念も生活の全体構造も環境を通して行う視点もないが，これで日々の保育が困らないのは，実態や環境がどうあれ例年通り行う活動に優位性があり，教育課程は理念とは結びつかない形式的なものとなっているからである。

二つ目の類型は，基準にある5領域が教科のように配列されているので生活の構造は見えないという場合である。生活基盤型の教育課程では“ふさわしい生活が展開されるようにする”のであるが，領域別のねらいと内容が書かれ，長期の指導計画，週案・日案の計画に活動が押さえられている。結果，教師側の予定した活動が子どもに提供され，理念なき実践が教師側の物語として語られる。

三つ目の類型は，緻密に明文化され一見構造的だが，計画倒れで実践とつながらない場合である。教育の大綱では基本的な内容のみを押さえ，長期の

指導計画で具体的な環境を構想するとともに子どもの遊びや生活を予想し，週案・日案では，環境のポイントと活動の概略を押さえ，上位目標から下位目標へと下りてくる教育における工学的アプローチである。即興性・協働性に欠き，担任が園環境を調整できる立場にないかぎり狭い視野に生活が閉じ込められて，生き生きとした実践を失うことは避けられない。

　これら3類型は，ほぼ同じ比率であり，いずれも教育における工学的な構造をもっている。生活基盤型の教育は，それを営む生活の視点が構造化されていないと，計画は抽象的な言葉の羅列に終わり内容の空洞化が発生する。倉橋惣三は，就学前教育を「幼児のさながらの生活—自由・設備—自己充実—充実指導—誘導—教導」[30]としたが，環境資源をつくりだせない立場の担任は，今ある環境の枠やそこに埋め込まれた文化に縛られる。その結果，地域や子どもの実態を踏まえて編成されるはずの教育課程が，教育要領をそのまま下すという思考を形成し，子どもを観察し，環境を構成し，実践して評価する小さな循環に閉じ込められ，独自性も見いだせない生活が経験則で営まれ硬直化していく。ここからいかに脱出するかが，カリキュラム・マネジメントの課題であろう。

(4)　未来へチャレンジするカリキュラムの特質

　社会は常に動いていて，様々な現象が発生する。地域社会の実態や保護者の要求も変わることを敏感に受け止めて，経営者は様々なカリキュラムを模索する。21世紀に始まった森への回帰と同様，フレーベル，モンテッソーリ，デューイにはじまり，ドルトンプラン，イマージョンプログラム，レッジョ・エミリア・アプローチと次々打ち出される新カリキュラムも，今は国際バカロレアへと広がりをもっている。

　国際バカロレアには，3歳〜19歳の子どもの年齢に応じて4つのプログラムがある[31]。

　⑴　PYP（Primary Years Programme：初等教育プログラム）3歳〜12歳

(2) MYP（Middle Years Programme：中等教育プログラム）11 歳〜 16 歳

(3) DP（Diploma Programme：ディプロマ資格プログラム）16 歳〜 19 歳

(4) CP（Career-related Programme：キャリア関連プログラム）16 歳〜 19 歳

　いずれのプログラムとも理想は全人教育にあり，〈探究する人，知識のある人，考える人，コミュニケーションができる人，信念をもつ人，心を開く人，思いやりのある人，挑戦する人，バランスのとれた人，振り返りができる人〉の学習者像を目指す。PYP のカリキュラムは，「何を学びたいか」「どうしたら一番よく学べるか」「どうしたら何を学んだか分かるか」の問いを中心に構成され，次の 6 つの学際的なテーマに向かう。

　「Who we are」（私たちは誰なのか）

　「Where we are in place and time」（私たちはどのような時代と場所にいるのか）

　「How we express ourselves」（私たちはどのように自分を表現するのか）

　「How the world works」（世界はどのような仕組みになっているのか）

　「How we organize ourselves」（私たちは自分たちをどう組織しているのか）

　「Sharing the planet」（この地球を共有するということ）

　このテーマに取り組むカリキュラムには「知識・概念・スキル・姿勢・行動」といった基本要素が組み込まれ，〈言語，社会，算数，芸術，理科，体育（身体，人格，社会性の発達）〉の教科を実施する。また，DP の課程を修了した場合は，ディプロマ資格（大学入学資格：国際バカロレア資格）取得のための統一試験を受けることができる。

　国際バカロレア認定校は世界 140 以上の国・地域に 4,846 校（2017 年 6 月 1 日現在，日本には 46 校，うち PYP 実施は 22 校，文部科学省）あり，英語の対話を基本とし，月ごとに設定されたテーマについて，遊びやワークショップを通して学ぶ。また，物語を「読む」「発表する」ことを重視し，情報伝達，

創造的能力，論理的な思考，決断力を身につけるとするものである。先進国だけでなく，アジア，アフリカなどの発展途上国でも，国際バカロレアを取り入れている学校がある。

日本ではこのほか，帰国子女，外国人児童生徒が通うインターナショナル校のほか，静岡県の加藤学園幼稚園，宮城県の宮城明泉学園の仙台明泉幼稚園のようにオープンプラン教育および英語イマージョンプログラムを導入して独自の実践をしているところもある。従来の心情・意欲・態度の育成を目的とし，遊びのみに固執する閉ざされたカリキュラムだけでは未来に向かえないと感じる経営者が，その社会的な必然をつくりだそうと挑戦しているのである。

3．視座を転換する基礎研究の必要性

国の教育課程の基準は全国一律，最低限の内容基準としてあり，各園はそれ以上のよりよい就学前教育の内容を創造するために研究・実践する。第二次世界大戦後，基準は教師が実践を研究する指標としての意味から出発したように，教育の内実を創造するためには実践者の研究が不可欠である。今日，法が変わっても経験則で研究が硬直化する傾向は，教育・保育の質低下の最大の原因となっている。教育の標準化によって，研究領域は同質のものになる傾向が生じ，遊びが大切，子育て支援が今日的課題となると，こぞってそれを研究対象とする。なぜ，遊びが大切なのか，なぜ，子育て支援の様態が変わってきたのか，子どもの発達や地域社会の実態把握，通時的文化研究などの基礎的研究が疎かになり，今を利那的に切り取った研究に走りやすい。ここでは，内容の質を左右する「教育課程と領域の関連」とは何かについて考えたい。各領域については本シリーズ他巻で取り上げているが，領域研究は教育課程経営・評価の視座と切り離せないからである。

（1）　教育課程基準（学習指導要領）にみる領域の考え方

　小学校学習指導要領では 10 教科（2017 年の改訂で従来の 9 教科に加え，5・6 学年に英語が教科化された）の他，特別の教科として道徳（2018 年から施行）が加わった 11 教科と，3・4 学年に下りた外国語活動（2017 年改訂）および総合的な学習の時間（2002 年から施行），特別活動（1968 年の改訂から児童活動，学校行事，学級指導とされる）から教育課程が構成されている。特別活動では，日常の生活や宿泊・勤労生産・奉仕，自然体験などの生活を通して，道徳教育では，道徳的な心情，判断力，実践意欲と態度などを自ら統一し，生き方をつくることになる。かつて「道徳」「特別活動」は領域と称されたこともあったが，今日では領域という言葉は各教科のまとまりを指す。国語では「話すこと・聞くこと」「書くこと」「読むこと」という領域であり，算数では「数と計算」「図形」「測定（変化と関係）」「データの活用」という領域の構成である。

　一方，就学前の教育課程基準では，教育内容を 5 領域のねらいと内容に置いているが領域は教科でないことはいうまでもない。

　そもそも「領域」とは何か，広辞苑（第 6 版）では，①領有している区域。②国際法上，一国の主権に属する区域。領土，領水・領空から成る。③学問・研究などで専門とする部門・分野，また漢語辞典によると「領」の語意には，大事なところ，おおもとのかなめ，心にのみこむ，さとる，理解する，という内容を含んでいる。また，「域」には，区切られた土地，範囲といった意味がある[32]。そうした意味からすると，「健康」「人間関係」「環境」「言葉」「表現」という幼児教育の 5 領域は，5 つの“園が領有する区域”，5 つの“園の主権がおよぶ区域”，5 つの“研究分野”，“園において生活がかかわりをもつ 5 つの心にとどめるかなめ，およびその範囲”と読み替えることもできよう。その 5 区分した区域・分野・範囲を幼児の発達と関連させて，ねらいと内容で示したものが教育課程の基準ということになる。

　5 つの区分・分野・範囲に示された育みたい資質・能力のねらいは，幼児が環境にかかわって展開する活動の内容を通して指導され，そこで得た幼児

の体験の積み重ねが経験の質を向上させ，ねらい達成に向かうという論理である。一方，幼児教育が目的および手段として取り込んだ生命性を保障する教育内容としての遊びは，園や地域社会の環境に左右されつつも子どもの発達要求に基づく子ども集団の伝承に意味がある。また，幼児の生活は依存から自立への過程にあり，園環境や対他者との相互の関係に内容が生まれるものである。これらは環境の質がカリキュラムの内容を方向づけるため，知識の系統性を教授する教育における工学的な構造と相反するという論理矛盾が潜んでいる。

その論理矛盾がなかなか解明されないため，各園の教育課程を編成する実践現場では，行政資料や市販本に倣い，ねらいと内容の文言を並べるだけの言葉遊びに終わってしまうところもある。

(2) 教育内容研究の現在

現在，教育内容領域の解釈は図表3-1-2に示すような二つの視点で進んでいる。一つは，物事へのかかわりの中で発達するその物事の「層面の諸々」，つまり，①人間と宇宙，地勢や自然環境といった自然界を支配する永遠の法則の研究，②世界情勢や社会と文化的な環境，③物的環境などがつくりだした人々の言葉，思想や文化，慣習，所作・振る舞いといった環境からの研究で，各園のよりよい生活環境をつくりだそうとする視点（A）である。環境をカリキュラムとする場合，（A）の視点は経験内容を幼児が主体的に生みだ

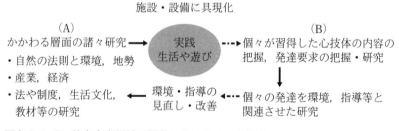

図表3-1-2　教育内容領域の解釈における二つの視点

す裏づけとなるものである。もう一つは，日々のかかわりの中で，④幼児の経験内容を捉え，⑤その意味を解釈し把握することで，園の理念や目標，5領域に示されたねらい達成に向かっているかどうかを研究するという視点（B）である。（B）の視点は，（A）のかかわる諸々の層面を，子どもの経験内容について質的視点から捉え改善する裏づけとなる。

（A）が演繹的であれば（B）は帰納的で，結果として目指すことは同じに思われる。しかし，帰納的な把握は各園の環境改善を促す教育評価，個々の幼児の発達評価としての意味はあっても，教育課程編成には不足が生じる。国際的な動向や国・地域社会の政治・経済の実態，地球規模の環境問題，少子高齢化社会の文化の循環といった社会的層面と物質的層面，制度的層面，心理的層面の実態を踏まえた教育内容が描けないと未来につながらないからである。本来，（A）（B）ともに実践を媒介に循環させることにより，幼児の経験の質を向上させていくことができるはずだが，これらが循環しなかったり一面のみに偏ると，実践が閉塞化する。

おじぎを例に考えてみよう。ある園で筆者が目にしたのは，登園時に教師が幼児を抱擁して受け入れ，降園時には教師が地面に跪（ひざまず）き握手して帰す姿である。これは日本の挨拶文化を欧米のように変えたいという意識的行為なのか，子どもへの親しさの演出なのか，保護者へのアピールとしてのハグ（hug）なのか，行為だけでは意味を判断しがたい。

社会的な動物集団には挨拶がある。相手を認め自分の存在・居場所を獲得する儀礼である。挨拶は世界共通の文化で，日本ではおじぎをして挨拶する。おじぎだけでなく，合掌して"namaste"という国もあれば，"good morning""hello"と会釈，握手，抱擁する国もある。（A）の層面として，昨今の日本人の道徳性の欠如，小学校の道徳の教科化，異世代間の対話の必要性，外国人の増加，あるいは紛争地帯の拡大など，社会的な課題に対して挨拶を習慣化する研究が必要である。ハグや跪（ひざまず）く行為を通して日本の挨拶文化を変えたいのか，外来文化と融合させたいのか，日本の伝統文化を守りたいのか，相手に合わせて使い分けるのか，その行為の根拠が必要である。

220   第3部　経営革新を生みだす教育評価

それがないと，（B）の視点の教師と子どもとの親和的関係だけが強調され，分析・考察されて，その園における挨拶が異質な文化だということに気がつかない。

　特に数学的・科学的思考について各園の差異は大きい。私たちの生活の中には倍数・除数を扱うという文化がある。自然状態だと幼児は大きい方，量の多い方を取る。しかし，折紙を各自2枚取ると4人グループでは8枚，一袋2個入りの煎餅を2人で分けると4人で2袋，10人がリレーで2チームに分かれると5人ずつといった具体的行為で直感的に，あるいは対話的に数を体験する機会を経て，数操作が自由になっていく。園によっては教師が分配，分割して幼児に数を体験させない保育もある。しかし，実体験がやがて加減乗除につながると考えると，就学前教育では生活の中で数を扱う経験を具体的にどう案配するかである。そのためには，幼児期の数学的思考の芽生え[33]，フランスの幼稚園学習指導要領に示された知の体系[34]や諸々の算数の指導等[35]，海外の実践も含めて各園が数に対する研究をすることが必要である。

　子どもの姿から導き出す（B）の帰納法において，教師に挨拶文化や生活の中の数学的思考を研究開発する認識がなければ，日々の繰り返しがあるだけで園生活の質を見直すことは不可能に近い。5領域の研究内容を（B）の視点で狭く捉えた人々は，子どもが生きる社会の状況や環境・文化等の諸々と関連させて研究するのではなく，個々の幼児の過去の出来事の解釈だけに縛られてしまうため，教育内容に限界が生じ，質が低下していく現象に見舞われやすい。チクセントミハイが，心理学ですら従来の「過去のできごとがどのように現在の行為に影響を及ぼしているかを解明する」という限界を超えて，「どのような挫折や抑圧があるにせよ，自分が自分である以上，未来を改善するために自分は何ができるのだろうか」という問いに心の救済がある[36]とするように，（B）の限界を超えられるのは，未来を改善するために何が為せるかを捉える（A）の視点の必要性であり，教育課程研究は未来も含めた総体を対象とすることであろう。

（3） 就学前教育における主体側面と内容側面

　民主主義が態度で示されるように，主体の意思は心情，意欲，態度という形式陶冶の内容に現れる。しかし，幼児が生活基盤型の場所（トポス）で経験し習得する内容には，知識や技能といった内容側面が伴っている。これを否定したら人間の生命現象はあり得ず，教育どころか生活も成立しない。つまり，教育における心情・意欲・態度といった主体側面を育てるためには，知識や技能といった内容側面をもつ環境と切り離して考えることはできないのである。例えば2，3歳児が三輪車の特性や乗る技を獲得してしまえば，興味は薄れ，もう少し知識や技能が必要な遊びを探す。4，5歳では補助なし二輪車の方に興味を示し，二輪車の仕組み，ハンドルなどの部品名，道路交通の約束事などの知識を得て，乗りこなすコツを習得する。知識や技能は「やろう」という主体の意思に基づく繰り返しの練習によって磨かれて拡大していく。楽しく食べる生活も手づかみから道具を使いこなし，食材に関心をもち料理名を知り，栽培したり調理したりして食と生産の関係を学び，仲間と一緒に会話しながら食べるのが楽しいのであって，単に満腹感を得るだけではないというように，「形式陶冶（価値的・態度的側面）」「実質陶冶（知識的側面）」「技能陶冶（技能的側面）」の3側面が関連して培われていく。

　自然発生的なごっこ遊びにおいても，就学前教育は主体側面をねらいとして掲げる。今様の言葉で言えば，自己認知や自尊心，意欲や向上心，忍耐強さ，メタ認知や社会的コンピテンシーといった非認知能力[37]である。家族の概念を形成するために遊ぶのでもなく，生活技能を育てるために遊ぶのでもない。遊びへの志向性（心情・意欲・態度）や模倣力でもって役割演技をし文化を獲得・再創造して，子どもが自らを社会化して満足を得ることを保障する。幼児期に見られる象徴的遊びのうち，幼児なら誰でも遊ぶ「お家ごっこ」では，図表3-1-3に表記されたような知識や技能が伴って遊びが成立しており，それが遊び仲間との身体動作を伴った対話によりドラマとして筋をつくり面白さをつくる。面白さは自己発展を促し，より確かに，より広く深く内容側面を磨いていく。年長児になると本物と見まごう家や道具やごちそ

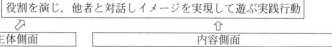

図表 3-1-3　お家ごっこで陶冶する主体側面と内容側面

うやドラマをつくりだしたり,他者との違いを生かして展開したりするのも,そこに知識や技術に裏づけられた発達要求があるからであり,それが主体を突き動かすからである。

　図表3-1-3のお家ごっこの例のように,教育学でいう陶冶の3側面はそれぞれが関連して一つの統一体としての主体を形成するのであって,分離して考える方が難しい。遊びを中心とした就学前教育が形式陶冶の価値的・態度的側面にねらいに置くのは,子どもの欲求・意思が実質陶冶,技能陶冶も併せて自らを統一していくからである。

　環境の構成には,地域社会の就労状況,人のつながり,家族構成,食事風

景，対話のテーマや役割分担などの文化的背景，遊具や教材，生活リズムや個と集団の関係なども調査研究していかないと，幼児の発達要求を満たせない。ごっこ研究においては時代による家族の変容を踏まえ，主体側面だけでなく内容側面を勘案した環境構成を考える教師・保育士等の研鑽が求められる。

主体側面をねらいに掲げ，「楽しく遊ぶ」という目標に照らして評価する教育における工学的な構造では，「楽しく遊んだか遊ばなかったか」という視点しか導き出せない。楽しいというフロー体験を支える環境や，知識・技能に不安や葛藤があるのか，惰性があるのか，地域社会の生活とのずれがあるのかといった要因分析が必要なのである。その分析なくしては，5領域のねらいと内容を組織し，地域や子どもの実態に即したふさわしい生活にするという趣旨は，理解不十分なままに教育課程や指導計画を書かねばならない困難を抱えることになる。

佐藤学は，「カリキュラム研究は，もはや，教育技術やプログラムに関するテクノロジーの言語を捨て去ったと言ってよい。これまでの研究が教育内容と学習経験を選択し構成し評価する技術と原理を対象としていたのに対して，現在のカリキュラム研究は，教室に生起する教師と子どもの経験の文化的・政治的・倫理的意味を問うており，その経験を生み出した権力関係の解読を中心的な課題としている。それに伴って，カリキュラムの言語は，ディシプリン（学問分野）の枠を越えて脱領域化」しており，「個別科学を基礎とする『パラダイムの言語（命題的な言語）』から物語を甚盤とする『ナラティヴの言語（語りの言語）』へと移行している」[38]とする。環境との相互作用によるナラティヴ（叙述すること，物語ること）の言語に移行している現実を，就学前教育に行き着くことで発見しているのである。半世紀以上の教育現場の教育課程研究の模索はディシプリンを棄ててどこにいくのか，再びその原点に戻ることになるのだろう。しかし，それが(A)(B)の片面だけに偏ると，教育自体が社会や子どもの本質から遊離する危険もある。幸いにも，2017年の幼稚園教育要領・保育所保育指針等の改訂では，前述したように幼児期

に育みたい資質・能力の三つの柱として,「知識及び技能の基礎」「思考力,判断力,表現力等の基礎」「学びに向かう力,人間性等」が掲げられ,その具体的な姿として「幼児期の終わりまでに育ってほしい姿」が示されている。長年,心情,意欲,態度に固執してきた実践現場の言述に,ヘックマンのいう「意欲や,長期的計画を実行する能力,他人との協働に必要な社会的・感情的制御といった,非認知能力」[39]の視点も加わって,論議に風穴を開けるよい機会が到来しているといえよう。

(4) 教育課程経営の今日的課題

オルゼンらの地域社会学校が掲げた構造は,戦後日本の教育課程の基準の基本に据えられているとはいえ,今日すっかり忘れ去られてしまった。そして1970年代の領域を組織して教育課程を編成する構造主義の論議もなくなり,教育課程の構造自体に様々な問題を抱えながらナラティヴの言語に移行している。それは,教育課程経営の限界が生みだした結果であろう。

就学前教育は,新たな意味世界がドラマとして展開される場所かどうかが内容の創造に関係する。レイヴとウェンガーは,活動の状況性について「状況に埋め込まれているという性質(つまり,状況性)は―(中略)―知識や学習がそれぞれ関係的であること,意味が交渉(negotiation)でつくられること,さらに学習活動が,そこに関与した人びとにとって関心を持たれた」ものであり,「学習はこの生きられた世界での生成的な社会的実践の欠くことのできない一部」で「変わりつづける参加の位置と見方こそが,行為者の学習の軌跡(tranjectories)であり,発達するアイデンティティであり,また,成員性の形態」であるとする[40]。環境や生活に幼児の経験内容が埋め込まれているというとき,それは生活圏の文化がもつ関係性・状況性であり,人々の正統的周辺参加によって学習が成立し,発達が促進されるということである。そうした意味で教育課程は,状況性・関係性によって生みだされた教育実践の総体を裏づけにもつものである。

和田實は,保育項目が「遊嬉」「唱歌」「談話」「手技」(「幼稚園保育及設備

規程」)の時代,人の生活を次のように構造化して捉えている[41]。

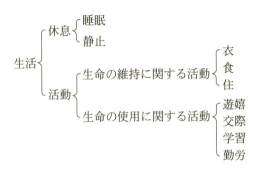

筆者も生活基盤型の教育内容は,基本的に①休息,②生命の維持に関する活動,③生命の使用に関する活動,の3点を踏まえると考えて教育内容研究の視点を構造化[42]している。それは,保育内容の生まれる環境・メディア領域研究の視点でもある。

子どもの集団生活の場所(トポス)は,自然的場所,存在根拠,身体的な時間空間,象徴的空間,論点や議論を保有する時間空間で,歴史的な価値や文化財,国家社会のありようも含めて学習材料を規定する根拠となる。また,生活は,生の尊厳・正義や真実・生きることや死の意味,時間空間,流れとリズム,習慣化した行為の表れ,一と他の関係性,意識的相互作用,情報など,生活の進行状況を学習材料とする。そこに自己存在を確認し形成する生活基盤型の教育内容が構想できると考える。

4.地域社会の教育力と学校

教育課程のデザインを構想するには,まず地域社会や子どもの実態を捉えることである。オルゼンらの『学校と地域社会』においてクラークは,実態把握について,地域社会の領域概念,すなわち郷土社会,地区社会,国家社会,国際社会それぞれの物理的,制度的,心理的層面への理解は教育経営の

226 第3部 経営革新を生みだす教育評価

内的事項を考える基本となるもので，これのない教育経営は子どもの意識に根を下ろすことはないとした。かつて信濃の教育[43]が世に発信し続けたのは，山岳・山河の自然の恵みや養蚕を生業の足しにする山国の教育における独自性が，人間の軸を形成し，貧困という地域社会の問題を解決することであり，人々が学校に寄せた期待であった。子どもが現実生活の課題に向き合い，その解決のために知識や技能を獲得する必要を認識することによって，系統性をもつ教科とつながる教育内容が意味をもっていたのである。それを地域社会が支えたのは未来社会を担う子どもへの期待である。

(1) 社会過程の理解と教育課程の構造

オルゼンらの『学校と地域社会』でクラークは，「社会過程がうまく運用されない場合には，その地域社会内に結果として『社会問題』（social problems）が生じる」[44]とし，教育課程の管理（以下，教育課程の編成・実施・評価・改善をいう）に当たっては地域社会を理解することを基本[45]とした。その視点は，地域社会の基底として，a．地理と地形にみる地域社会の領域（郷土的，地区的，国家的，国際的）と，b．人口構成と状況からみた地域社会の層（物質的，制度的，心理的）が関係し，社会過程と社会問題はそれらの関連の中で生起する。その社会過程と社会問題は，①自然環境の利用，②過去の評価，③住民への適応，④思想の交換，⑤生計の維持，⑥市民的責任の分担，⑦保健および安全の維持，⑧家庭生活の改善，⑨教育の保証，⑩宗教的要求の充足，⑪美の享受体験，⑫レクリエーションの実施，の12視点におよび，社会過程の理解に失敗すると社会問題が発生し，それは子どもや教育に大きな影響を及ぼし次の時代に影響すると考えたのである。

自然を忘れ人間の制御能力を超えた科学への過信が放射能の危険をもたらしているように，また，昨今のモンスターペアレント（向山洋一の命名とされ，学校や教師に理不尽な要求をする保護者をいう）の問題発生も，学校や就学前教育施設が地域社会と遊離し，地域社会の教育力や保護者の教育権を奪った‥つけであるように，社会問題の発生はこれら12項目にわたってあげている

社会過程を理解し，社会過程の失敗で発生する問題を認識してこなかった構造的欠陥の問題でもあるといえよう。

　私たちは，度重なる地震や津波，火山爆発などの自然災害の発生，足尾鉱毒や水俣病，福島の原発事故による放射能汚染などの科学の過信がもたらした脅威，温暖化や大雨，竜巻など間接的な人災ともいえる地球環境下で諸問題と向き合いつつ生きている。それはまた，日本が活断層の上にある高温多湿，寒帯から亜熱帯にわたる多様な気候と四季の変化，四面海に囲まれた地理地形であり，幼児であってもその地域環境から逃れることはできない関係を生きることである。教育共同体という場所（トポス）の教育設計に当たっても同様のことがいえる。

　乳幼児は，特に保護者が暮らす風土を生きる。風土の自然環境は，どのように住宅の様式をつくり産業や生計や流通を成立させているか，過去にその土地利用を誤って天然資源を失ったり自然災害に見舞われて健康や家族生活を損なったことはないのか，地域の民主化の度合いや世論，職業や生計の拠って立つところ，労働環境，保有する技術，貧窮者や要扶養者への援助，市民としての責任意識，死亡率や平均寿命等の健康状態，出産率や児童の看護，家庭経済，そして教育の環境が生涯にわたって用意されているか，知的文献等の資料をどの程度保有しているか，商業機関に依存しない家族や友人のレクリエーションが実施されているのかといった背景のもとに，経験の総体を生みだす環境や教材，教師・保育士等と子ども相互の関係による意味生成が研究されるのである。

　1960年代後半から教育現場は，地域社会と関連させた教育を打ち立てることや，児童中心に偏り過ぎる歴史的な課題を乗り越えることを忘れてしまい，全国一律の内容に標準化する危険を抱えてきた。それゆえに，各園が創意工夫して編成する教育課程と教育実践を表現する経営の言述が求められているのである。どんなに社会が変化したとはいえ，今でも学校や園を支えるコミュニティが残っている地域はまだまだある。地域社会の教育力も含めた教育経営によって，佐藤学がいう「教師の反省的実践と子どもの学びの場所

228 第3部 経営革新を生みだす教育評価

として定義し直す（replace）『教育的な』（pedagogical）言説と実践の創造」[46]に向かっていく可能性が新たなイノベーションとなる。

(2) 教育課程の構造化の視点

教育課程の構造論については，日本とイスラエルのキブツ（生活協同体）にみる就学前教育を比較研究した石垣恵美子の『就学前教育の研究』[47]に詳細されているので参照されたい。キブツのそれは教師と子どもの関係による活動形態を現すもので，教師主導になれば自由活動が小さくなり，子ども主導になれば自由活動が大きくなるとするものである。理想型は，一斉活動ではなく自由活動を「地」として生活，虚心，連合（一斉）活動が小さな同円を描くこととしている。

そして1950〜60年代の様々な構造があげられている。

① 時間と環境と活動で構造化する生活

ここでは第二次世界大戦後の保育要領が示した特徴的な教育課程の構造や，多様なアプローチが求められる今日的な視点を捉えてみたい。

乳幼児期の発達の特徴を踏まえ，生活を時間の流れと環境の視点から構想したのは，1948年刊行の保育要領である。幼稚園・保育所・家庭等で保育に携わる者の生活指標となる時間の流れで，自由遊びと生活活動で構成されている（図表3-1-4）。第二次世界大戦

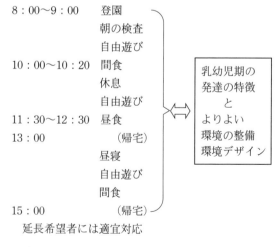

図表 3-1-4　保育要領にみる1日の生活

の爪痕が残り食料もままならない時代とはいえ，子どもが家庭や地域社会で生活する時間は十分に確保されている。ここで特徴的なことは，山河，池や林，野原や田んぼ，工場や停車場など近隣の環境を教育の場とすること，園内に置く遊具や表現素材，樹木にいたるまで環境計画が詳細に述べられていることである。保育要領には，デューイの進歩的な学校と地域社会学校の要素が盛り込まれた生活時間による教育内容の構造化が見られる。これは，今日のデイリープログラムの形式につながっており，時程に即した環境が用意されるという，環境カリキュラムの構造をもつ。

② 教育における工学的アプローチと羅生門的アプローチ

すでに教育課程は，構造主義的な研究からポスト構造主義の研究へと変貌している。佐藤が「教育の実践は，言語によって構造化されている。教育の目的や主題をどのような言語で構想し，その実践をどのような言語で構成し，その過程をどのような言語で遂行し，そこで起こった出来事をどのような言語で意味づけ，その経験をどのような言語で反省し表現するのか，これら一連の言語で構成され遂行され反省され表現される営みが，教育の実践にほかならない」[48]とする教育実践的言語への再構築である。これは，従来の教育における工学的アプローチ[49]の視点というより，アトキンのいう羅生門的アプローチ[50]を示唆する。工学的アプローチは，一般目標→特殊目標→行動的目標→教材→教授＝学習過程と具現化され，行動的目標に照らして評価する。羅生門的アプローチは，一般目標→創造的教授＝学習活動を，目標に囚われない様々な視点から記述し，事例を分析し一般目標に照らして判断評価するものである。前者が教授中心的とすると，後者は学び合いから創発される内容が中心といえよう。

芥川龍之介の『羅生門』と『藪の中』[51]を原作にしたといわれる映画『羅生門』(1950) は，ある殺人事件の関係者や目撃者の異なる証言から，人間の利己主義を浮き彫りにするが，ここでいう羅生門的アプローチは，ある事実に対して各人各様の解釈から真理を探る困難を通して，真理は絶対的なものではないという視点をもち，教育作用を振り返り，関係者がもつ理に迫ろう

230　第3部　経営革新を生みだす教育評価

とする対象への接近である。"生きる現実"を直視した子どもの側の多様な視点をもつ実践的言語への再構築である。教育実践を言語的表現・行為的表現・環境的表現として構成し，反省し改善する探究過程としてカリキュラム研究があるとする立場は，本来の就学前教育の思考に近い。

工学的アプローチ
（系統的カリキュラム）

理念
⇩
教育目標
⇩
上位目標
下位目標
⇩
活動目標
⇩
教授・学習過程
⇩
評価反省
（ねらいに対する）

羅生門的アプローチ
（環境カリキュラム）

理念
⇩
教育目標
⇩
施設・設備・環境
⇩
子どもの遊び・活動
⇩
記録
（ドキュメンテーション）
（分析・考察）
⇩
環境改善，環境調整

図表 3-1-5　教育における工学的アプローチと羅生門的アプローチの再構成（筆者による）

　筆者は，アトキンの言葉を使い，カリキュラムへのアプローチが実践にどう具現化されるかを図表 3-1-5 のように再構成して，実践者たちとカリキュラムの思考実験を行っている。羅生門的アプローチは，図表 3-1-4 に示した保育要領の視点に類似した環境カリキュラムを基底においている。

　義務教育諸学校での工学的アプローチにならっている園は，体系的な教授活動については是としても，生活や遊びが活動目標になると教授＝学習過程にしばられ即興性や創造性を欠き硬直化する。遊びが教師・保育士等の手の内で援助・指導されるからである。一方，生活や遊びを基本とする園は施設・設備・環境にカリキュラムの主眼があり，子どもが環境にかかわって自らの目標を立て学習する過程を記録する。その記録を分析・考察して環境改善，環境調整して子どもの発達要求を保障しつつ理念を確認する。ただし，地域社会の課題分析がなされなかったり，施設・設備環境が乏しかったり，子どもの活動記録の分析がなされなかったりすると，これも生活の惰性化を招く。そこで，理念や目標により3歳から就学前までの年齢発達に応じて，この二

つのアプローチを適宜，組み合わせていくことで多様性を生みだしている園も多い。安部幼稚園の教育構造（本書 p.60 図表 1-2-1 参照）はその妙味といえよう。2017 年改訂の学習指導要領にみるカリキュラム・マネジメントの確立においても，「学習の基盤となる資質・能力（言語能力，情報活用能力，問題発見・解決能力等）や現代的な諸課題に対応して求められる資質・能力の育成のためには，教科等横断的な学習を充実する必要」が述べられ，これからの教育は，「習得・活用・探究のバランスを工夫することが重要」になる。「そのため，学校全体として，教育内容や時間の適切な配分，必要な人的・物的体制の確保，実施状況に基づく改善などを通して，教育課程に基づく教育活動の質を向上させ，学習の効果の最大化を図るカリキュラム・マネジメントを確立」とある[52]。

　実践は一つの目標，一つの正解に収斂できるものでもなく，幼児期の著しい発達の変化や社会の変化を踏まえた柔軟な思考が求められるといえよう。

§3　内的事項に関する経営実践

1．教育課程経営の実際

　就学前教育の場所（トポス）においては，理念を形に現した施設・設備環境や状況性を構想することを第一とする。このような環境の中で子どもとこのような生活をしたいと思い描く環境や共同体の文化に経験陶冶する情報が埋め込まれているからである。理念は環境や状況に具現化されることによって，保育年限に応じた生活の方向性ができる。それを教育時間で組織し，大綱を示すことが園長の責任において明文化される。そして，長期の生活デザインは，具体的な環境の構成（園内・園外含む）とそれによって生まれる生活・遊び・労働などを前年の生活に基づいて予想する。子どもが共同体に参加する実践

的行為によって陶冶される内容が押さえられていれば，週や日の生活は，子どもと相談しながら柔軟に実践されていくもので，実践によって生まれる物語を一日ないし一週が終わった後，教師・保育士等や子ども，保護者が参加し，意味を見いだす質的評価に重点を置くことだと考える。

安部の生涯にわたる教育理論と実践については『遊びと労働を生かす保育』[1) ほか多くの著書に書かれているので熟読いただきたい。ここでは横浜市にある川和保育園の寺田信太郎と職員たちの人生を賭けた保育の経営，実践から，内的事項に関する実践の本質をみる。一園を抽出するのは，部分では描けない教育・保育を経営的視点から総合的に捉えるためであり，子どものさながらの生活を今に残す経営哲学を見るためである。経営は創業と守勢を繰り返す一世一代の夢の具現化である。寺田の思想表現としての「人間らしく成長していく子ども」[2) や諸資料文献などと関連させながら捉えている。

（1）　時代を読む

百の言葉より一つの実践を重んじることを自らの哲学とする寺田は，時代を読む。経営者は，時代の読みに秀でることが資質の一つであり，それが状況を動かし教育課程や教育内容をつくっていく原動力になる。安部富士男が論理的に緻密なデザインを構築して時代を自分に引き寄せ社会を変革していくなら，健伸幼稚園の柴田焔夫は天性と理論に裏付けられた努力でもって時代を読み人々の輪を拡大していく。しかし，寺田は直感力と魂に届く野性の言葉（嘘のない本質）で人を動かしていく。彼は，環境のもつ状況性と共同体の実践にこだわる。また，人間の生を捉える鋭い感覚は，その時々の社会問題に注目し，園が，自分が何を為せるかを捉え，保護者も子どもも職員も，みんなが育つ場をつくろうとする。彼の問題意識をオルゼンらの『学校と地域社会』の社会過程と社会問題 12 項目に当てはめると，図表 3-1-6 のような図式が生まれるだろう。これはまた，今の就学前教育界の抱える共通の問題でもある。

理念を具現化する方法は，共同体の成員がそれぞれできることを実践し，

生活中心の保育・教育共同体

社会過程と社会問題	子どもや地域の実態	課題解決と園が目指す方向
1 自然環境の利用	自然離れ	自然環境の構成と活用・経験の豊かさへ
2 過去の評価	主体意識の混乱・民主主義の課題	過去の評価の見直しを
3 住民への適応	コミュニティの崩壊	共同体づくり・住民への適応を
4 思想の交換	世代を超えた対話機会の喪失	思想の交換機会を
5 生計の維持	女性就労の増加	就労と家庭生活の調和，改善へ
6 市民的責任の分担	市民意識の欠如	市民的責任分担，ボランティア経験を
7 保健および安全の維持	脆弱な子ども	保健安全の維持改善と遊びへの挑戦・充実感へ
8 家庭生活の改善	憲法の理念の希薄化	福祉・教育の確実な保障へ
9 教育の保証	人権意識の希薄化	自他の違いの認識と尊重する態度
10 宗教的要求の充足	道徳心の低下	感謝・祈り・相互扶助による実践的態度へ
11 美の享受体験	物質的豊かさ	真正の美醜・善悪の体験の豊かさへ
12 レクリエーションの実施	楽しまされる生活	仲間と楽しみを創造する生活へ

⇕

保育の方法をデザインする視点

①教会・地域社会環境，②自然環境，③文化的な環境，④保護者と協働する環境，⑤労作環境，⑥対話する環境，⑦物語を綴る環境

⇕

生活の構造

遊び　生活・労作　サークル・課題・プロジェクト　祈り
（3歳未満児は，生活，遊び，祈り）

（構造化は筆者による）

図表 3-1-6　川和保育園の子どもや地域の実態と課題解決のためのカリキュラム・デザインの視点

生成する意味が理念に還るかを吟味することにある。ここでは経営の環境への具現化を見えやすくするために，観察者としての筆者が，便宜上7項目（①教会・地域社会環境，②自然環境，③絵本・図書も含めた文化的な環境，④保護者とともに奉仕協力する環境，⑤労作し勤労を楽しむ環境，⑥伝達ではなく対話する環境，⑦物語を綴る環境）に分類した。この環境を保護者と協働して創造していくこと自体，子どもの正統的周辺参加を可能にし，生活や遊びに物語が生まれ，それを保護者と共有しともに環境改善を図るプロセスができる。また，目的に向かって励む大人たちの生き様が園の精神・雰囲気となって子どもが育つ環境がつくられる。

　寺田は，川和保育園の保育環境をつくるのに35年にわたるCheck（実態把握）―Act（改善）―Plan（計画）―Do（実践）の歩みを繰り返し，今も日々繰り返している。一日中屋外に出て子どもとともに暮らし，子どもが遊ぶ姿と保育士の言動に鋭い直観を働かせる。これは保護者や地域社会の人々と夢を語り合い改善してきた環境であり，協働し汗を流して用意した環境である。この環境とのかかわりと対話から価値が創造され，一人ひとりにとっての新たな経験の意味が生成されている。

　①　教会・地域社会環境

　川和町は1万年以上前から人々が生活し，畜産と畑作が行われる安定した地盤にある。園周辺は都市化して表通りは交通も激しいが，横浜近郊の町として住宅地が広がり人々の意識も高い地域である。園を開設した川和教会は1932年に農村地域の開拓伝導を始めて，裁縫塾や季節託児所等の事業を行ってきた，古くからの地元密着型の学びの場所で，今でも川和保育園の教育内容を求めてくる人々によって地域社会学校としての位置づけをもっている。この歴史が保護者と教職員の学びを生みだし，地域を活動の場とする幼児の生活の場を構成している。様々な資料分析による基本データをもとに地域社会の活性化を構想する。寺田が「うちの森（県民の森）」「うちの海（三戸浜海岸）」「うちの散歩道（近隣の町）」「うちのアリーナ（横浜アリーナ）」などと語るのも，園は社会に開かれた空間で，社会は園とつながっているという

認識の証であり，うちの問題は社会の問題であり，社会の問題はうちの問題で，互いに，いかに貢献できるかという社会共同体の認識に基づいている。

それは，時代を読み世界とつながる人々の輪を生みだしている。園内のソーラー発電，半世紀も続く原発学習会，花火師の資格をもつ保護者の被災地への支援活動，チェルノブイリの子どもを助けるバザーや赤十字，子ども図書館への寄付活動など，社会に発生する問題をともに学習し，時を逸することなく実践するから，人々の絆が強く結ばれていくのである。

② 自然環境

これこそ35年の歳月がつくりあげた自然の芸術で，豊かな水辺と木立に囲まれた都会のオアシスである。高木から灌木にいたるまで植栽する場所，樹形，花や実や葉の特徴にこだわり自ら剪定する。夏は緑が深く重なり合い，根から吸い上げた水分が葉から蒸散されるので涼しく，冬の落葉した木立ちは日溜まりをつくり，いぐねを想像させる。いぐねは防風，防砂，防潮，防塵，防火林であり，近隣との境界と家の格を表すシンボルであるとともに，果樹は食用とし，下枝や落葉は燃料や肥料となり，材木は用材として利用する[3]。川和のいぐねは，遊具と一つになって遊びの機能性を高め，子どもにアフォードする価値を提供し，高い目的にチャレンジすることを促進する。寺田は「子どもは苦難の中にどれだけ豊かなものがあり，素晴らしいものがあるのか，自分を充実させてくれるものがどんなものであるかを知らないでいることが多い。—（中略）—子ども自身が自分の成長に向かって全存在をかけて打ち込み真剣に取り組む姿勢を自分の中に育てていくこと」[4] そこに真の自己の確立があるとする。高木の下を歩いていると，都会にいることを忘れてしまうほどに，川が流れ，棚田には稲が育ち，ヤギやニワトリが放たれ，草花が咲き誇り，それらに目を奪われる。井戸水が流れる川も夏は冷たく冬は温かい。これらがすべて子どもの遊び場，生活の場として使われる。

③ 絵本・図書も含めた文化的な環境

晴れた日は屋外が遊びや生活の中心である。大胆かつ繊細に形づくられた庭とは対照的に，室内は質の高い美的・文化的な空間として構成されている。

玩具は木製で統一され，各年齢に応じた知的好奇心を満たす物が用意されている。さらに，必要に応じて舞台，コロシアム，コーナーも自在に構成できる家具調度の工夫がなされている。プロ級の保護者が制作するイラストや季節の情報が，幼児の作品と調和し美的な文化を匂わせる。絵本や図書，視聴覚教材等は，寺田と職員で厳選している。質のよいものを見分ける基軸は真善美に立ち返ることだとして，彼は決して妥協しない。物語や童話だけでなく，原発関連の絵本や図書，ソーラー発電の絵本，あるいは春夏秋冬の川和保育園の園庭や生活する子どもの姿が描かれた絵本などの，本物がある。そして絵本を見る場所は図書館や保育室だけでなく，屋外の木漏れ日の中に，銀杏の木に架かる 5m 上のツリーハウスの中にも用意されている。寺田のいう「人間が長い歴史の中で積み重ねてきた文化に親しみ，その中で子ども自身の表現を作り出す基礎を育てる場所」[5] で子どもは生き，社会化していくのである。

さらに，食の文化にも関心が払われ，給食の食材も吟味され，調理員の働く姿や給食の匂いも文化として園に漂う。栽培した野菜や米を，子どもが収穫し食べる過程もカリキュラムに組まれている。人間が人間らしくなっていくことの追求も保育の大切な役割で，彼は「子どもが人間らしく成長していくためには，子どものまわりにいる大人が人間らしさへと向かっていくこと」[6] であり，そこに，ヒトから人への学びがあると考えている。

④ **保護者とともに奉仕協力する環境**

奉仕協力し助け合う大人と子どもが暮らす場所（トポス）が，次世代に民主主義社会のモデルを提供する。人間社会が人の性を育むのは，日常に埋め込まれた理念を行為によって経験し意味を生成する場所（トポス）である。保育や看護といった身体性を伴って次世代にしみ込ませていく類の営みと同様，相互扶助，奉仕，協働，規範や道徳という言葉の真の意味も，それが実践されている場所に身を置き，見聞きし，周縁から参加することで感得される。寺田が保護者の寄付をいとわないのも，それを園の環境維持のためだけでなく，社会のために使い，人々が奉仕し，ボランティア（自発）する文化を創出するためである。

子どもとかかわる大人も「同時に自らの人間性を追求していく姿勢を持ち，自らの人間性の広がりの中で子どもの人間らしい成長を捉えなおしていく」[7] という，人間の価値を追求しつくりだす場としての園である。

保護者が献身的にしかも保護者同士楽しみながら未来社会のために奉仕する姿は，子どもにとって誇りであり喜びのモデルである。子どももバ

> 「クリスマスだから」阪田寛夫
> クリスマスだからかんがえる
> たくさん　たくさん　たくさん
> かなしんでいる　ひとのこと（以下略）
>
> 「思いを馳せる」ということをしたいと思います。その思いは、たくさん寄せられて2014年度献金合計は1,001,964円となりました。」
>
> | | |
> |---|---:|
> | 子どもたち | 87,328円 |
> | 親 | 506,981円 |
> | 職員 | 407,655円 |

図表 3-1-7　2015 年 2 月 2 日発行「献金のご報告」

ザーのお金を数えて，同じ時代を生きる世界の子どものために贈ることを学ぶ活動は，社会の問題にも関心を広げる環境となっている。

⑤　労作し勤労を楽しむ環境

働くこと，それは人間が食べること，生きることと直結する。新教育運動が学習と労作と祈りを教育課程の核として学校環境をつくったように，寺田も子どもが主体となって生活する環境を用意する。子どもはよく遊ぶと同時によく働く。イヌの散歩，ヤギやウサギなどの世話，田んぼや栽培植物の世話，困っている子へのさりげない世話，給食の準備や片付けなど，生活の主体者として担う労作は当然のこととして，園外にも労働の場を広げていく。畑や田んぼの作業は楽ではないが本物と出会い，一人前として扱われる。また，発電量を記録したりお金を数えたりして糧とすることを学ぶ。本物との出会いが中心で，子どもだましのような労働はない。フレーベルがいう幼いころからの勤労[8] は，人生の基礎として身体に沈殿していく。

⑥　伝達ではなく対話する環境

遊んでいる子どもにかける保育士の言葉は少ない。集中を切らさないよう

に，目的実現まで静かに見守る。しかし，生活を進めていくグループは，縦横大小柔軟に組まれ，サークルでの対話が学習される。3歳未満児期から発達要求にはしっかり耳を傾け，それを実現する手立てを提供するからこそ，4，5歳になると話し合いに保育士はかかわらなくても子ども同士で意見をまとめ，やってみて，また話し合いやってみる根気がある。Sけんや二輪車競争，独楽や竹馬大会など遊びの話し合い，表現の創作についての話し合いは熱気がこもる。イエナ・プランが，意味生成の基軸とした対話は，①オープンサークル，②テーマサークル，③読みサークル，④観察サークル，⑤報告サークル（自由作文サークル），⑥その他，企画，準備，宗教，評価，催しサークル，などであったように，川和保育園でも随時，多様な大小グループを組んで行われる。生活の必要に応じてサークル活動として取り入れているもので対話の中で生まれる意味に知的財産の創出がみられる。対話のルールが体験され身につくことは，民主主義の根幹である。これによって，普段からよい人間関係ができているかどうかがわかる。つまり，子どもは相手の行為や性格などに興味・関心をもち理解しているから，仲間として違いを尊重できるのであろう。

　この民主主義の神髄を学ぶ環境は簡単につくりだせるものではないが，伝承された対話のモデルがあり，保護者や園長・保育士たちが話し合うモデルがある。保護者との対話は，学習会，遊具の創作から卒園文集の表題を決めるといったことまで，とことん話し合いを楽しみながらみんなの納得をつくっていく。それはもう一方で厳しさがあり，それに対する納得や自らが成長する喜び，保育の面白さがなければ継続できないであろう。寺田は，人生の一時期，自得し仕事に夢中になる経験が保育士を大成させていくと考えて若者たちを支えている。

　⑦　物語を綴る環境

　社会的実践は，保育士によって詳細に綴られる。日々のささやかな記録も，時間とともに壮大な物語となってふくらみを増していく。それを，クラス便りとして発信するので，家庭でも子どもの物語を読み，その状況を語り合う。

子どもの物語によって保護者はわが子の友だち関係を知り，園の生活経験の質を解釈する。それは保護者の物語にもなり，保護者同士の語らいのテーマにもなる。そして，保護者もわが子の日常に耳を傾け，子どもの世界をナラティヴ（物語）として記していく。バフチンが「言葉とは事物ではなく，永遠に運動し，永遠に移ろい続ける，対話的コミュニケーションのための媒体なのである。─（中略）─言葉の生活─それは一つの口から別の口への，一つのコンテキストから別のコンテキストへの，一つの社会集団から別の社会集団への，一つの世代から別の世代への移ろいの中に存在している」[9]という環境が，子どもの中に物語のテーマをつくりだしていくといえよう。

　以上，7つの視点から園経営の中軸となる環境を捉えたが，この意味を包含した川和保育園という場所_{トポス}には，心ゆくまで遊びや活動に取り組めるゆったりとした時間が流れている。一人ひとりが自発的に動く過程で目的を見いだし，所作振る舞いをつくり，園の雰囲気をつくり，園精神をつくっている。この園精神が明文化されたものが保育の全体的な計画の大綱になることを願って，経営を行為によって率先する。双方の納得が得られるまで語り合う（語る）経営姿勢に，寺田の子どもへの深い信頼を感じるからこそ，彼のまわりの人々は動くのであろう。

（2）　理念を謳いあげる保育の計画
　川和保育園の保育の計画には，理念・方針，保育所の社会的意義，一日の生活の流れ，ねらいと内容の組織，実現するための条件が書かれている。次は，その一部抜粋である。

　川和保育園〈保育の計画〉─共に生きる川和保育園─
　1. 保育理念及び方針
　　自分で考え，自分で遊べ，子どもたち！
　　　・自然の中に身体を解き放ち，季節を感じ，いのちの優しさを感じ，
　　　　自ら感性を研ぎすましていく，そんな子どもの力を信じる

- 保育は，子どもを信じ，我が子をこの環境に置きたいと思う夢から始まる
- 保育は，職員や保護者，子どもが共同できる，互いの感謝によって織りなされる
- 保育は，世界平和を願う人々の輪から真・善・美の生活が築かれる

2. 保育目標

いのちを感じ，思う子ども

大きく飛翔し，自立する子ども

体験を通して，感性を磨く子ども

3. 基本的社会的責任

適切な法人運営，人権尊重，地域交流，保育の説明責任・情報提供と対話を心がけ，公的保育としての社会的責任を果たしていく。

ともに生きる保育の共同体，社会的実践共同体は，子どもに限りない信頼を置き，こうして謳いあげた理念や方針，社会的責任などをもとに，日々累積した物語から6年間の育ちを捉えて，ねらいや内容が構造化されており，内的事項としての経営全体の内容を把握することができる。

その保育の計画をメタ次元で整理してみよう。保育の基本的方向は，人権尊重を基盤とする保育共同体・社会的実践共同体に向けた営みである。その共同体は民主主義が身体にしみ込み，態度に昇華される意味生成によってアイデンティティを発達させていく実践を目指している。また，乳幼児の大きな成長の可能性を信じ，自ら自己形成し飛翔するその尊厳に児童観を置いている。当然，教育目的は，平和を希求し真善美への価値を志向する自立した存在になることである。この内容を教育学的に整理すると図表3-1-8のようになる。

また，園生活は社会と密接につながり，社会も季節の巡りや自然事象，社会事象とともに変化する。その先に常に世界が開かれており，世界が目指す平和や人権尊重といった理念がある。幼児の園生活は，世界の環境，地域社

図表 3-1-8　保育の考えを学的にみる思想

基本的理念	人権尊重を基底とした教育共同体としての保育
児童観	自発によって自己形成する存在であり，飛翔する存在
教育の目的	平和を希求する人々の輪から築く真善美の価値・関係性・状況性に応じた自己決定による自己統一，自己創造
学習の原理	共同体への参加。命を感じ思い，感性を磨いて自立する
活動の原理	地域社会・園環境・集団作用の環の中で，生活，遊び，労作・祈りに内在する文化を学ぶ

会の自然事象，社会事象という環境に包まれつつ，内円を生活の土台にし，中円へと広がりをもっていく。さらに，外円で大きく包まれた世界を身近に感じることができる具体的な活動が日常の生活の中に組み込まれている。行為として経験することで環境世界がつながり広がりをもってくるのである（図表3-1-9）。

保育所は，幼稚園の年間39週以上，標準1日4時間に預かり保育という教育時間・週数の規定ではなく，原則1日8時間の保育時間でさらに長時間保育および延長保育がある。保護者と園の合意において個々に必要な受け入れ時間が定められるが，子どもにとっての最善を基軸に置いている川和保育園では，子どもにとって負担となる長時間保育は少ない。5月の連休や夏冬の休暇に「お休みに協力を」といえる園はそうはあるまい。その保育時間をデザインする根本にも保護者の教育権を尊重する経営理念がみられる。

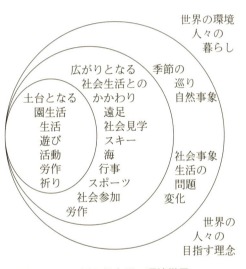

図表 3-1-9　川和保育園の環境世界

242   第3部　経営革新を生みだす教育評価

(3)　環境から生まれる生活デザイン

　理念と大綱をもとに，子どもと生活をつくりながら改善して日々実践を積み重ねていく。仮の生活構想計画が明文化され一貫性をもつようになるには保育年限の2倍はかかるが，その過程で伝承される園文化ができ，保育の全体計画が子どもの育ちを保障する確信に変わるのである。たとえば，私たちが東日本から西日本に転居し，その地域で人々のつながりができ，生活になじみ，一年の見通しがつくようになるには数年かかるだろう。生活は経験してみないとわからないことばかりで，やってみてはじめて東と西の文化の違い[10]を知っていくからである。一年の見通しは，身体に文化がなじんで社会的実践に参加し人々と意味生成する経験を必要とするように，園生活も時間の積み重ねであり，内容は存在と時間が場所に意味を生成していく中でつくられるといえよう。川和保育園の長期の生活デザインは，前年の物語が累積されて今日に至ったものである。

　寺田は，保育室と園庭とは何ら価値の違いはないとして園庭にも高い価値を置き，第二の保育室と位置づける。数々のドラマを生む園庭には年月を重ねたいくつかの特徴があり，子どもの経験を支えている。

①　共生する自然環境の安定性と変化との調和

　大地と園舎と木立，そして川は動かない。四季の巡りに合わせてあの場所に行けば自分が遊びたい，見たい物，場，空間があると子どもが予想できる安定した環境を年間通して用意する。さらに，四季の巡りによって水温や日照，気温などが変化する環境が，自然環境に色を添え，生活様式や遊びの内容に変化をもたらし，子どもに新たな目的と気づきを促す。

②　高い目的意識を埋め込む環境と小さなステップ

　遊び環境には小さなステップを置き，子どもがアフォーダンスの価値を見いだし，習熟し，未知の挑戦へと自らを向かわせる仕組みを埋め込んでいる。たとえば，乳児が遊ぶ水辺は，夏はじゃぶじゃぶ池につながり，1，2歳児でも水位を見て入るときを決める。池の水位が上がるとカヌーに興じる4，5歳児に入れ替わる。潜ったり泳いだりしたい子どもはプールを選択すると

いうように，自己選択・自己決定による行為への挑戦が保障される。その環境は，繰り返しの挑戦，飛翔，己に向き合う時間，悔しさ，悲しみ，驚き，喜び，憧れといった汗や感情も内包している。

③　道がつなげる大小空間と人の交流

庭の中央に広場（夏は池），広場の周辺に道，道の周辺にはツリーハウスや木工空間，遊具空間，小屋，園舎がある。道はある程度の幅と長さをもっているのでリレーや竹馬競争などの動的な遊びに活用される。また，異年齢の子どもが行き交い交流する道は，野菜や草花や樹木が風景を演出するとともに，大小の空間を隅々までつなげて新しい遊びの世界を夢見させる。

④　多様な集いの場

広場前のケヤキの大木の下はウッドデッキの憩いの場で，着替え，読書，食事，工作，休息やおしゃべりの場，ときには応援席となる。いろりのまわりは暖を取りながら小刀細工をしたり話を聞いたり調理したりする場になる。小さな机がある場は，食事や対話の場として集う。子どもが集う場が，あこがれを育み，遊びや生活の伝承を生んでいく。他学年の遊びが見え，集うことによって相手の呼吸を感じ語らう空間が生まれる。

⑤　視点を転換する立体的な空間構成

ツリーハウス，だいもれタワー，クライングモール，おとぎの家，ログハウス，空中ケーブルなど，樹木と連動させ連山のごとく連なる立体的な遊び場は，子どもの視点を転換させる。視点の違いは，知覚や感性を研ぎ澄ますだけでなく思考のありようにも影響する。自分の身体変化に伴いパースペクティヴが変わることで，物事を柔軟に捉えるセンスが生まれる。さらに，立体空間だけでなく地域社会とつながる面的な広がりの空間が環境に埋め込まれている。

仙田満は子どもの遊び空間は，自然スペース，オープンスペース，道スペース，アナーキースペース，アジトスペース，遊具スペースの６つの原空間[11]があるとする。また，「遊環構造」[12]という別の視点では，「①遊びの動線に循環機能がある，②その循環（道）が安全で変化に富んでいる，③その中に

シンボル性の高い空間，場がある，④その循環に"めまい"を体験できる部分がある，⑤近道（ショートカット）ができる，⑥循環した広場，小さな広場等が取り付いている，⑦全体がポーラス（多孔質）な空間で構成されている」の7つの条件をあげている。

　遊び場・環境・生活にこだわる寺田が生みだした屋外環境は，仙田の構想以上の広がりと創意工夫があり，これらの空間で生みだされた物語が，子どもの心身を鍛え，価値のありようを方向づけているといえよう。

２．子どもとつくる生活

　早朝の生活や遊びの場を整える行為から保育が始まる。その環境に保育士・子ども双方の思いや願いが込められているからこそ，活動や意見や夢が生まれるのであり，子どもが主体的に生活を進めることができるのである。子ども自身がもっている生活のプログラムを信頼することも，保育理念に還っていく視点である。そして実践後，日々の保育行為や個々の幼児・グループの言動を記録し考察して，翌日の実践で修正していく。この実践ノートこそ，川和保育園独自の実践言語としての財産になっている。

（1）　実践記録に基づく生活予想

　0，1，2歳児の日々の生活の様子は個別に記載されて，保育する同僚と共有される。この生活記録が子どもの発達要求を学ぶ貴重な資料となっている。連絡帳に記したり，ある時期をまとめて保護者とともに発達要求を確認したり保育の見直しを行ったりするとともに1年の成長を振り返る。これが3歳未満児保育において生活の見通しを立てる方法論で，同僚と共有することによって一人ひとりの子どもにふさわしい環境が提供でき，経験内容を解読することができる。

　3歳以上児については，一日の大きな流れは生活リズムとして定着させているので，具体的な時間の流れや内容は子どもとともにつくることに心が配

られる。それを支えるのが実践ノートで，日常の保育・物語・環境などがよく記録されている。フィールドノート[13]によってある現象を読み解くように，この実践ノートは保育士，子ども，保護者が反芻し，幼児をよく見る目を養い，保育という捉えにくい現象を浮き彫りにして関係改善の手がかりを提供してくれる。それがあるから，生活デザインを「保育士の作成するもの」から，「子どもとともに生活し綴るもの」という基本に立ち返ることができる。つまり，共同体の生活は構成員が夢や生活上の課題を語り合いながら明日，明後日の生活を描く。そして生活しながら不具合を調整し，日々，振り返りながら環境を再構成し，一人ひとりが物語を綴り，共同体の物語として共有していくという繰り返しであるといえよう。

(2)　三者によって綴られる実践ノート

このほかに保育を反芻するための資料は，ビデオ記録，クラスだより，子どもの言葉を綴った成長記録など，豊富に保存されている。ここでは，保護者に向けて1〜2か月に1回程度出されているクラスだよりに注目してみたい。これは実践ノートの記録から情報が整理され，保護者も保育士もともに「子どもを信じる」目が養われていくという便りである。また，環境改善の課題が発見され，「世界平和を願う人々の輪」「真善美を築く」生活を浮き上がらせ，保護者とともに歩む方向が確認される資料である。遊びについては川和保育園の文集『ふってもはれても』[14]からほぼ連想できると思われるので，クラスだよりからは生活の広がりとサークル活動の一端から，保育の質的評価・改善の循環を捉えてみたい。

①　思いを綴り，保護者・子ども・保育士がともに育ち合う

クラスだよりは分厚い。これが一人ひとりの成長記録としてだけでなく保護者と共有する子ども情報になる。そこに保護者も子どもの声や感想等を寄せ，多層的なドキュメンテーションが生まれる。

次は，4歳年中組が初めてスケートをした日の記録である。

〈初めてのスケート〉

　朝の受け入れ，絵本屋さんを終え椅子並べ，そして早くすめば靴合わせもたくさんできると鐘を鳴らしたら，動物（の係りの仕事）が終わっていなかった…ので全員揃うまで，久しぶりの間違い探しゲーム。―（中略）―ゲームをしているうちに全員そろったので小松Tにバトンタッチしスケートへの導入が始まる。「氷の上，歩いたことある　なーい‼そうだね，皆はまだ歩いたことないね。チューリップの子（赤ちゃん組）も最初は歩けなくて，歩く前ってどうしていた？」けいたろう「はいはい」「そう！　歩く前ははいはいしていたんだよね。氷の上ではみーんな初めての赤ちゃんだから，皆もはいはいから始めるからね。」[15]

　子どもが楽しみにしていたスケートは，リンクに着いて身支度すると，はいはいして中央まで進む。すぐ立ち上がる子，立っては転ぶ子と様々だが，スタスタと歩く子どもが増えて2時間後にはほとんどが立ち歩いている。ボランティアとして参加した保護者のほとんどが感想を寄せ，物語は家庭に広がる。その中にこんな保護者の文章がある。

　　今日のスケート母も泣きました。こんなに頑張っている晃希，はじめて見ました。―（中略）―今朝も母より早くガバッと起きて「早く行かないと行けなくなっちゃう」と支度もスムーズに出来て，勇んで出発した晃希，―（中略）―何度も何度もこけて気持ちはへこんでいるけど投げ出さないで泣きながら立ち上がるその姿に母はつらい！　でも彼はがんばってる‼　今思い出しても涙がでるわ。でもそういう時に親が声をかけたり手を差し伸べたりしない方がいいという意味がわかりました。[16]

　このスケート記録はB4判9枚に詳細に綴られている。こうした様々な記録からは，以下にあげるような共同体の環境カリキュラムともいえる内容の

特徴が捉えられる。

ア．園外に活動の場を広げていく3年間の見通し

　園の文化となった園外での活動は，四季の巡りとそれぞれの発達に即した場所と生活の必要感に合わせて計画され，保育時間の長さを生かして地域を十分活用するとともに，家庭では得られない経験をふんだんに取り入れて計画されている。子どもと実施の有無から対話を進め，目的を明確にして出かけることにより，双方の目的にぶれがない。園内だけでは補えない，受苦を乗り越えた先に真の喜びがもたらされる環境を，保護者も参画することで共有している。

イ．チーム保育による協力体制

　チームの分担，協力，流れのつくり方に共通した認識が形成されている。室内で皆がサークル活動に集まるまで子どものゲームを支える保育士，最後まで片付けや動物の世話をする子どもを見る保育士などと，相手の動きを想像しながら，あうんの呼吸で行為できる関係が日常からつくられている。

ウ．子どもの育ち合いを捉える記録

　友だちへの関心，注目の鋭さ，問題の解き方，ゲームへの主体的な参加の仕方など，きっかけは保育士がつくっても子どもが対話を進めていくところに関係の育ちが把握できる。また，スケートに取り組む目的が自覚され，這うという具体的な手がかりが提示されることで，子どもの意欲や根性を引き出す。2時間ほどやればスケート靴を履いて歩くまで自分を高めていく子どもの集中力，自己発展・自己実現する力を信じる関係が読みとれる。

エ．道具・遊具環境

　子どもの活動を支える道具が整えられている。3学期にはホッケーへと発展するための小さなステップも，道具によって支えられ可能になっている。

オ．保護者のボランティアと自己認識

　保護者はボランティアによって学ぶ機会を得て，クラスだよりなどに感想記録が掲載されることで，他児，他の保護者の思いを知ることができ，全体

の中でのわが子の育ちや特性，保
護者自身の成長を確認できる。それ
は，園の目標や方針を子どもの
姿から感得していることで変容す
る保護者の姿でもある。

　② 遊び・サークル活動の振り返
り

> もうきょうでさいごだって
> あーあー、またスケートいきてーな
> 　　　　　　　　　　あきひろ
> おれ　かわわほいくえんでよかった
> 　　　　　　　　　　ゆうだい
> （2009 年文集「ふってもはれても」）[17]

　同じ年度の年長組の「エルマーとりゅうだより」は B4 判 80 ページにわ
たる。芋掘りの記録も，下見に始まり，芋掘り，収穫した芋の大きさや形比
べ，冬場の焼き芋になるまで，子どもの生活に視点が置かれている。

　次は，10 月から続いている S けんの記録の抜粋である。前回のリーダー
が次のリーダーを決めることから遊びが始まる。

〈毎日が運動会の中の S けん〉

　それにしてもチームを選んでいくあすかの真剣な目といったら！　頭
をフル転回させてメンバーを考えている。それでは 1 回戦，赤 vs 緑。よー
い回戦，バン。あきとがガンガン攻める緑チーム。それでも宝はとれな
い。それもそのはず，赤チームはほとんど守り。守りがあまりにも多く
てあきとも苦戦。次に黄と白，―（中略）―そう，あすかは今までずっ
と宝守りをしていた。でも今日は違う。自分が宝を守れる自信も宝を取
れる自信もある。ほんとうによく宝の動き，敵の動きを見ているあすか。
自分チームの宝が動くとパッと陣地に戻り，今なら取れると思うと，ぱっ
と攻めていく。その繰り返し。ほんとうにすごい！[18]

　トーナメントで 4 回戦やり，全員の名前が把握されている。こうしてリー
ダーがみんなに回るまで数か月は続く。保育士の記録はその場の出来事や自
分の気持ち，一人ひとりの子どもの思いを読みとって書いていて臨場感があ
り，保育の再現のようで読む方も面白い。5 歳児になると，サークル活動も

保育士の役割は始めと終わりの合図，全員の意思確認程度で，後は子どもが決めていく。対話の時間をしっかりとり，保育士はよく観察し，感じ方，価値の置き所についても発言し，深くて視野の広い意味を生成をしている。また，男女差をまったく感じさせない真剣勝負の遊びで，泥まみれになる本能・野性が消えないで残っており，生活と遊びとサークル活動が相乗効果をもたらしている。

○すごい　Ｓけん　がんばったから　ずぼん　よごれた（まとい）
○はれたら　いいのに　あめやまないかなあ　やんだらいいのに　Ｓけんできるのに（がいや）
○まみの　ほんとの　つよさを　みてごらん
（2009 年文集「ふってもはれても」）[19]

　卒園文集にはＳけんの思いを綴った言葉が多くみられる。川和保育園の子どもが闘志を燃やし夢中になる遊びの一つである。真冬でも裸足になって男女入り乱れて陣地内の宝を取り合うことを競う。夏のプールでもやり，運動会にやったＳけんやリレーなどが何か月も繰り返される。

　闘志を燃やすＳけんだけでなく，伝承が生まれる保育スタイルが，遊び，生活，サークル活動，全体活動に秩序をつくりだしている。その秩序によって子どもが己の力をよく知り，困難を乗り越え高めていく，生活の自治が図られている。

　こうしたドキュメンテーションから，3 年間の育ちと結果として獲得した知識や技能を見ることができる。どの記録からも，①プロセスにこだわり一人ひとりの育ちを顕在化する，②大きい苦労によって大きな喜びを得る，③園内外の環境を使いこなし問題解決を図る，④個々を生かす小グループの仕組み，が読みとれる。「遊び，生活・労作，サークル活動（課題・プロジェクト），祈り」を織り交ぜた自治のシステムが育ちを支えているのである。

　ドキュメンテーションは，生活，遊び，描くこと，演じること，歌うこと，

250　第3部　経営革新を生みだす教育評価

すべての中で数え切れないほど生まれて取り巻く人々の心に刻まれていく。実名でドキュメンテーションを綴り，保護者と読み合い，学び合う関係ができる園はそうはあるまい。園の保育実践が赤裸々に表に出て，ともに喜び合える関係に，信頼し合う絆を捉えることができる。多次元の現象を二次元に記す言葉は難しいが，思考の言語化として整理することに意味があろう。子どもがとことん没我していく本意としての遊びと，子どもの遊びに基本的に意味を置き，保育士が意図的にサークルや対話，表現などの中で取り扱っていく活動の妙味である。

(3)　生活を原点とした教育実践のカリキュラムへ

　このように，経営の内的事項に関して，一つの園の経営を追跡して見えてきたことは，就学前教育におけるカリキュラム研究も，紆余曲折の末，大きな転換点を迎えているということである。ブルーナーの知的学習を主とし基礎的な諸観念を繰り返しによって把握させる螺旋型の『教育の過程』[20]の構造（従来の義務教育諸学校はこれによる）から，アトキンのいう目標に準拠した教材・教授，評価をもとに創造的，即興的な学習活動の記述を，目標に囚われることなく多様な視点で評価する羅生門的アプローチに拡大する，という生活基盤型の教育の本質への回帰である。

　この全体論的なアプローチは，今野喜清がいう「人間の生とは，とりもなおさず『感性的』実践の主体であり，絶えず自己を実現しようとする衝動でもある。人間はそのような生を自覚化し理性化することによって，客観世界と主観的意識との分裂・矛盾を解決し，その統一（真理）を求めてすすむ」「"生"のプロセスの中での"感性"は，たんなる知覚や直観としてではなく，まさに人間の『実践的活動』の基盤として，理論と実践の再統合を図る論理とさえなる」[21]ところに行き着く。

　今野は次のようにいう「"生活認識の思想"を通じて，生活と地域に根ざした教育のリアリズムと社会的認識と自然認識との統一を『表現』のうちに見出そうとした，わが国の教育の歴史におけるほとんど唯一の独自的教育方

法理論といってよい，『生活綴り方的教育方法』の理論的・実践的遺産である。『人間の生きる意志と同時に，生きる権利の意志がつらぬかれて』おり，『生活経験主義，自然成長説をさしているのではなく，歴史的・社会的現実をとかしこんでいる生活，自然の制約と圧迫，社会の矛盾，それに対する人類の生産発展と社会発展のたたかいの，歴史的所産としての生活』*の認識を『教育の現場的発想のカナメ』とする。生活綴方教育実践が志向した"科学と生活との統一"のうちにもつ"教育におけるリアリズムの思想"は，まさしく教育実践の原点として，その方法的次元を超えて発展させ，一般化させねばならない」[22]と。

　寺田がもつ現場的発想の要は，0歳児からの生活をともにする者が人生の中で得た確信であり，多くの就学前教育現場が潜在的にもっている感覚である。そこに，一世一代を賭けた現実社会と実践との闘いの足跡が残されるといえよう。

＊　『歴史的・社会的現実を―（中略）―歴史的所産としての生活』は，山形県国民教育研究所・真壁仁編『教科構造と生活認識の思想』明治図書，1969, pp.262-263 からの引用。

第2章

場所の共通感覚をつくりだす評価

（トポス）

§1　評価の機能とシステム

1. 己を知るシステム

　教育課程の対概念として，教育評価がいわれるようになったのも第二次世界大戦後の中学・高等学校の指導要録を始まりとする。心理学の隆盛による教育測定運動の流れや，教科書をある指導法に則って教えた小学校の子ども評価の影響をそのまま受けた就学前教育は，それまでの幼児の生活を記録していた実践ノートを捨てて，評価というとてつもない世界に突入していったのである。東洋は，それでもまだ「幼稚園の先生が子どもの話をする時には，─（中略）─子どものいたずらや挫折，嘘，いじわるのようなものを含めて，その子どもをいわば虚心に見て楽しもうという態度」[1] があるというが，生活を基本とする就学前教育になじみにくい評価という言葉が指導要録と直結して実践現場に入ってきたことは，就学前教育の学校化を促進させていくことになる。

(1) エウダイモンな人生

人は他者の行動に適, 不適のサインを送りながら, あるいはサインを糧にし取り入れながら, 常識を共有できる人のつながり, 民族としての同質性, 安定した社会の形成に向かう。アームソンによれば, アリストテレスは「優れた性格とは, 状況に応じて最も適切に行動することを欲し, かつ行動するような後天的性向である。何が適切な行動であるかを決めるのは理性であり, 優れた性格の役割は, 思慮分別の判断に喜んで従うところにある」[2] として, 社会の中にあって後天的に獲得する行動の適否, つまり思慮分別の判断に自ら従うことこそ, 優れた性格だと位置づける。優れた性格の習得については, 「子供は, もしもよい親と教師に恵まれたならば, よい行いをするように指示され励まされながら, 正直, 寛大, 公平等の徳を身につけた大人に育ってゆく」[3] と, 教師や親の役割を強調する。ここにアリストテレスが「優れた性格とは, エウダイモンな人生, すなわち最も生きるに値する人生を生きる人間の所有するものである」[4] として, 努力しなくても正しいことが行える人間にまで高まること, 生き甲斐のある人生を生きる eudaimonia（幸福)[5] になることを最高善とした考え方をみることができる。

善に至る過程に評価が介在するわけだが, 善の置き所によって評価の介在が異なる。西田幾多郎は直覚説, 他律的倫理学の権力説, 自律的倫理学の合理説（または主知説), 快楽説, 活動説における善について次のように述べている。

まずは直覚説について「我々の行為を律すべき道徳の法則は直覚的に　明なる者であって―（中略)―行為の善悪を判断するのは, かれこれ理由を考えるのではなく, 大抵直覚的に判断する」直覚説の善は, いずれも「直接自明なる行為の法則がある」[6] ことに従っている。しかし, われわれは善悪の判断に迷い, 人によっても善悪の判断は異なり, 種々衝突もあり, 変遷もあり, 自明の原則は見いだせない。「要するに我々は我々の道徳的判断において, 一も直覚論者のいう如き自明の原則をもっておらぬ」[7] とする。次に, 純粋な他律的倫理学, すなわち権力説について「道徳は吾人に対し絶大なる威厳

254 　*第3部　経営革新を生みだす教育評価*

または勢力を有する者の命令より起ってくるので，我々が道徳の法則に従う
のは自己の利害得失の為ではなく，単にこの絶大なる権力の命令に従う」[8]
とする。権力説においては，理由もわからないまま権威に従う。権力者を尊
敬するでもなく道徳的動機を説明するでもなく，盲目的に恐怖によって従う
善行などはない。つまり，いずれの他律的倫理でも善を説明できないと退け
る。

　では自律的倫理学なら説明できるか。道徳の本を人性の中に求め，なぜに
善を為さねばならないかの問題を説明する自律的倫理学には，理性を本とす
る合理説（または主知説），苦楽の感情を本とする快楽説，意志の活動を本と
する活動説があり，これらも西田の「善」から見ると次のような問題を孕ん
でいると指摘する。

　合理説は，道徳上の善悪正邪と知識上の真為を同一視し，ものの真相がす
なわち善であり，ものの真相を知れば何を為さねばならぬか演繹されると考
える，つまり「我々人間は理性を具しておって，知識において理に従わねば
ならぬように，実行においても理に従わねばならぬ」[9]ということである。
しかし，道徳の永久不変は，「ある」ことと「あらねばならぬ」ことを混同
しているとして「汝の隣人を愛せよ」を例にあげる。人間は，他愛の性質も
あれば自愛の性質もあるが，他愛だけを理とする不変を人の感情や欲求が受
け入れるとは限らない。知識上の真相を知っても何が善かはわからないから
である。「理性的動物なるが故に理に従わねばならぬ」合理説も，道徳の目
的は「単に情欲快楽に克ちて精神の自由を保つ」とする犬儒学派の説も，「宇
宙は唯一の理に由りて支配せらるる者で，人間の本質もこの理性の外にいで
ぬ，理に従うのは即ち自然の法則に従うのであって，これが人間において唯
一の善である」[10]とするストア学派の説も，情欲に反対する純理をもって人
性の目的とする時には，理論上において道徳的動機を与えることができず，
実行上においても積極的善の内容には至らないとする。

　また，快楽説は合理説に比べれば一層人性の自然に近づいているが，善悪
の判別は単に苦楽の感情により定められることとなり，正確な客観的標準を

第2章　場所の共通感覚をつくりだす評価　*255*

与えることができず，かつ，道徳的善の命令的要素を説明することはできないとする。

　それでは西田のいう善とは何か。西田は，善は何であるかの説明は意志そのものの性質に求めねばならないとし，意志は意識の根本的統一作用であり，意志は己自らのための活動であり，「先天的要求（意識の素因）なる者があって，意識の上には目的観念として現われ，これによって意識の統一する」[11] この統一が完成されたとき，すなわち理想が実現したとき，われわれに満足の感情が生じ，これに反したときは不満足の感情を生ずる。「行為の価値を定むる者は一にこの意志の根本たる先天的要求にあるので，能くこの要求即ち吾人の理想を実現し得た時にはその行為は善として賞賛せられ，これに反した時は悪として非難せられるのである。そこで善とは我々の内面的要求即ち理想の実現換言すれば意志の発展完成であるということとなる。斯の如き根本的理想に基づく倫理学説を活動説 energetism という」[12]。エウダイモンは完全なる活動・行為であるとする考えは，プラトン，アリストテレスの善と同様である。

　善の裏には必ず幸福の感情が伴う必要があり，真の幸福は理想の実現，要求の実現によって得られるものなら，それは意志の統一作用から起こるとする。私たちの意識現象は，必ず他との関係のうえにおいて成立しており，一瞬の意識でも複雑な要素を含んでいる。彼は「これらの要素は互に独立せるものではなくして，彼此関係上において一種の意味をもった者」「一生の意識もまた斯の如き一体系である」[13] として，善は必ず他との関係において生じ，ある一つの要求はただ全体との関係上においてはじめて善となる。そして善行為においては，「自己の知を尽くし情を尽くした上において始めて真の人格的要求即ち至誠が現れてくるのである。自己の全力を尽しきり，殆ど自己の意識が無くなり，自己が自己を意識せざる所に，始めて真の人格の活動を見る」[14] とする。「我々が実在を知るというのは，自己の外の物を知るのではない，自己自身を知るのである。実在の真善美は直に自己の真善美でなければならぬ」[15] のであって，「真の善とはただ一つあるのみである。即

ち真の自己を知るというに尽きて居る」[16]とする。

　真の自己を知れば人類一般の善と合し，宇宙の本体と融合し，神意と冥合することになる。こうした善行為，つまり善の本質からみると，今日の日本の行動形成・抑制の潜在的，意図的強化システムの行きすぎに疑問をもたないわけではない。アリストテレスも社会的人間観をもっていた。本来なら努力しなくても正しいことが行えるアリストテレス的中庸の理論は，日本人の中庸観と共通するものであったはずであり，善の概念が根本的に異なっているとは思えない。しかし，現代がつくりだした善の概念は，前述のように適切か否かを決める理性の働きや，努力しなくても自然に思慮分別の判断に喜んで従う態度から離れてしまい，他者によって道徳規範が教えられ，行為を指摘され，矯正されるといった感覚を強く培っている。

　プラトンは，「認識される対象には真理性を提供し，認識する主体には認識機能を提供するものこそが，〈善〉の実相（イデア）」[17]だとする。この自己自身を知る情報を自らに返すことが評価だとすると，人は生誕とともに，他者との関係の中で行動形成，抑制，ひいては性格形成に作用する評価がなされていることになる。逆に教育によって直接的に子どもの意志を支配したり，意志によって起こる理想や要求を大人の側に引きつけたり，行動を規定したりすると，真の己を知る経験が失われてしまう評価の怖さもつくりだす。評価のあり所をどこに置くかは，教育にとって重要なテーゼといえよう。

(2)　関係する人々との共通感覚と価値の制度化によるその喪失

　評価が，大人の側の一方向の強化システムであるかぎり，子どもの中に自らを統合して感得するセンスス・コムーニス（共通感覚）は育たない。子どもが自らの五感を統合して働く総合的で全体的な感得力，環境との相互作用のなかでしっくりいく感得力にこそ，評価機能を考える根本があるのではなかろうか。中村雄二郎によれば，「一人の人間のうちでの諸感覚の統合による総合的で全体的な感得力（共通感覚）は，あたかも，一つの社会のなかで人々が共通に持つ，まっとうな判断力（常識）と照応し，後者の基礎として前者

第2章 場所（トポス）の共通感覚をつくりだす評価　　257

が想定される」[18] もので「現在私たちのまえに提出されている人間論や芸術論の多くの重要な問題，すなわち，知覚，身体，アイデンティティ，言語，批評の根拠，生きられる時間や空間，風景，制度，虚偽意識などの諸問題は，みな共通感覚の問題にかかわり，そこに収斂していく」[19] という。この共通感覚の考え方に含まれる様々な問題を顕在化させ，展開することは，教育評価における知の組み替えの手がかりになる。

　就学前教育における教育評価は，中村の言を模倣すれば“一人の子どものうちでの諸感覚の統合による総合的で全体的な感得力（共通感覚）”は，“園という一つの社会集団が共通にもつまっとうな判断力（常識）と照応して”“園というある社会の中で共通にもつまっとうな判断力（常識）の基礎として子ども一人ひとりの共通感覚が想定される”ということになろう。行動の適，不適を知り自ら行動強化するシステムは，自発性，主体性の育成を基本とする幼児期の教育の特徴である。それと同時に，この共通感覚は子どもだけでなく，保護者も教師・保育士等も同様である。私たちが自分の行動の適否を知り行動強化するシステムは，経験として培われてきた五感の統合による総合的な感得力に基礎をおき，共通感覚が現実とのずれを発生させているとき，問題を感じ，解決過程に五感を総動員してしっくりいく感覚を得るまで行為を模索する。

　このように考えると，従来の教育の評価は，当事者である子どもの共通感覚を抜きに，知を構築してきた。子どもの自己評価感，つまり自己を統合する総合的な感得力（共通感覚）を大事なものとしてきたら，教育評価の意味が変わっていたかもしれない。

　今日の学校化（schooled）[20] された社会の中で，子どもが他者の目にさらされて示す不安定な兆候は，生得的に人間がもつ共通感覚が崩れてしまった現象とはいえないだろうか。イリイチが「価値の制度化*をおし進めていけば必ず，物質的な環境汚染，社会の分極化，および人々の心理的不能化をもたらす」[21] というように，学校が子どもを集団内に強制的に収容することで，五感を統合するセンスス・コムーニスをも摩耗させてきたとしたら，評価も

258　第3部　経営革新を生みだす教育評価

また視座の転換が必要であろう。価値の制度化が，子どものための学校をして，諸感覚の統合による総合的で全体的な感得力（共通感覚）をも喪失させる機能は，日常の物事だけでなく，それらを存在させている地平そのものを捉えることをできなくしているということである。

(3)　実践を綴るオムニバス

　教育において，教師や子どもが己自身を知るために自分の人生を綴る，生活綴り方や日記は，真の己と向き合う時間を提供していた。綴り方で綴るのは生活だけではない。『続・山びこ学校』には国語，数学，自然科学，英語，文学などの授業に向き合う子どもの作品がある。文学の時間の感想文に対して無着成恭は，「感想文は教師のために，つまり教師が指導目標をとらえるためにあるのではない。――（中略）――子どもたちは作品のよみからうけとった感情なり思想をかためていくばかりではなく，自分で自分の内的な世界をつくっていくのである」[22)]として，教師が子どもの心を点検するとか，刑事の目で感想文に接するといったことを戒めている。評価が他者によって一方的になされるかぎり授業は意味がない。子ども自身が内的世界をつくるきっかけに授業（における評価情報の提供）があるとする考えには，本来の評価・善へとつながっていく視点がある。

　就学前教育は，書記言語以前の子どもの内的世界を表現行為によって捉えることにより，子どもと応答する教師・保育士等の行為を洗練させ，行為によって善の居所を子どもに映していくことになる。子どもの発達要求に応えるために教師・保育士等に何が為せるか，子どもが自分の意志を認識して行為によって現存在（存在するものの可能的なあり方・世界の中にあること）の実

＊　この引用文の「制度化」のタームには，当該の引用文献『脱学校の社会』pp.53-54 において，次の注がついている。「制度化（insutitutionalization）とはパーソンズ社会学などで特に重要視される概念で，それによれば『ある適切な相互作用の体系内における行為者がもっている期待を，人々が分かちもっている価値の型と統合すること』だとされている。ここでは共通の価値観が内面化される一方，価値を実現するための制度づくりがなされ，その制度に対する人々の期待が高められていくことかと思われる。」

存性（存在しているものの存在の構え・存在しているものの意味への問い）を確認し，己を知ることができるかどうかを推し量っていく。双方が内面を理解し，何に心を砕き生活をつくるかを捉えていくものである。

家なき幼稚園を開設した橋詰良一は，保母たちに「日記帳を用意して置いて，『明日の心づもり』と『その日〳〵の所感』とだけを簡単に書きつける」[23] ことを唯一の義務とした。橋詰の園の帳簿は，「明日の心づもり」と「所感録」と「日記」だけというから，今日の煩雑な記録や事務量からみるとシンプルこのうえない。しかし，時を経ても実によく子どもの姿や生活が浮かび上がってくる。

〈粘土とり〉　おちほ（著者注：記録者名）
　朝早うから子供を連れて西の方の広場へ粘土取りに行きました。好い粘土をそれぞれお籠に一ぱい取つて，皆でエッサエッサと大喜でもつて帰りました。今日は早速それをねつて粘土細工です。小さな芸術家は小さな手を器用に働かして色々なものをつくります。長くのばして「これはへび」圓くまるめて「お団子」「バナヽ，お舟，お鉢，土びん」等上手に出来たのをお土産にもつて帰りました[24]。

この記録は，保母たちの振り返り記録であるとともに橋詰自身が保母の教育愛の深まりに学ぶ資料となっていたようで，毎朝，目を通して楽しんでいたと記されている。今では何十冊という日記帳や所感録の内容は見られないが，ここには子どもの姿や保母の応答，出来事，考えや思いなどが記されており，今でいうエピソード記録といえるものである。日々の生活の流れ，一人ひとりの子どもの姿，保母の対応や驚き，子どもの受け止め方，仲間の反応など，短文ながら実にリアルに記されている。

こうした保育を記録する日記帳やノートは，戦時中まで多くの現場で続いていた。鈴木とくの『戦中保育私記』にも，日誌が詳細につけられていた痕跡を見ることができる。一日の流れからは，登園，視診，自由遊び，手洗い・

260　第3部　経営革新を生みだす教育評価

昼食，自由遊びという「保育要領」と同じ生活の流れと，保母が支配しない，保母に支配されない子どもの自由感がにじむ記述が見られる。また，保育の難しさに向き合いながら一人ひとりの記録をつける。子どもが泣くことによって示す思いの強さ，いたずらぶりも自己表出の現れであり，たいしたものだという感覚をもたらしている。長泣きして困るとか，いたずらで困ると保母が捉えたら，子どもらは素の顔は見せまい。今日より自立した保母と子どもの関係から，双方の成長過程が捉えられるのである。

　鈴木は，「まとめをしておかなければならぬと思いながら記録の不十分な事を思うと気がめいる。なぜ不十分だったのか，あるスランプだったのではないかと思う。保育に生気がなく」[25]と逡巡し，自分の心構えを見直し，記録の書き方も工夫している。当時の幼稚園や保育所は，評価の基本に「保育の省察」を置いていた。子どもの姿を捉えることから指導を振り返り，改善するものである。倉橋の『育ての心』「子どもらが帰った後」に書かれた保育の省察の内容がそれを物語っている。

　　　子どもが帰った後で，朝からのいろいろのことが思いかえされる。われながら，はっと顔の赤くなることもある。しまったと急に冷汗の流れ出ることもある。ああ済まないことをしたと，その子の顔が見えてくることもある。——一体保育は……。一体私は……。とまで思い込まれることも屡々である。
　　　大切なのは此の時である。此の反省を重ねている人だけが，真の保育者になれる。翌日は一歩進んだ保育者として，再び子どもの方へ入り込んでいけるから[26]。

　生活を基本として，まだ文字で自分を綴れない子どもの姿を記録し，そこから自分の保育評価や子どもの発達を捉えるには，方法としての現象学から哲学的命題を発見していくことが効果的であり，倉橋もそれを理屈ではなく生活するものとして感じ取ってきたのであろう。日記や日誌，実践ノートな

第2章　場所の共通感覚をつくりだす評価　*261*

どは，エスノグラフィ[27]としての価値をもつものなのである。

　今日，こうした評価のもととなる実践ノートや日々の記録をそのまま残しているのは川和保育園だけではない。東京都港区の白金幼稚園には，創設以来，教師たちに受け継がれた記録から教育評価につながるエスノグラフィの方法論が累積されている[28]。加藤繁美は白金幼稚園の丸尾ふさの記録について「映画・ドラマの表現様式の一つにオムニバスというのがあります。短編の作品を組み合わせて一つの大きなテーマに迫っていく，―（中略）―丸尾さんの実践記録を読んでいると，まるでこのオムニバス映画のシナリオでも読んでいるかのような錯覚に陥ってしまうから不思議です。―（中略）――一つひとつのできごとの断面に人間らしいドラマが潜み，そしてそのドラマを通して子どもたちが発達していく」[29]ことを捉えている。ドラマには真実の世界を見いだす教師の目があり，これが保育の質に迫る一方法である。加藤は，"保育実践における指導の構造は，A．長期的見通しに基づく指導〔保育実践を貫くマクロの視点〕（保育観・教育観・子ども観・人間観，発達に関する一般的法則など，目に見えない指導）が，B．短期的見通しで展開される指導〔保育実践を支えるミクロの視点〕（具体的な子どもの要求を理解する目，子どもとの対応・活動展開のセンスなど，目に見える指導）の背景にあり，目に見える指導は，C．子どもたちの発達要求（発達要求・眼前の活動要求）と織りなしていくもので，実践を自己評価する目はこの相互関係によって培われる"*とする[30]。羅生門的アプローチの方法として，3歳児のつぶやきに耳を傾け，現象の意味を読みとり，そこに発達の真の姿を捉えた丸尾ふさの後輩たちは，今も，日々展開する子どもの生活に目を向け，耳を傾け，記録を綴り，自らを評価して保育の糧としている。

　日本では「日記」「随筆」などの様々な手記や短歌，川柳などによって庶

＊　加藤の"保育実践における指導の構造"については，当該引用文献『年齢別保育実践シリーズ・幼稚園編：3歳児　つぶやきにドラマを見いだして―その子らしさを育む保育を―』のp.249に「図1　保育実践における指導の構造」として掲載されている図表の内容であり，当該図のオリジナルの出典は加藤繁美『保育実践の教育学』ひとなる書房，1993年，p.138である。

262   第3部　経営革新を生みだす教育評価

民の生活や戦争の悲惨さ，人々の生きる知恵が綴られてきた。そこに日本的なエスノグラフィの原点を見ることができる。『更級日記』[31]や家族や子育ての様子が書かれた『柏崎日記』[32]など，日記や日記的随筆が日本の歴史の一端を残してきたといっても過言でない。戦後の教育は，科学的・工学的アプローチに多くを学んできた。その結果，こうした日記やノートの価値を脇に追いやっていったが，そこには生活が分断された味気ない世界が広がったといえよう。

2．子どもを値踏みする教育評価

　1947年，学校教育法に位置づけられた幼稚園は，教育課程だけでなく教育評価という概念も受容して，学校体系の中に組み込まれていく。教育評価と訳される英語であるエバリュエーション（evaluation：評価・査定）は，教育活動を対象とする評価，つまり教育課程と教育評価を一にした教師の計画や，教材選択の是非やその使用のあり方への評価である。タイラーの「教育評価の前提」を長島貞夫は次のように紹介している（一部省略）[33]。

　　①教育は人間の行動の型を変えることを求める過程である。
　　②人間の行動の型の変化の種類が教育の目標である。
　　③教育のプログラムは，目標がどの程度達成されたかで評価される。
　　④人間の行動は複雑で，単一の名辞や次元で記述されず測定もされない。
　　⑤生徒の行動の型を組織する仕方は，評価さるべき重要な様相である。
　　⑥評価の方法は，紙と鉛筆のテストを与えることに限られない。
　　⑦評価の性質が教授及び学習に影響を及ぼす。
　　⑧学校の計画を評価する責任は職員及び生徒父兄に属するものである。

　このタイラーの考え方が日本では理解されにくかった。教育評価の考え方に先んじて，指導要録が通知されたからである。第二次世界大戦後の学校評

第2章　場所の共通感覚をつくりだす評価　*263*

価の歴史については，田中耕治の『学力評価論入門』の資料編にある「戦後
日本の教育評価に関する小年表」[34) で俯瞰できよう。

(1) 指導要録の趣旨

1951 年に通達された「幼稚園の指導要録について」[35) における幼児指導要
録の通達の趣旨は，次のようである。

(1) おのおのの幼児の成長発達の経過を，全体的，継続的に記録して，
幼稚園における幼児の指導を，より適切にするための原簿である。

(2) 記録すべき事項は，幼稚園教育の目的や目標から考えて，特に必要
と認められる最小限のものを選んでいる。

(3) 項目は，小学校教育との連関をじゅうぶん考慮し，かつ幼児の全体
的発達に必要なもののみを選んでいる。

(4) 記録の方法は，できうるかぎり客観的に，しかも簡単に，かつ容易
に，記録できるようになっている。

長野県松本市の松本幼稚園が国の通達に基づき作成した指導要録の用紙の
記録事項は，①〈在籍の記録，生育と家庭の記録，出欠の記録，標準検査の
記録〉と②〈身体状況，健康の習慣，しごとの習慣，社会生活，自然，言語，
音楽・リズム，図画・製作，その他〉など全体としての指導の経過が含まれ
ている（図表3-2-1）。②の身体状況から図画・製作までは幼児の発達を観点
をもって捉えるために，3 ～ 9 項目の分析目標を示し，それぞれについて「た
いてい」「ときどき」「まれに」の 3 段階評価となっている[36)。

これは，教師の指導のための資料の要約という性格が強く，累加的に記録
されていくべきものとして位置づけられている。学期ごとに子どもの育ちを
把握し，指導の経過を見直すように作成されている点に，国とは異なる独自
性がみられるが，ほぼ同じ様式内容が取り入れられており，これは 1981 年
まで続いている。

264　第3部　経営革新を生みだす教育評価

事項	一学期 たいてい	ときどき	まれに	二学期 たいてい	ときどき
身体状況 1皮膚が清潔で色艶がよい 2元気がよい 3姿勢がよい 4運動や動作の調節ができる 5 6					
健康の習慣 1おちついてたべる 2手を洗う 3はなをきれいにしている 4手や物を口にいれない 5そとであそぶ 6よく休息する 7 8					
しごとの習慣 1しごとの仕方をよくまもる 2しごとをやりとげる 3自分からすゝんでやる 4材料や道具をわけあってつかう 5物や道具を大切にする 6工夫してやる 7					
社会生活 1人と仲よくあそぶ 2人の物をだいじにする 3順番をよくまもる 4人のめいわくにならないように静かにする 5慎みのある動作や態度がとれる 6親切である 7遊びや仕事が公正である 8責任をもって分担した仕事をする 9人に助力する					

事項	学期 評価		
自然 1身近かな事物についてしりたがる 2注意して物をみようとする 3喜んで動植物の世話をする 4 5			
言語 1喜んで自分の経験をはなす 2きいた話を人に話せる 3絵をみて人に話せる 4喜んで話をきく 5人といっしょに話をきく 6語いがましている 7 8			
音楽・リズム 1きもちのまゝに喜んでうたう 2きもちのまゝに喜んで楽器をひく 3きもちのまゝに喜んで動きのリズムを表現する 4よろこんで音楽をきく 5 6			
図画・製作 1喜んで絵をかいたり物をつくったりする 2絵をかいたり物をつくったりして自分のきもちを表現する 3形や色や模様に関心をもつ 4身近にある造形名に関心をもつ			
その他 1 2 3			

図表3-2-1　松本幼稚園幼児指導要録

『松本市立松本幼稚園百年誌』松本市立松本幼稚園，1987，p.593

　学籍記録の下欄に，知能検査結果を記す知能指数または偏差値の記述欄がある。中学・高等学校に準じた知能指数や偏差値という言葉は，子どもの姿と一日の生活を記述していた当時の人々に，評価によって新しい時代が開け

るという期待と子どもの能力測定によって教育の本旨が揺らぐ不安を孕みつつ、子どもを値踏みする「評価」に好奇の目を向けさせた。ビネー[37] は、知能測定によって障害児の早期発見とよりよい環境調整や働きかけの工夫を目的にしていたが、幼児指導要録が個人の能力や相対的な位置づけを計る記録として解釈され、個体能力主義の評価観をつくりだしたことは否めない。この通達後、指導要録記載のために幼稚園の知能検査が盛んになっていくのである。

　さらに、1955年の幼稚園から高校まで一貫性をもたせた指導要録は、指導のための記録と外部に対する証明等の原簿（法定の公簿）の性格を明確にした。教育課程と教育評価は、本来、評価のあり所をどこに求めるかといった観相の問題であるが、教育評価とは何かを各園で議論することもなく、法律に従って実施することが至上命題となっていったのである。1955年の改訂では、国から「通達の内容を十分徹底させるように」都道府県教育委員会に求められ、現場では教育評価＝指導要録が決定的となる。1965年改訂にあたり玉越三朗は指導要録と教育評価について、「幼児の経験や活動、教育課程や指導計画、維持管理、教員組織などそのもっている価値を教育の目的や価値観に照らして図る」ことに意義がある[38] とした。標準検査欄等が削除されたものの「評定」という相対評価の言葉は残り、それが就学前教育が大事にしてきた絶対評価に対する誤解を生みだしていくことになる。

(2)　保育評価への科学的アプローチ

　児童中心主義を提唱してきた森上史朗は「保育の評価は、保育の全体構造との関連からとらえることが重要となる」[39] として、保育の全体構造を図表3-2-2のように図示し、図の各項目の関係性を当時の有識者との保育評価研究に基づき、次の8視点（概略）から説明している[40]。

　　①評価に当たる保育者の保育観や発達観、子ども観が評価を左右する。
　　②幼児理解と評価においては、子どもの内面性の理解、発達の理解、個

人差の理解が重要な鍵をにぎる。

③発達の評価にあたっては，一人ひとりの子どものテンポやリズム，挑戦目標，自己課題，イメージなどを十分にとらえる。

④保育者の指導のねらいだけを考えるのではなく，子どものねらい（＝願い）

図表 3-2-2　保育の全体構造図
森上史朗「1 保育評価の意義」岡田正章・平井信義編『保育学大事典2』第一法規出版，1983，p.303*)

［図中］
園とクラスの経営／環境＜地域・家庭　研究と研修／環境＜物的・人的　環境＜文化・社会

保育の反省・評価		
保育の展開（実践・修正）		
保育の計画	方法・形態	
	短期 長期＞計画	
保育内容（経験や活動）		
保育の目標・ねらい		
乳幼児理解		
子ども観・保育観		

も併せてとらえる。時には保育者のねらいのほうを修正して，子どものねらいのほうに近づけることも必要である。

⑤保育の計画も評価の重要な対象で，子どもたちにどのような生活をさせたいと願っているかという生活の全体構造，活動の順次性や方法の予想である。一つの実践が終わった時点で行なわれる「総括的評価」以上に実践のプロセスのなかで反省・評価をする「形成的評価」が重要である。

⑥保育の展開プロセスでは，子どもが主体的に取り組んでいるか否かの見極めが大切。子どもの実態に即し問題意識（反省）を絶えずもって実践を進める。

⑦教材準備，保育環境の整備が反省の観点の一つである。

⑧一連の①～⑦のプロセスは，実践を通じて検討（反省・評価）される必要があり，この検討により，各①～⑦がより子どもに即したものになっていくというフィードバックの機能も重視しなくてはならない。

＊　図表3-2-2のオリジナルの出典は，森上史朗『私の実践的保育論』チャイルド本社，1981，p.194である。

神沢良輔は,「保育評価の対象」領域として, A. 指導の評価（保育の結果評価と保育の過程評価）, B. 幼児とのかかわりの評価, C. 保育環境の評価, D. その他の評価として, ①一日の保育の流れについての評価, ②人格, 道徳性の評価, ③知能, 適応性の評価, ④身体, 健康の評価, ⑤園の管理についての評価, をあげる。さらに,「保育評価の観点と方法」として, 教育測定運動の反省を踏まえながらも評価の妥当性, 信頼性を得ていくためには観察法や評定法, 面接法, 事例研究法, 逸話記録法, ソシオメトリー, 検査法等の必要性とその活用についても述べている。また保育実践の記録や個人記録等も指導の充実のためには有効としている[41]。さらに森上は,「保育評価の留意点」として, 前述してきたような教育評価がもつ諸問題に言及し, 特に相対評価となる尺度化に警鐘を鳴らし[42], 間藤侑は, 評価資料の管理と保護者や小学校にどう伝えるかの課題に触れている[43]。松丸礼子は, 実際例として, 指導案や指導過程の記録, 取り組みの量化, 言動の記録, 個と集団の関係把握, あるいは保護者同士のアセンブリー, 園内のディスカッション等, 多様な資料から幼児への理解を深め, 多面性をもち合わせた教師の目を育てることに言及している[44]。

　保育の全体構造に位置づけられる保育評価の考え方は, 計画や実践の総括的評価と, 日々の保育を基本とした, 形成的評価および環境や研修・研究といった生活を支える視点である。しかし, この全体構造にまだ経営の視点は見られない。

　一方, 西久保礼造は,「教育評価という機能は, 教育によって生じてくる幼児の行動の変化を, 設定された価値基準に照らして判定することを中心に, その変化の基礎または背景となる諸条件を捉えようとする営みをさす」「幼児の心身の発達の実情が的確に捉えられませんと, 教育課程の編成も, またその評価も的確に実施できない」[45]とする。教育課程が十分機能する経営, つまり人的・物的条件が整備されているか, 地域や家庭の協力が得られるかなど取り巻く諸条件について検討する必要があるとする。

　このように, 保育の省察に始まり, 形成的評価と総括的評価および取り巻

く環境等の諸条件の評価に至って，教育評価は一つの全体像を形づくっていくことになる。時の有識者が描いた保育評価の全体は，これから述べる学校評価と部分的に重なり合いながら，1980年代までの保育界の評価観を形成していったといえよう。

　しかし，幼児理解，幼児評価が強調されればされるほど，評価において教師が子どもの値踏みや価値づけを強化する『人間の測りまちがい』[46]も発生する。自己評価の当事者である幼児や保護者，経営者が自らを省察するデータとして登場していないうえ，幼児理解が環境改善に生きるものとならず，評価作業が担任の恣意性にあることを強く印象づけるものとなっていた。

　今日，「測定と評価」の調和的理解が図られるようになってきたとはいえ，測定・実態把握，分析考察，その活用目的が曖昧で，評価対象者が未発達であるために，評価は測定を内蔵した広い概念とはならず，測定か評価かどちらかに偏りやすい。それも記録や資料に基づいて行われるのではなく，情緒的・感覚的になされ，評価が恣意的なものになりやすい。心情，意欲，態度といった計り難いものを計る方法や視点をなかなか見いだせないできたのである[47]。就学前教育における心情，意欲，態度の育成は，子どもの学力を評定してきた義務教育諸学校に対するアンチテーゼでもあったはずだが，幼稚園等が学校化する過程でそれを捉える方法論を見失ってしまったのかもしれない。

§2　学校評価と説明責任

1．学校評価の構造の大転換

　人権尊重と相互扶助の概念を基底に置いた民主主義は，オルテガのいう大衆の反逆[1]に遭うとたいへんもろく，社会全体が依存度を増して衆愚社会に

第2章　場所の共通感覚をつくりだす評価　*269*

陥る。自立した考えや行為を為すことを失う結果，誰かに言われないと動けない，意志が曖昧で倫理感や道徳心も見失われるなど，あちこちがほころびてくる。こうして善を志向する人間の性を忘れやすい人々にのしかかってきたのが「自己責任」というテーゼである。

　新しい学校評価の概念は，教育評価を再度，教師・保育士等，子ども，保護者それぞれが己を知るための関係作用に戻せるのか，まずは自己責任に至る評価観の転換という時代の要請を捉えてみよう。

(1)　自己責任・説明責任と学校・園の自立

　第二次世界大戦後の国家主導の民主主義は，生活の安定をもたらした反面，高度経済成長以降，市民が民主主義を自覚することもなく選挙権も行使せず，地域社会の一員として参画もせず，ひたすら自己満足を充足する方向に向かった。そして，多くの国民の動きを束ねるために国の行政組織は肥大化し，国の肥大化は交付金と引き替えに都道府県政に機関委任事務を担わせて圧力をかけ，都道府県政は市町村にそれを下ろしていく上意下達の依存度の高い構造ができあがった。その構造は教育にも浸透し，学校の自主・自立の精神は失われていった。

　かつて，ある園で「5歳児の課題意識」の研究に着手すると，国の代弁者から「課題という言葉を使ってはいけない」と指摘されたり，人口減が著しい区で区政維持のために国より10年早く幼保一元の試行に入ると敵視される，といった笑えない日常があった。そうした関係は交付金に依存する地域やお上の指示を待つことを是とする文化を醸成する。学校の自主・自立が失われることは，子どもの自主・自立の態度も失われ，学校生活が瀕死に陥ることを意味する。

　今日，国と地方の関係は，法的にも上下，主従の関係から協力，共同，支援の関係に変わった。国によって評価されてきた地方行政は，市民と共同する自主・自立によって全当事者が評価に参画する方向に舵を切っている。国と都道府県政の関係が変わるということは，教育行政と学校・園の関係も大

きく変わることになる。

　法で規定する教育における国の役割は，①基本的な教育制度枠組みの制定（学制や認定こども園制度等），②全国的基準の設定（設置基準や教育課程における大綱的基準である学習指導要領等），③地方公共団体における条件整備のための支援，④事業の適正な実施のための支援・援助措置，である。また都道府県の役割は，①広域にわたるもの，②市町村の連絡調整に関するもの，③一般の市町村が処理するには不適当な規模のものの処理等であり，国，都道府県，市町村は担うべき役割が異なる。一方で，文部科学大臣は都道府県や市町村に対し，教育に関する事務の適正な処理を図るために必要な指導，助言，援助を19項目にわたって行うことも明示されている。それは学校設置から教育課程，保健安全，研修などすべてにわたっており，趣旨を取り違えると，また国と地方の関係は上下・主従の関係に戻ってしまう危険も孕んでいる。かといって国の監視がなければ単位数不足の高校を発生させたり，いじめ解決の糸口を失ったりすることも発生する。「地方自治法」の抜本的改革を経て「地方教育行政の組織及び運営に関する法律」も改正された今日，それぞれが自立への自信をつけることが肝要であり，その現れの一つが自己評価と結果に対する説明責任なのである。

(2)　学校評価ガイドラインの意味すること

　2002年の幼稚園，小学校設置基準において自己評価と評価結果の公表への努力義務が謳われた。自己評価と説明責任・情報開示が一つとなる流れは，就学前教育機関も同じである。同年から自己評価の全国実施率が公開され，また，2004年には学校運営協議会による学校運営が企図されて，着々と評価観転換への布石が打たれている。そして，2007年の「学校教育法等の一部を改正する法律」では自己評価の実施，評価結果の開示に関する規定が盛り込まれた。就学前教育から大学に至るまで第三者評価への模索が始まり，それぞれの評価ガイドラインが出され，10年の歳月をかけて評価観の転換が行われてきた。

第2章　場所の共通感覚をつくりだす評価　*271*

　それは，幼稚園教育要領が教育課程における大綱的基準として確認され，学校裁量を拡大し，自主・自立を促した結果の説明責任を明確にするものである。学校・園の自主性・自立性の保障は，教育成果の検証と裏腹にあり，その検証システムの構築である。文部科学省が策定した「幼稚園における学校評価ガイドライン（平成23年改訂）」において学校評価は，「幼稚園において，幼児がより良い教育活動を享受できるよう，学校運営の改善と発展を目指し，教育の水準の保証と向上を図ること」の重要性から，

①各学校が，自らの教育活動その他の学校運営について，目指すべき目標を設定し，その達成状況や達成に向けた取組の適切さ等について評価することにより，学校として組織的・継続的な改善を図ること。

②各学校が，自己評価及び保護者など学校関係者等による評価の実施とその結果の公表・説明により，適切に説明責任を果たすとともに，保護者，地域住民等から理解と参画を得て，学校・家庭・地域の連携協力による学校づくりを進めること。

③各学校の設置者等が，学校評価の結果に応じて，学校に対する支援や条件整備等の改善措置を講じることにより，一定水準の教育の質を保証し，その向上を図ること。

を目的としている。

　学校の自由裁量の拡大によって，自己評価，関係者評価，第三者評価の実施とこれらの評価結果の公表・説明を社会に対して行う責任を学校が果たす。これは，行き詰まった教育および評価観転換の結果であり，ペーターゼンの生活共同社会学校やオルゼンの地域社会学校で見たように，自主・自立を目指す学校のあり方に帰着するものである。

　しかし，国家によって自己評価が義務として下りてくる構造は，日本の学校の成り立ちと同様，基本的に変わっていない。システムの大変革が経営改善を伴って学校の自主・自立を促進し，教育の質が保証される実体のあるも

のになるかどうかが今後の就学前教育を左右する。それは評価とは何かの原点に立ち返り，教育共同体のそれぞれが「己を知る」装置として，善という行動に向かう情報の役割を吟味することを意味する。

(3) 幼稚園，保育所等の評価内容

教育評価とは，「教育活動にかかわる意思決定の資料として，教育活動に参与する諸部分の状態，機能，所産などに関する情報を収集し，整理し，提供する過程」[2] としたのは東洋である。「環境を通して行うことを基本」とする就学前教育は，状態，機能，所産などに関する情報が環境との関係で発生する，経営全体の評価ということになろう。

学校評価のガイドラインにおける3視点の関係について，文部科学省は自己評価を基本とした広がりのある評価システムを構築しようとしている。教育活動や教育条件の改善のために予算や人事等，経営評価を含めた組織体活動の全体を循環的に評価するもので，西久保のいう組織能力の総和に対する評価である。理念を具現化した施設設備の状態や教育計画とその実践機能，機能を維持する所産，社会文化的な環境，学校（園）精神によって，子どもの発達も地域社会への園の存在意義も変わってくるからである。

「幼稚園における学校評価ガイドライン」の評価項目・指標は各園で作成する主体性をもたせながら，12分野にわたる例示（①教育課程・指導，②保健管理，③安全管理，④特別支援教育，⑤組織運営，⑥研修（資質向上の取組），⑦教育目標・学校評価，⑧情報提供，⑨保護者・地域住民との連携，⑩子育て支援，⑪預かり保育，⑫教育環境整備）がなされている。

これらを参考に各園が評価項目や評価方法を工夫し実施することになっているが，12分野を関連させて分析考察するのは容易ではない。全日本私立幼稚園連合会でも，当初の量的評価から質的評価へと研究を推進している[3]。実践現場では拡大する一方の保育時間の評価もなされず経営構造も変わらない中で，計画，実施から，保護者とのパートナーシップ，環境整備まで全項目にわたって関連づけ，分析考察する努力が始まっている。

第2章　場所の共通感覚をつくりだす評価　273

　保育所の評価については，1997年に始まった社会福祉基礎構造改革の一環として2000年の社会福祉法（1951年に日本の社会福祉について定めた「社会福祉事業法」の名称・内容変更）のもとで，2002年には第三者評価が開始された。また，社会福祉法第78条の1にある，経営者は「福祉サービスの質の評価を行うこと」を受けて，2005年に福祉施設共通の「福祉サービス第三者評価」が始まっている。福祉サービスを前面に出して企業体の社会的使命を強くアピールするものである。

　保育所の自己評価が浮上したのは，2007年の保育所保育指針改定の中間報告の段階で，2008年の告示では自己評価とその公表が努力義務とされた。残念なことに，福祉サービスとしての第三者評価の論議が先んじたために，保護者へのサービスの質向上が最優先され，子どもの存在が忘れられた。いまだに，福祉サービスの質向上＝保育の質向上と必ずしも結びつかない現象も発生している。憲法に謳う「健康で文化的な最低限度の生活」や児童憲章で謳う「すべての児童は，家庭で，正しい愛情と知識と技術をもって育てられ」，児童の権利に関する条約の，保護者の「児童の養育及び発達についての第一義的な責任」と国の「援助」，教育基本法の「教育の機会均等」「家庭教育」「幼児期の教育」といった内容を踏まえて，福祉と教育の融合を図る必要があったといえよう。

　福祉サービスを掲げ，子どもの存在を忘れて第三者評価に揺さぶられた保育所が，「子どもの最善の利益」を掲げて法的な自己評価に到達したのが，2008年の保育所保育指針の告示であった。「保育課程を編成し，それに基づく指導計画を作成し，計画（Plan）に基づき実践し（Do），その実践を評価し（Check），改善（Act）に結び付けていくというPDCAの循環の継続」について，学校教育と同じ土俵に立てたことに大きな意味を捉えることができる。

　2009年の厚生労働省「保育所における自己評価ガイドライン」では自己評価の観点が「Ⅰ．保育理念，Ⅱ．子どもの発達援助，Ⅲ．保護者に対する支援，Ⅳ．保育を支える組織的基盤」に分類され，保育指針の関連箇所も付

されている。関係者評価や第三者評価は自己評価に基づいて行うことになり，ようやく日本も，3歳以上児については小中高校までの一貫した方向が見えてきた。2023年度を目指した国の幼保一元への保育制度改革は着々と進み，2017年の幼稚園教育要領，幼保連携型認定こども園教育・保育要領改訂では教育機関として教育課程の編成とそれ以外の教育活動等の全体的な計画の作成が謳われ，保育所保育指針では保育課程の文言が消えて全体的な計画として3歳未満児の養護，保育の充実が強調されている。

2．世界の学校評価の方向と日本の課題

保育所の自己評価の観点は，保育指針と対応しており，ニュージーランドのテ・ファリキとケイ・トゥア・オ・テ・パエを連想させる。しかし，就学前教育が実践の評価観点を作成するためには，実践言語の見直しや学習者の学びの観点を明らかにすることが課題である。ニュージーランドが幼稚園，保育所，プレイセンター，コハンガレオ（マオリの文化•言語による教育機関），プレイグループ，家庭保育サービス，太平洋諸島言語グループ，通信制学校と，多様なシステムをテ・ファリキおよびそれと連動するケイ・トゥア・オ・テ・パエという評価基準によって柔軟に統一したように，評価は実践現場との協同があってはじめて定着するものだからである。

ニュージーランドでは，評価の主眼を「教育の質」，つまり子どもの経験の質に置き，質向上に向けた支援機構の強化・充実が目指されている[4]。子どもを有能な学び手と捉え，ラーニング・ストーリーを学習アセスメントと位置づけ，「関心の焦点が『意味や意図に満ち』『特定の文脈につながれた』行動や活動であるならば，アセスメントは毎日の保育の場にすえられ，学習者の観点を探すものとなる」[5]という。評価は学びにとって強い推進力であり，子どもや保護者にも開かれてともにつくりだすものなのである。それが学びについての対話や学習コミュニティを構築し，子ども自身が学び手としての感覚を認識することに貢献するという考えのもとに行われる。これに

第2章 場所^{トポス}の共通感覚をつくりだす評価　*275*

よって幼児教育サービスのシステム化と質向上に成功した。そこでは，理念形成・教育課程編成から評価まで，実践共同体としての保護者の参画があり，日常的にラーニング・ストーリーによって評価項目内容の吟味が進行しており，教職員の自尊感情や仕事に対する誇りも高い。

　フィンランドでも基礎自治体が義務教育提供の責任をもって学級編成の基準の策定や予算配分を担うとはいうものの，教員雇用，予算使用，学級編成，カリキュラム編成など，権限の多くは学校に委譲されている。「保護者・住民・子どもと協働する『自己評価』」は，世界の教育改革において学校評価が英連邦系型 NPM（New Public Management）＊（学校間比較）から北欧型 NPM へと転換していることを示している。吉田多美子は，フィンランドが 1988 年まで続けていた国による学校査察制度を 1990 年代初頭からの学校管理の分権化の中で廃止して，教育評価機関として国家教育委員会を組織し，学校評価も自己評価中心に切り替えているとし，またイギリスも全国テスト結果を参照した教育水準局の学校監察と外部評価から様々な模索を経て，学校の自己評価を中心に切り替えたことを報告している[7]。フィンランドが PISA の調査（2003）でトップレベルに上がってきたのを，各学校の自己評価による活性化によるとみた世界の潮流であり，本来の評価への回帰であろう。自己評価によって，組織経営と指導の改善を図りつつ，外部の評価に対する再点検を一つの刺激剤としていくシステムを構築する方向に舵が切られたと考えられる。それが，自己評価が独善に陥らないための自己評価に対する関係者評価・第三者評価という位置づけをつくっているといえよう。

　日本も教育課程の基準と評価基準の連動によって，多様性の中での質の保障ができる時代を到来させることができるであろうか。幼保小中高まで一貫

＊　NPM（New Public Management）とは，公的部門に民間企業の経営手法を導入し，行政サービスの向上，効率化，経費削減を図ろうとするものである。NPM 理論の特質は，次の3点にまとめられる。第一に，行政サービス部門を分権化，分散化した単位に再構成し，各単位の活動を調整することによって，競争原理の導入を図る。第二に，企画・立案部門と執行部門とを分離し，前者は集権的に意思決定を行い，後者は分権化した単位に権限を委譲する。第三に，アウトプット（成果）・アウトカム（結果）に基づく管理手法を可能な限り取り入れる[6]。

276　第3部　経営革新を生みだす教育評価

した評価システムは，第1節でみた共通感覚の基底に評価の意味が見いだせ
ない場合，教育評価のあり所から離れて，やらねばならないからやるといっ
た形式的なものになり，結局，何も変わらないだろうという問題も見え隠れ
する。形式的な計画作成が強く求められ，理念の合意や保護者の参画も，ま
して子どもたちとの協働もなく，財政や人事等も含めた経営評価とも分離し
ている。また，各園の評価構造も，羅生門的アプローチの意味も曖昧なまま
評価資料を累積しても，それを評価の循環構造の中に位置づけられないから
である。

　保育所における「自己評価の理念モデル」（図表3-2-3）から筆者に見える
のは，従来の保育評価に外部評価と情報開示が加わったものの，経営全体を
循環させて評価するシステムにならないという予測である。〈資源としての
個々の経験知〉の中に，理念実現のための自然的・社会的な環境，地域の人
材環境，経営者の財政的支援等は，権限委譲されていないかぎり職員に想像
できないため，結果として自己評価は，保育士の日々の保育に限定される。
自分の保育を改善する課題は見えても実現する資源や知恵がなく，仕事に対
する達成感や誇りも得にくい。保育を支える外的事項と内的事項を束ねる思
想と〈Plan ― Do ― Check ― Act の循環〉という経営全体を評価していか
ない限り，ただ仕事が増えた感覚が残るだけに終わりかねない。職員は，評
価項目が記された紙に向き合うだけで，自分たちが保育の課題を整理し，経
営評価にまでつなげていく全体像は描けない。

　海外や日本の評価機関によって第三者評価が実施され情報開示された当
初，この PDCA のマネジメントシステム[8] への転換は，本来，教育経営の
質を改善向上させていくものであった。それが主体である子どもを忘れ，保
護者に過剰なサービスを提供する企業競争に見舞われたことは前述した。「近
年，市場原理主義，成果主義の導入によって，教育を『サービス』と考え，
保護者・住民を『消費者』と見立てて―（中略）―学校サービスの外部評価
を導入する傾向がある」[9] として，ISO9001（品質マネジメントシステムに関す
る国際規格）や，評価機関，企業評価のモデルに流れることに警鐘が鳴らさ

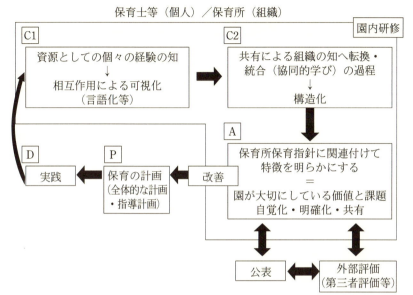

図表 3-2-3　自己評価の理念モデル
厚生労働省「保育所における自己評価ガイドライン」2009, p.5 を 2017 年改定保育所保育指針に合わせて著者改変

れた。そこでは「パートナーである保護者・住民，子どもとともに協働して『自己評価』に努める」姿勢を堅持することが求められている。

「保育所における自己評価ガイドライン」（図表 3-2-3）と筆者が ISO9001 をもとに構成した図表 3-2-4 では，循環する構造が違う。つまり，施設管理と保育実践が分離している公立校・園では，実践者が理念や資源，地域社会の諸情報に関与しない図表 3-2-3 の方が現実的である。しかし，私学の多い就学前教育においては，教育主体である子どもの発達要求や教職員の実現要求に応える環境を醸成する図表 3-2-4 のような，分析・測定と経営理念と資源投資と自己活動とが評価において随時，一体的に絡み合う構造をもたないと教職員は何もできない。日々，幼児の経験の質を捉え，質向上に向けた支

278 第3部 経営革新を生みだす教育評価

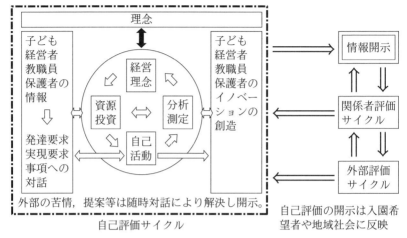

図表 3-2-4 ISO9001 の評価システムを参考にした A 園の自己評価の構造

援の充実を図ることによって質が向上するのである。

そうした意味では，企業に適用され，日々評価改善がなされ，その事実が累積される ISO9001 のような大局的な循環構造の知見を視野に入れることにも意味がある。

渋谷教育学園浦安幼稚園および同浦安こども園の経営形態は興味深い。「自調自考」の理念を掲げ，全国トップレベルの共学校となった同学園の中学・高校[10]のように，教職員や子どもに相当な権限委譲がなされ，日々，子どもとの関係の中でイノベーションが創出されるという思想をもっている。実践サイクルの過程を生みだすのは全当事者である。子どもや教職員が自調自考し，やってみたいことはほとんど試行でき，失敗も経験知として，そこから這い上がる過程を自分たちでつくりあげる。グローバル社会を目指して，就学前教育界の文化に染まらない多様な就労経験，資格などがある人々の集合体である。個々の感性・集団の共感性が瞬時に求められ，子どもの物語の分析から意欲と創意工夫する自分を発見する。そのイノベーションに対して資源としての教材費や自然環境をつくる財政支援・地域の人材・人々の相互

第2章　場所（トポス）の共通感覚をつくりだす評価　*279*

協力等が十分に手当される。

　たとえば，遊べない子どもはいないが遊べない環境に置かれた子どもはいるとして，屋外での活動を豊かにするために，園庭の楓の木周辺に山とウッドデッキの舞台を作りたいと願った教師たちは，子どもや保護者とともに夢を語りデザインを描き，企画書にして費用を見積もり，保護者の協力を取りつける。その設置を経営者に打診し，対話によって納得がつくりだせれば財政的支援を受けて，山と屋外舞台が実現する。あるいは，学園がもつ遠い宿泊施設ではなく，バスで1時間以内の宿泊施設で，調理，自然の中での遊び，労作体験，キャンプファイヤーなどを経験させたいと企図し，下調べし，有資格者にネイチャープログラムを学び，保護者の了解も取りつければ実現できる。全身でリズムをとる音の共演を願って地域の太鼓連に習いに行き，ポリバケツで太鼓もどきの遊びを生活の中に取り入れる努力が和太鼓の購入につながる。教材等の資源も同様，子どもの姿から様々に試行し実現できる仕組みである。そこでは，子どもの発達要求と折り合わないと，評価が下がり連帯責任が伴うからこそ，常にイノベーションが生まれる。子どもや教職員，保護者の願いを支え，現状を分析することで質向上へのアセスメントを行う「自調自考」の経営哲学といえよう。年度末の評価というよりも，日々，経営理念に照らし，環境の構成に向き合い，子どもの発達要求の模索に対する資金を勘案して評価改善する，その累積の総合評価が年間評価につながる。指示に従うだけのタイプの教職員には向かないが，「自調自考」を目指す教職員には魅力的な，欧米型のワーク・シェアする組織である。子どもの発達要求に応える必然により自発的・創造的に動く空気感から，やがて教職員がイノベーションを興し仕事の面白さを感得する。

　日本にもこうした新しい組織構造と評価システムが実施されているところも生まれており，経営は一つのパターンに陥らないことが肝要であろう。どんな構造でも学校・園の自己評価をもとに創意改善の過程を第三者評価によって確かめ，質の向上を目指そうとしていることに変わりはない。私学の多い就学前教育が，形式的な自己評価，第三者評価に陥らないためには，イ

280　第3部　経営革新を生みだす教育評価

ノベーションが生まれる組織構造と，自ら大局的な評価構造をもつことが必要といえよう。

§3　教育経営の質評価を証明するもの

1．教育実践評価に資する資料の分析・考察

　行動の適，不適を感得する力は，場所^{トポス}に居合わせる人々の共通感覚の内にある。そうした意味では，教職員や子ども，保護者など関係するすべての人々の中に自らがしっくりと感得する感覚，センスス・コムーニス（共通感覚）を磨いていくことが評価が機能する場所^{トポス}を生みだすといえる。場所^{トポス}に働く人間の共通感覚が行動を変容させる。かつて個々の教師が関係づくりのこつとして潜在させていた評価機能はおそらく，この子どもの共通感覚への共感性にあったのではないかと思われる。他者との関係の中で合意や了解事項が成立する過程で，あるいは不成立の過程で働く個々のもつ共通感覚と関係に生まれる共感性が，自らの行動を決定する力となって感得力を形成していくのである。ニュージーランドの評価がラーニング・ストーリーに，レッジョ・エミリアがドキュメンテーションにあるように，教職員・子ども・保護者に共感性を生みだす評価の証明媒体の分析が質を左右する。

　もちろん，量的な評価や測定評価も課題を浮き彫りにする一つの方法論であり，有効性が確認されていることはいうまでもない。何を評価し改善への道を拓きたいかによって量的評価，質的評価を活用していくことが必要であろう。図表3-2-2でみたような教育課程や指導計画の評価，個体能力測定評価，指導の評価，保護者のアンケート調査等についてはすでに多くの研究があり，方法論も示唆されている。ここでは質的評価に視点を当てた環境調整・改善のためのポートフォリオ評価法と指導要録の関係を吟味したい。

（1） ポートフォリオ評価法

　ポートフォリオ評価法は，学校の説明責任に対する社会的要求に応え，従来の評価法の弊害を改善するものである。ヤコブ・ジャヴィッツ基金による「例外的潜在能力の早期評価」（Early Assessment for Exceptional Potential）プロジェクトの過程において，ポートフォリオ評価法は，多面的な評価資料へのアプローチとして従来の教育評価資料より一歩，子どもの側に寄ったものとされている。

　ポートフォリオとは，1.紙ばさみや折りかばん，2.有価証券目録，3.画集や代表作品選集といった意味をもつ入れ物のことである。ここでのポートフォリオは3の意味に近く，子ども，教職員，保護者にとっては宝物でもある。学校の教師にとってはこの評価法は伝統的な評価形式を転換する新しいチャレンジだが，就学前教育においては，従来から行ってきた評価資料の拡大と認識できるだろう。それは，観察記録や逸話記録，指導案の反省記録といった教師・保育士等が書いた資料とともに，幼児の絵画や作品の集積，連絡帳や家庭連絡ノート，遊びの中での子どもの宝物，雑書きのメモなど，日常の中にある忘れられたようなものも子どもを知る資料として集積する価値を認めるからである。

　ポートフォリオ評価法についてシャクリーらは，「真正の評価から生み出される情報を長期的に蓄積したものは，子どもたちのパフォーマンスと進歩についての発達的な記録を提供してくれます。ポートフォリオ評価法は，そのようなデータを組織する実践的なストラテジーであり，評価改革の試みの中でもとても重要な新機軸として現れました」[1]と述べる。そして，「ポートフォリオ評価法はプロセスでもあり場（place）でもあります。場としては，資料やデータ（たとえば作文，工作）の物理的な収納場所であり，それはフォルダーであったり箱であったりします。一方プロセスとしては，さまざまな局面にわたる，多様な情報源と多様な方法を含むものです。このプロセスは，標準テストの統計値をはるかに越える豊かな情報を提供します」[2]としている。

282 第3部 経営革新を生みだす教育評価

　これは従来の量的評価から質的評価への視座を生みだすもので，一人ひと
りの特性に応じた指導を本旨とする就学前教育が目指しているものと重なっ
てくる。ある文脈の中で子どもの全体を捉えて，継続的に指導を振り返って
いく方法論であり，評価のあり所を証明する説明責任が果たされる資料とし
ても意味がある。ポートフォリオでしか把握できない質をどう読みとるのか
が，次への見通しを与えてくれる。

　欧米や北欧，オセアニア州の幼稚園・保育所を訪問すると，子どものポー
トフォリオの累積はどこでも目にする風景であり，資料が子どもにも保護者
にも開示されて，教師や保護者が指導の有効性や環境，かかわりのありよう
を振り返り，次の手立てを考えるために活用されている。筆者は，そこには
もう一つ，己のセンスス・コムーニスと，関係する人々に働く共感性の鍵が
あると考えるのである。なぜなら，話し言葉中心の幼児期の相互理解は，関
係する人々との共同行為，対話の中から生まれる。ポートフォリオは，コミュ
ニケーションの媒体となる具体的な手がかりであり，評価システムに当事者
を参入させる方法論である。評価が教師側にあるのでなく，交流する三者の
間にあり，多くは子どもが実際に知り，理解していることを大人たちが知り，
考慮し，環境調整するところにある。この評価システムの論理を構築する視
点として，次の3点をあげたい。

　①適切さは共通感覚が場所（トポス）に共感性をつくる中から生まれる
　　ポートフォリオを媒介にした対話は，子どもの共通感覚を保護者や教
師・保育士等も感得し，その共通感覚に共同の責任をもつ。
　②行動のわけが評価の論理を仮構築する
　　行動の適切さの感覚には三者の行動を突き動かすもの，当事者が判断
し決定した何らかのわけがある。そのわけは，自己の統合による五感の
総合的な感得力に基づいており，それが評価の論理を仮構築する視点に
なり，評価は常に価値の停泊点（価値は流動的で常に仮）をもつ動的な
ものである。

③主体が多様な評価水準を統合する

　対話は多様な価値，センスス・コムーニスが交流する時間・空間をつくり，多重な価値水準を含みながら進行する。しかし最終的な評価水準は，主体がこれらを統合して納得をつくりだす基準である。

　筆者はそれを図示して，評価のあり所を図表3-2-5[3]のように捉えて

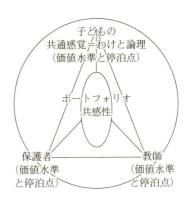

図表3-2-5　共感性に収斂される評価のあり所
青木久子『トポスの共通感覚』AEER, 2009, p. 26

いる。生きているという生活世界は，多様な価値，文化を含む。就学前教育施設は，そうした社会背景をもつ実践共同体としての場所で，子ども，保護者，教師・保育士等が関係を結びつつ，指向性をもって意味を創出しようとする。この場所(トポス)で個々のセンスス・コムーニスが価値の停泊点をもち，その場に共通する感覚が醸成される。本来の行動強化の働きはこの内にあり，教育評価の諸概念は，ここに収斂される。この価値の停泊点は，五感を統合して働く総合的で全体的な感得力であり，やがてコモン・センス（常識）といわれる他者との共通の感覚をつくりだす源である。

　子どもの作品や表現した紙切れ，作業したプリント，取り組み過程の写真やビデオなどをファイルして，そのパフォーマンスが生まれた必然を，素材や自然や仲間などの環境，教師・保育士等とのかかわりや情報提供，時間や空間と関連づけながら子どもの内面を読みとり，過程を振り返り，環境調整や保育実践のあり方を見直し改善するデータを得る。

　シャクリーらは，「説明責任は，評価の過程に結びついている，現代のモットーです。より具体的に言えば，教育制度は，管理運営者（administrators），親，議員，そして社会全体に対して説明責任があるのです」[4]として，発達を証

明する真正のデータこそ，説明責任を果たせるものと位置づけている。それはテスト結果を通知表で知らせる従来の一方向の評価，統計的なデータだけではなく，教職員，子ども，保護者など“すべての構成員に情報を与えてくれる評価の実践”に向けた，「パフォーマンスにもとづく，リアルで文脈に埋め込まれた評価」[5]で，特に8歳以下の幼い子どもの情報を集める有効な方法だとする。「子どもがいつ，どこで，どうやって，どんな学びを示したかについて，豊かで明確なイメージを与えます。それはまた，いつ，どこで，どうやって，どんな活動が将来行われるかを計画するための形成的なデータとなります。最後に質的な過程は，他者の観点を理解し尊重することをとくに重視します。つまりポートフォリオ評価法の場合，教師，児童，親や住民がその過程で果たす役割は，標準化された評価において彼らに与えられてきた伝統的な役割とは幾分違うものになる」[6]とする。

　川和保育園をはじめ多くの園が，パフォーマンスの証拠を集めるための様々な方法として，子どもの表現だけでなく保護者の書いた記録や感想，つぶやき記録，教師・保育士等の観察記録なども含めてファイルしていよう。さらに，公簿としての出席簿や健康診断票，準公簿としての家庭調査票や入園時の面接・遊び観察，日々の連絡帳の記録などもデータとして活用しているだろう。園経営においては，こうした記録を研修材料にして記録の取り方，実践の振り返り方と改善への手立てにしたり，実態把握に，指導要録の記載に，家庭連絡や学級だよりなどに位置づけ，その質を吟味していくシステムをつくりだすことであろう。

　ポートフォリオを保護者も一緒に研修材料にして，そこから指導過程や子どもの内面理解をすることにより学ぶ内容は多い。真正の資料といわれるだけに，教師・保育士等の主観で捉えた文字記録と違って子どもの生の姿が捉えられ，評価が関係の中に生まれるからである。

　次の5歳児のヒヤシンスの水栽培観察のポートフォリオに注目してみよう（図表3-2-6）。

　H児は，この日記を担任に見せ，球根の生長の不思議と日記を書き終えた

第2章 場所(トポス)の共通感覚をつくりだす評価　285

図表3-2-6　ポートフォリオの絵日記

〈ポートフォリオからの振り返り〉
　球根の成長の変化を観察した絵が詳細に描かれている。また球根に寄せる心情が「楽しみ」「期待」「きれい」「頑張って」など表現され,関心の高さがうかがえる。文字への関心も高く,ひらがなの「ぼ」以外は正しく表記し,拗音,促音,撥音,長音だけでなく,植物表記はカタカナ,日付は西暦と使い分け,社会的な記号という道具の使い分けを積極的に取り入れている。日記が彼女の発達要求を満たす対象として取り入れられている[7]。

　喜びなどを語り,家に持ち帰っている。また保護者はこの日記を手にして子どもの話に耳を傾け,成長する植物への心情を見て,そこに一回り大きくなったわが子を発見し,家族の話題としている。教師の「水栽培の日記をつけていて,素晴らしかった」といった主観的な記録より,子どもの実態が見える真正の資料になるとはこういうことである。
　神奈川県横浜市のあゆみ幼稚園では,子どもの造形絵画作品を読みとる研究会が50年以上も続いている。同園の園長であった松村容子は「子どもの育ちをめぐっての話し合いは,私にとって,保育者としての意欲を再燃させてもらえる幸せなひとときなのです。人生の終わりに近づいた現在でも,そんな話し合いの中で自分が育てられる喜びを感じます」[8]という。絵で表現する過程の子どもの世界を読みとることで,生活を改善したり場を工夫した

り，子どもの感性に賞賛を贈ったりする目が養われ，子どもも関心を寄せる
教師・保育士等の目によって育つ。

神谷保育園の子どもの絵について鈴木五郎は，「子どもたちの絵には独特
の美しさがある。生活のうたが感じられる。―（中略）―自分の感じたこと，
自分のイメージしたこと，自分で確かめたことを大切にしている」[9] という。
子どもの表現媒体によって私たちの感性が揺さぶられ，内省する機会が得ら
れるからであろう。また，こうした研修会への投資，時間の提供等が研究を
支えている。

ポートフォリオは絵だけではない。子どもの行為そのものが表現であり，
言葉や文字獲得以前の子どもの世界は，表現された行為から理解することが
多い。津守真は「文字によって表現される文学作品と違って，子どもの遊び
は，行為による表現である。子どもは遊びの行為によって，無意識の中で創
造している。保育者は，その行為から子どもを理解する。それにより，子ど
もは一層明瞭に自分自身を表現する」として，子どもの体験が表現される描
画に，人間の両義的な存在（理解することにおいて，子どもの表現を自らの表
現の可能性として受けとること）を見ている[10]。そして子どもの行為の意味を
意識化し言語化することで，大人自身の世界に位置づけ，公共の理解にまで
広げることができるとして，行為の表現を意識化・言語化する意味の重要性
に触れている。音やリズム，身体パフォーマンスのように記号化・言語化が
難しい行為も，映像機器などを駆使した記録方法によって言語化し，意味を
考えることが可能な時代である。

ポートフォリオによって子どもの生活や一人ひとりの姿が赤裸々に捉えら
れ，保護者も園での経験内容を考察できる。この記録を通して伝えるメッセー
ジの質が，園の保育内容の質に関係する。記録をとってもそれが三者の学習
につながらなければ，保護者に知らせる情報の意味内容が貧弱になる。次は，
ニュージーランドの教師のラーニング・ストーリーの取り方の抜粋と，その
評価を保護者に返した振り返りの記録[11] である。

〈観察・記録者　担任＝リンダ〉（下線著者追記）

　リアーン，ダニエールとR（2歳6か月）は，ファミリープレイというあそびのコーナーにいる。リアーンは，壁にある時計を見て，「もう起きる時間，10時だよ。ねえダニエール，お家のなかにモンスターがいる」という。リアーンとダニエールは，毛布のなかに隠れる。アンガス（リアーンがモンスターのことを叫んだとき，ちょうど通りかかる）が爪を立てて吠えはじめる。Rは，アンガスのまねをして同じ手の格好をして吠えている。―（中略）―

〈担任の振り返り〉

　Rのラーニング・ストーリーで私（観察者であるリンダ）は，あなた（被観察者であるR）がお芝居あそびを通して自分自身を表現したり，お友だちと一緒に同じあそびに加わった姿を見ました。こうした仲間との相互作用は，言語能力発達（ボキャブラリーを増やす・単語の知識を養う）の機会をもたらしてくれるでしょう。あなたはまた，他のお友だちとのかかわり合いによって社会性も身につけたことでしょう，つまり他者のアイディアを聞いたり，共同作業，分かち合い，問題解決をする機会を得たのです。

　このように，教師と保護者が教育共同者として捉えられ，子どもの物語から教師がそれをどう読み解き評価するかも確認できるようになっている。こうしたポートフォリオによって保護者は保護者としての自立した子どもの見方を確立していくのである。

　すでに実践ノートについては，しばしば触れてきたように，恣意的ではあっても子ども理解と教師・保育士等の自己省察に生かせる。それについて今井和子は，もろもろの記録を簡略化してしまう前に，なぜ園内で記録の重要性をしっかり押さえ，要点をつかんで簡潔に書ける学び合いをしないのかを問う。そして，実践記録とは「保育者自身の成長に役立つ自分自身のために書く記録なのだ」[12]という。目に見える現象（乱暴で困るとか泣いてばかりいる

288　第3部　経営革新を生みだす教育評価

など）でなく，心の動きや求めを書いた出来事や日誌は，いつ読み返してみ
てもその場面が思い起こされるものである。実践記録の書き方として，今井
は次の4視点を整理している（概略）[13]。

①テーマ（読んでくれる人にいちばん伝えたい書き手の考え）を明確にし，
　題をつける―題（テーマ）に書き手の書かずにはいられない必然性が
　現れ，読み手に伝わっていく
②書き出しに「はじめに」という小見出しをつけ「何故この記録を書く
　のか」を明確にする
③抽象的・概念的な言葉は避け具体的事実を書く
④まとめ（反省と考察）が決め手

　これだけで，日誌やノートが変わってくる。それは記録を通して自分自身
が変わってくる証で，自己評価・自己点検の原点になるといえよう。

（2）　評価資料と指導要録の関係

　幼稚園幼児指導要録（認定こども園こども要録，幼保連携型認定こども園園児
指導要録，保育所児童保育要録）は，日常のラーニング・ストーリー，ドキュ
メンテーション，行動観察記録，造形作品などのポートフォリオ資料をもと
に，指導の経過を各園の観点に沿って整理し，環境改善の参考に供するもの
である。生の記録をどんなに累積してもそれだけでは活用される資料にはな
らない。教師・保育士等がそれらを振り返って子どもにどんな経験内容を提
供できたかを分析し，指導改善した過程があってはじめて活用される記録と
なっていく。それを構造化すると図表3-2-7のようになる[14]。各園が設定す
る具体的な観点は，教育理念・教育目標実現のための教育課程・生活のデザ
インと，5領域および幼児期の終わりまでに育ってほしい姿との間をつない
で設けられていく。ポートフォリオ（仮に15資料あるとして）には，データ
が分析・累積されているので，それらを園の評価観点（理念や教育目標，教

第2章　場所(トポス)の共通感覚をつくりだす評価　289

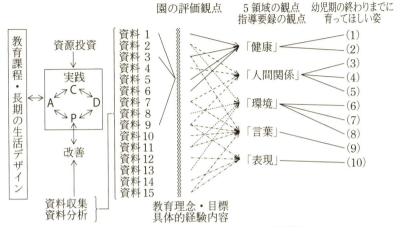

図表 3-2-7　実践から得た諸資料を評価の観点につなげる流れ

育課程の大綱的な基準性をもつ幼稚園教育要領，幼保連携型認定こども園教育・保育要領の内容，保育所においては保育の理念や目標，規範性を有する基準としての性格をもつ保育所保育指針の内容，と実践をつなぐもの）に沿って整理すれば，個別の発達理解の手がかりや環境調整の是非，指導過程を捉えることができる。水栽培観察のポートフォリオ（図表3-2-6）も環境や言葉，表現の項目に多くの学びがあることがわかる。次は筆者の観察メモ[15]である。

【記録1】新種発見を描く5歳児
　5歳G児は仲間3人と庭にいる蟻に興味をもち，毎日，蟻地獄探しをしている。「あ，でっけえ，クロオオアリだ」「これは，蟻じゃない。似てるけど足が6本ない」「あ，何だろう，羽がちょっと見える」など友だちと話しながら遊んでいる。「よし新種発見，これ描いておこう」と未特定の虫を鉛筆で描く。

【記録2】言葉を歌う3歳児
泣いて，ひさしから落ちる雨を眺めながら歌うA（3歳6か月）

290　第3部　経営革新を生みだす教育評価

　　「ポッタン　ポッタン　あめ　ポッタン」
　絵を描く行為と合わせて口ずさんでいた集団内独語の歌B（4歳2か月）
　　「むしくん　むしくん　よっといで　なんにもしないから　よっといで」

　記録1，2は，領域「環境」の自然と触れ合う，発見を楽しむ，感覚を豊かにする，領域「表現」の表現を楽しむ，に対応させ，虫が好きな子，歌が好きな子，自分なりに表現する子と捉えることはできる。しかし，この記録から何を分析し，子ども，教師・保育士等，保護者にどんな意味内容が共有されたかは見えにくい。意味や価値を三者で共有できる具体的な観点と情報の交流が必要になる。評価資料の共有・意味や価値の共有もなく，虫が好き，歌が好きと感覚的に陶冶内容を測ることは危険であり，評価の形骸化を呼ぶ。
　山内紀幸は，学びの評価言語を考えるために，プロジェクト・スペクトラム（アメリカのハーバード大学教育学大学院が中心となって進められたプロジェクト・ゼロにおいて行われた多くの教育研究プロジェクトの中の一つ）の「鍵となる力」をあげている。これは，光をプリズムに当てるとスペクトルとして様々な色の配列に見えるように，子どもの知能，学習スタイルが，広範囲の分布（スペクトラム）のように表出してくることを期待して名付けられたプロジェクトで，「それぞれの知能に対して公正な文脈評価であること」「子どもの学びを励ますための評価であること」「理論─実践─評価の円環運動の中に位置づくものであること」という姿勢で評価に臨む。そして，子どもの学びを励まし，子どもの優れた点を可視化し祝うためのものとして，31の「鍵となる力」とそれぞれの「評価基準」を示している[16]。
　一つの試みとして，行為として表現されたポートフォリオから，プロジェクト・スペクトラムを通過（31の鍵となる力を参考に再編）して，5領域の形式陶冶内容につないだ構造が図表3-2-8である[17]。日本の評価基準である5領域に掲げられた形式陶冶は何によって見えるかというと，外に表現された行為であり，行為を通し道具（メディア）を使って情報処理する知識，理解，

〈行為・情報処理〉　⇒ から捉える　〈資質・能力〉
幼稚園教育要領
発達を捉える視点

鍵となる力		評価基準
運動・健康な習慣	1 ボディ・コントロール 2 リズムへの敏感さ 3 表現力 4 運動に関するアイデアの生成 5 身辺自立への志向性と技能（追記）	省略
社会理解	6 自己理解 7 他者理解 8 社会的役割を果たすリーダー 9 世話役 10 優しい人／友人	
機械と構成・科学的・数学的関心	11 因果的・機能的関係性の理解 12 視覚的・空間的能力 13 機械的なモノを使った問題解決型のアプローチ 14 高度な技術を要する運動スキル 15 観察スキル 16 類似と差異の識別 17 仮説の生成と実験 18 自然現象や科学的現象への知識と関心 19 数的推理 20 空間的推理 21 論理的問題解決	
感性と表現	22 物語をつくる／お話をする 23 説明的言語／報告 24 言語の詩的な使用／言葉遊び 25 美術の知覚 26 制作：表現 27 芸術性 28 探究 29 音楽への応答性 30 音楽の知覚 31 音楽の創作 32 曲づくり	

（図表3−2−7参照）結びつくもの、つかないものを抽出する／ポートフォリオ資料の解読を通して

《健康》
・明るく伸び伸びと行動し，充実感を味わう
・自分の体を十分に動かし，進んで運動しようとする
・健康，安全な生活に必要な習慣や態度を身に付け，見通しをもって行動する

《人間関係》
・幼稚園生活を楽しみ，自分の力で行動することの充実感を味わう
・身近な人と親しみ，関わりを深め，工夫したり，協力したりして一緒に活動する楽しさを味わい，愛情や信頼感をもつ
・社会生活における望ましい習慣や態度を身に付ける

《環境》
・身近な環境に親しみ，自然と触れ合う中で様々な事象に興味や関心をもつ
・身近な環境に自分から関わり，発見を楽しんだり，考えたりし，それを生活に取り入れようとする
・身近な事象を見たり，考えたり，扱ったりする中で，物の性質や数量，文字などに対する感覚を豊かにする

《言葉》
・自分の気持ちを言葉で表現する楽しさを味わう
・人の言葉や話などをよく聞き，自分の経験したことや考えたことを話し，伝え合う喜びを味わう
・日常生活に必要な言葉が分かるようになるとともに，絵本や物語などに親しみ，言葉に対する感覚を豊かにし，先生や友達と心を通わせる

《表現》
・いろいろなものの美しさなどに対する豊かな感性をもつ
・感じたことや考えたことを自分なりに表現して楽しむ
・生活の中でイメージを豊かにし，様々な表現を楽しむ

図表 3-2-8　A園プロジェクト・スペクトラムのデータ再編

磯部裕子・山内紀幸『幼児教育 知の探究1：ナラティヴとしての保育学』萌文書林，2007，pp.242-248，および青木久子・持田京子・村田光子・東智子・原田放子「学校評価による保育の再考に関する一考察」文京学院大学人間学部研究紀要第 12 巻，2010，pp.298-300 を 2017 年改訂の幼稚園教育要領の 5 領域の内容に著者修正

292　第3部　経営革新を生みだす教育評価

技能や態度からである。もちろん，日本の幼稚園教育要領，保育所保育指針，幼保連携型認定こども園教育・保育要領も，5領域にわたるねらいと内容という指標はある。しかし，それがポートフォリオの記録と対応する性質をもっているかと問われれば，記録1，2のように，漠然としているということになる。各園が具体的な行為レベルのデータを分析・累積して共通感覚を生みだす観点が必要である。

　ここではプロジェクト・スペクトラムの鍵となる力とその評価基準（図表3-2-8では省略）と，ポートフォリオとを関連づけてみよう。

　科学的・数学的関心の「15 観察スキル」の評価基準には，①物質的特徴を学ぶために詳細な観察を熱心に行う，②環境の変化に気づく，③描画，チャート作成，カード作成，その他の方法による観察記録に関心を示す，の3視点があり，「16 類似と差異の識別」には，①対象や出来事，あるいはその両方の対照比較を好む，②材料を分類し，見本の類似と差異に気づく，がある。これらを中心に，記録1からは，G児が鍵となる力の14～21のほとんどの項目にわたって経験・学習していることを具体的に捉えることができる。それは，教師・保育士等も保護者も子どもの学びの力に共感し，当人もそれを是として自信をもつ契機になる。また，感性と表現の「32 曲づくり」の評価基準には，①始まり，中間，終わりのある簡単な曲をつくることができる，②単純な記譜の仕方をつくりだす，がある。記録2から，A児・B児は言葉を歌うこと，二拍子でリズムをとっていること，歌と動作が一つになることなどが捉えられ，このデータを共有する人々に歌う楽しさを提供していく。

　真正のポートフォリオは，子どもや保護者や拡大家族（2つ以上の核家族で構成された集合体）にとっても己の変容を確認するものとして，また関係者の共通感覚をつなぐものとしての意味がある。テ・ファリキでは，エンパワーメント，総合的な発達，家族とコミュニティ，関係構築という4原則および，健康／福利，所属感，貢献，コミュニケーション，探究心の要素が観察記録と対応している。またフランスでは，2002年の保育学校の学習指導要領[18]

において教育内容を「学習を構造化する5大活動領域」と表現し,「学習の中心にある言語」として言語活動を学習の中心,第一とし,その他「ともに生活する」「身体を用いて,動き,表現する」「世界を発見する」「感性,想像,創造」という領域をおいている。例えば領域「世界を発見する」では,「教育内容を構築する」という規定において,①感覚による探索,②物質の世界の探検,③生き物の世界を発見する,④物の世界を発見することと安全教育,⑤空間の手がかり,時間,⑥形と大きさの発見,量と数への導入,の内容が定められている。そして,それに対応する「保育学校修了時に獲得すべき能力」として,①感覚の領域における能力,②物質やものの領域における能力,③生き物,環境,衛生と健康の領域における能力,④空間の構成の領域における能力,⑤時間の構成の領域における能力,⑥形と大きさに関する能力,⑦量と数に関する能力,があげられ,それぞれに「次のようなことができる」として,年長修了時に身につけるべき能力の内容が具体的に明示されている。このように,基準と評価がポートフォリオの記録と対応するような,何らかの指標が必要なのである。しかし,各園がその観点を作成することはなかなか困難で,結果として日本では5領域の内容に沿って感覚的に評価しているといえよう。

　現段階では2017年改訂で,幼児期の終わりまでに育ってほしい姿,資質・能力の掲出が,指導要録・保育要録等においてもなされ,記入に際しては,「幼児期の終わりまでに育ってほしい姿は」が到達すべき目標ではないことに留意することとしている。これらの動きが就学前教育・保育の観点の見直しを迫るかどうかはわからない。しかし,教育課程の基準である幼稚園教育要領の総則にカリキュラム・マネジメントの重要性と幼児理解に基づいた評価が謳われた以上,実施される過程で各園ともいつかは評価観点の具体化が必要になるだろう。それが,アメリカのプロジェクト・スペクトラムのような構造（図表3-2-8），あるいはフランスの保育学校における学習指導要領の構造をもつのか,国の資料を参考に日本の5領域のねらいと内容の構造から各園が構造化するのか,今後の大きな課題であろう。

294   第3部　経営革新を生みだす教育評価

　かつて，日本でも領域の内容を具体的指標にする試み[19]がなされた歴史がある。しかし，今日はそれらもなくなっている。記録は累積されても生みだされた意味や価値を共有する学びをつくりだせないのもそこに原因がある。子ども自ら主体的に対象とかかわり情報処理する知識，理解，技能が，心情・意欲や態度，資質・能力を支えている関係が見えなくなり，それが，就学前教育・保育についての諸々の層面の研究とつながらないため，記録を累積しても活用されにくいのである。

　ポートフォリオは，過去を現在，未来につなぎ，人やものとのつながりの中の自己存在を感じ，己の成長を振り返る時間を提供してくれる。発達を捉える行為表現のデータを共有する観点（教師・保育士等が発達段階だけではなく子どもの興味や発達要求に学ぶ内容を捉える視点）が理念と循環することで，読みとる視座が広がりをもち，子ども理解が保育の改善，保護者や教師・保育士等の意識の改善，環境改善に生かされるのである。教育課程経営の中心となるのは，こうした教育評価の証明を構造的に捉えて意味を共有する集団づくり，改善のために環境を再構成する集団づくりをすることであり，そこに説明責任が生まれるといえよう。

2．組織マネジメントに資する資料の分析・考察

　園から発信された情報と語りが，経営哲学と遊離していたり環境や教職員の語りや実践とずれていたりすると，人々は不信をいだく。前述したように従来の教育評価は，保育実践中心で組織マネジメントの思想哲学に触れることはなかったが，本来，教育評価は組織マネジメントを包摂するもので，管理者の理念や哲学が社会的に問われない組織などない。リーダーの意思決定，経営における社会的責任と社会貢献，教育・福祉サービス提供の基本理念，サービス提供のプロセスなどは，経営計画，教育課程や全体的な計画，地域社会への情報発信，園だよりの巻頭言などに随時，明文化して開示され，入園説明会や保護者との対話の中で常に語られている。これに協賛する人々が

わが子をこの環境に置きたいと願い，園の教育・保育を支えるのである。教育課程の内容評価については前述したので，ここでは教職員や保護者の組織マネジメント評価の一断面を媒体として考えたい。

（1）　保護者からの情報の解読とずれの発見

　組織マネジメントで表面化するずれは，関係者に判断停止をもたらし，語り合うテーゼを生みだし，学習機会をつくり，問題を解決して新たな変容に至るきっかけとなるものである。ずれの顕在化なくして経営改善はあり得ないのは保育実践と同じである。教職員や保護者の苦言や悩みは潜在化しやすい。それを顕在化し，対話のテーマにして自分たちで解決する方向をつくりだすために組織マネジメントがあるといっても過言でない。

　ここでは，ある幼保連携型認定こども園に寄せられた保護者からの一件の苦情（情報）から，保育教諭と子ども，保護者の解読の多様性をマネジメントする事例を取り上げる。

　【事例】制服を間違えた経験の意味の共有

　　　ある転入児の保護者からの手紙がポストに入っている。それは，「わが子（4歳）が制服を間違えていることに気づいた。先生の配慮が足りないと思ってそう伝えた。すると先生は，『わかりやすい目印と名前を書いて子どもにも教えておいてほしい』と言った。翌日，間違えた子がわかって返してもらったが先生は謝りもせず，あの言葉はわが子や親が悪いように聞こえた」という内容であった。

　この情報に対して，マネジメントの課題である三者の経験の意味のすり合わせをどのようにするかは，次のような視点から捉えられる。

ア．子どもの経験のずれという視点から

　子どもは，制服が初めてで，自他の区分を自分で確認する経験が少なかっ

た，今までは先生が一人ずつ確かめて着せてくれた，所持品棚が共用ではなく一人一箱で間違いは発生しなかった，生活に少し慣れてきて確認しそびれた，確認せず残っていた制服を着用した，保護者が付けた印が取れていたなどの様々な原因が考えられる。

イ．保護者と保育教諭の認識のずれという視点から

　保育教諭の配慮が足りない，わが子に目が届いていない，配慮不足を謝ってほしいという保護者の主訴と，自他の区分確認ができる経験を増やしたい，困ったことは自分から言うという自立を求める保育教諭の意図がかみ合っていない。保護者が以前所属していた施設と比較して，転入した園のサービスに対する考えにもずれが発生している。

ウ．保育教諭の指導と情報共有のずれという視点から

　着用時，各自が制服を確認する気づきの促し，転入児や自他の区分が曖昧な子への個別の配慮とともに，保護者に制服を採用している意味，同じ色形から自他の区分ができる目印の必要性，間違いから子どもが学ぶ内容を共有する時間がとられていない。また，教育・保育サービスに対する根本的なずれを対話によってすり合わせるという民主主義の思想を共有する組織体の姿勢と情報共有にずれが発生している。

(2)　組織マネジメントの見直し改善の観点

　この事例は，保育教諭の指導を振り返り，組織マネジメント全体を見直す機会を提供している。この園は，基本理念である対話による民主主義，教育サービスについて，その後，次のような情報を保護者に提供している。

①　ずれをすり合わせる中から意味が生まれる

　「学習の原動力は『ずれ』です。日常は習慣という惰性で動いていきますが，ずれを感じたとき，人間も生物も思考します。環境汚染，世界の貧富格差，他民族との共生，違いの理解と尊重，健康寿命等々，すべてずれがあったときに気づきます。—（中略）—大人たちが対話によって知恵を創出する過程を子どもたちは見て学んでいきます」[20]として，ずれがあることが問題では

第2章 場所の共通感覚をつくりだす評価　297

なく，ずれを顕在化させ，対話によってすり合わせ納得をつくりだす過程を
歩むかどうかが問題であること，また匿名の苦情は相互不信をもたらすが，
情報発信者がわかることで対話する場がつくられ，子どもの思い，双方の捉
え方の違いに気づき，ともに考え，了解・合意をつくりだすところに信頼関
係が生まれるということを了解し合った。

　これによって，対話を園経営の一つのキーコンセプトにする歴史が生まれ，
記名による情報からのずれのすり合わせによって意味を生成する関係がつく
られていく。また，子どもが間違える経験を通して間違えないことを学ぶよ
い経験だった，わかりやすい目印という環境調整をして支援する保護者の存
在を感じさせることができた，といった別の捉え方もなされ，大人たちが最
適経験を子どもにもたらす過程を合意し合ったのである。

② 教育・保育サービスに対する情報共有

　しかし，これで問題解決ではない。教育・保育サービスに対する考え方が
根本的に異なっている。福祉論でいけば教育・保育は「保育を必要とする子
どもと保護者支援というサービス」である。喜多明人のいうような"教育サー
ビスではなく人間としての権利だ"[21]とする考え方に照らせば教育共同体に
おいて自己教育を為す権利を保障するための環境提供サービスになる。教育
経済学でいえば経済効率としてのサービス[22]ということになろう。この園
の保護者の要求には，「おむつを外して」「朝食を食べさせて」といった身辺
自立への依存内容が一番多く，次が「もっと長時間預かって」「病院に連れ
て行って」「熱が出ても電話しないで」といった仕事優先の要求，「子どもの
ことはすべて教えて」「毎日写真を撮って」「わが子から目を離さないで」と
いった保育内容に対する要求が続くが，どこの園でも同じ今日的な保護者の
期待・要望であろう。この事例のように，子どもを養護し着せてやるサービ
ス，働く母親をいたわるサービスを求める保護者が多い社会情勢下では，サー
ビスの捉え方がずれ発生の主要な要因となっていることも考えられる。3歳
未満児では，保護者の第一義的教育責任を尊重し，人間形成の土台となる愛
着関係の成立，生理的欲求の充足や探索要求の保障といった，育つ力を支え

298　　第3部　経営革新を生みだす教育評価

ヒトから人へと社会化する過程をともに歩むサービスが，3歳以上の就学前教育では，子どもが「自ら行為する主体」として受苦を乗り越え自己有能感を獲得するために，最適経験を提供できる環境を整えることが主要なサービスであろう。それを，教師・保育士等だけでなく保護者と協働し，ともに助け合って実現する役割であることへの合意をどう形成するかが就学前教育の今日的課題といっても過言ではない。

　また，教育期間・時間は貧富格差のない制服を採用してその自覚を促し秩序を子ども自らの内に打ち立てたいという意図と，教育時間外は私服着用により家庭生活により近くしたいという意味が伝えられていないことも，ずれ発生の原因になっていると思われる。

　この事例の園では，ずれを顕在化し，入園説明会，入園当初の保護者との学習会，保護者の評価情報の受け止め方，日常の園との対話，相互了解の過程，そこでともに学んだ内容の評価といった，マネジメント全体の課題が見直された。さらに，7時から20時までのローテーションを組んだ組織の説明責任の体制や理念共有のありようを確認し，課題解決を図りながら改善していくことになる。そのための園内の研修体制が教職員から自発的に立ち上がり，メディア研究を進め，創発して環境を改善するとともに，個々のリカレント教育も進捗していく。こうした組織マネジメントを全員でつくりだしていくところに自己評価，関係者評価の位置づけがあるといえよう。

　そのためにも，様々なデータを分析・類別し，課題解決の知恵を累積する観点を各園でもつことが求められよう。図表3-2-9は，筆者が大学院生たちと共同研究した，自己評価・自己点検項目の全体構造の試案[23]大綱の一部であるが，事例の園では当面これを活用してデータを累積し，やがて自前の組織マネジメントの観点を創出したいと考えている。シャクリーらがいうように，ポートフォリオはデータを組織する実践的なストラテジーであり，マネジメントにも適用できる。そのデータ分析を累積し評価改善につなげる観点を各園が独自にもつということであろう。

I−1〈組織マネジメント〉
I−1−① リーダーシップと意思決定
I−1−② 経営における社会的責任と社会貢献
I−1−③ 利用者の意向や地域・事業環境の把握と活用
I−1−④ 情報の保護・共有
I−2〈教育・福祉サービス〉
I−2−① サービス提供の基本理念
I−2−② サービス提供のプロセス
I−2−③ プライバシーの保護
I−2−④ 教育・福祉事業の標準化
I−2−⑤ 特別な配慮を必要とする児童の受け入れ環境
I−3〈幼児教育センター，子育て相談センターとしての役割〉
I−3−① 未就園児に対する支援
I−3−② 教育相談・子育て相談機能
I−3−③ 預かり保育
II−1〈教育経営・保育経営の基礎理論〉
II−1−① 教育理念・保育理念及び目標の設定
II−1−② 経営の基礎理念と達成目標
II−1−③ 理念・目標の明文化と経営説明
II−1−④ 組織体として管理すべき公簿等の整理

II−2〈環境管理と環境アセスメント〉
II−2−① 地域との調和，自然環境の管理
II−2−② エコ環境の管理とアセスメント機能
II−2−③ 施設設備の法的根拠のおさえと安全管理
II−2−④ 防犯・防災に対する安全管理
II−2−⑤ 保健衛生に対する安全管理
III−1〈人事管理〉
III−1−① 教育目標達成のための人事
III−1−② 教員・保育士の募集，採用
III−1−③ 教職員の雇用状況
III−1−④ 就業規則に基づく労務管理
III−2〈健康管理〉
III−2−① 教職員の健康管理
III−2−② 園長・管理職と教職員のコミュニケーション
III−2−③ 教職員の資質向上への取り組み
III−3〈財務管理〉
III−3−① 予算作成
III−3−② 予算管理
III−3−③ 決算管理
III−3−④ 財務情報の公開
III−3−⑤ 納付金算定
III−3−⑥ 物品購入の管理

図表 3-2-9　組織マネジメントの思想・哲学（抜粋）
「学校評価による保育の再考に関する一考察」文京学院大学人間学部研究紀要第 12 巻, 2010, p.291

3．経営センスを磨く

　マネジメントの意思決定は，日常のささやかな出来事の中に潜む根本的な問題を把握することから始まる。担任が実践ノートによって省察し問題解決していくように，経営者も経営ノートにこうした疑問や問題を書き出しては，自ら調査研究し，広く世界も視察し，テーゼに対する考え方を練り上げ，教職員と議論して共通理解を図っていくことによって改善の道が拓ける。

　特に人権に関しては相手が幼いだけに配慮が必要になる。人間を尊重すると掲げながらトイレに行っていいか，遊んでいいか，食事を残していいか，すべて聞かなければ子どもが行動できないような意味が固定した場所もある。子どもが遊んで片付けるものを，教師・保育士等が「手伝って」「おり

こうね」などと主体をぼかして片付けさせたり，静めるときは「お口チャック」など人権を無視したりする言葉も横行する。「お嬢様，お坊ちゃま，お並びよ」などのジャーゴン（仲間内で通じる特殊用語，職業用語）も飛び交う。幼さを演出してきた就学前教育には，こうした日常の些細な惰性の中に，主体である子どもや保護者を対話から外し，自分の物語を語れない文化が潜んでいる。保育の質を左右する課題把握と改善への努力は，本質に気づく者が育ち合う職場にすることであり，人間として育つ場所づくりがマネジメントの神髄である。

　子どもの成長を祝う評価であるように，学校評価は Check ― Act によって改善が進捗し，働く人々，関与する人々の夢を少しでも実現していく過程である。かつて筆者は閉塞化したある園で，学校評価を未来の夢として描いてもらったことがある。粗雑に物が放置されている玄関を改善したい，遊戯室の物置に30年ほど使わない物が入っているので整理した方がいい，3歳児の生活は時間で区切らない方がいい，4歳児のピアノが室内空間に飛び出していて狭く危険，屋上や空室を使えるようにしたい，まずは職員室を機能的に片付けたい，保護者まかせの花壇の手入れを保育内容として組み込みたい，砂場の砂を年1回以上は入れ替えたい，外水道にタライなどの水受けがほしい，教職員が休憩時間を意識的にとり，能率を上げて就業時間が遅くならないようにしたい，教育課程もつくりたい，園内研究会をやりたいなど，環境，保育内容，勤務のあり方，資源の使い方，保護者との関係すべてにわたって夢が語られていた。夢は経営改善の方向を示すもので，今までやってやれない項目などなかったはずである。しかし，経営に関与できないと思い込んだ教職員の意識が，無難な保育にわが身を置き，夢を忘れていたのだろう。

　学校評価は，ややもすると形式的なものになりやすいが，夢を語り合うこと自体，現実の課題を直視することにつながり，改善の方向を共有する機会になる。一人では実現できない夢も，みんなで相手の夢を知り，考え方を知ることから実現へと動き出す。この園では，ここにあげられた内容だけでな

第2章　場所の共通感覚をつくりだす評価　*301*

く，3歳児用玄関の新設，給食室の設置，教員組織の研究体制，役割交代，教材の見直し，園庭の改修など，たった3年で大改善されている。経営者は，見て見ぬ振りをして何もしなかったのではない。当事者である子ども，教職員や保護者にこうしたいという願い，夢がないかぎり，計画機構へ，リーダーシップ制へ，コミュニティ・スクールへと抜け出せず，環境も教育・保育も改善されていかないから，それがわき立つのを待っていたという。一人ひとりが当事者意識をもちテーゼに向き合い，対話し，実践してみることを怖れない，それを支えるのが「経営」であるという哲学である。教職員もその経営者の願い・夢を知らなかったという点では，双方が夢を語り合う場所の文化をつくり得なかったということであろうか。

　このように，実践しながら改善し，またチャレンジするという繰り返しの中で，生まれてくる哲学・理論を経営の基底に置けるようになったとき，教育・保育が確かなものになる。そして経営者は，実践から生まれた知見を，学問として構成する機会を自らつくり明文化していかないと，いつまでたっても口承伝達の域を出ない。もちろん，口承伝達は伝える身体から心情がにじみ出し，人と人の絆を築いていく最大の伝播力をもつが，他者はそれを繰り返し確認できないし，その場に居合わせなければ知ることもできない。また，聴く者がそれに共感できなければ独善となりやすい。自らの経営を開示し，保護者，教職員と共有することを経営哲学としてこそ，その立場を与えられた者の喜びとするところであろう。フレーベルが『人間の教育』に至ったのは，様々な試行の末の46歳のとき，和田實が幼児教育学を論理立て，その実践のために目白幼稚園を設立したのは39歳のときである。経営者であれ教師・保育士等であれ，実践者は誰でも40歳前後にして立つことである。そして自分の人生を綴る中に，自分の信念となる経営の基礎理論を形づくって，いつでも世代交代できる循環を図っていくことである。

302 引用・参考文献

【引用・参考文献】

〈第1部第1章 §1〉

（1）持田栄一ほか編『講座現代教育経営1：現代教育経営の基本』明治図書出版，1968，p.18

（2）同上，p.16

（3）中谷彪『学校経営の本質と構造』泰流社，1983，p.16

（4）河野重男・永岡順編『教育学講座19：現代の教育経営』学習研究社，1979，pp.71-104

（5）日本教育法学会編集『教育法学辞典』学陽書房，1993，pp.40-41

（6）中村雄二郎『共通感覚論』岩波書店，2000，p.236

（7）中村雄二郎『術語集―気になることば―』岩波書店，1984，pp.141-145
青木久子『幼児教育 知の探究2：教育臨床への挑戦』萌文書林，2007，pp.121-126

（8）多田建次『学び舎の誕生』玉川大学出版部，1992，p.126

（9）同上，p.134

（10）山崎豊子『白い巨塔』新潮社，2002

（11）源了圓ほか編纂『公道の根本1：公務精神の源流』第一法規出版，1983，p.13

（12）同上，p.19

（13）野口武彦責任編集・訳『安藤昌益』中央公論社，1971，p.90

（14）同上，p.100

（15）同上，p.245

（16）橋詰良一「家なき幼稚園の主張と実際」岡田正章監『大正・昭和保育文献集5』日本らいぶらり，1978，pp.25-26

（17）同上，p.15

（18）同上，pp.26-27

（19）同上，pp.28-29

（20）フレーベル／岩崎次男訳『世界教育学選集9：人間の教育Ⅰ』明治図書出版，1960，p.10

（21）上笙一郎・山崎朋子『光ほのかなれども―二葉保育園と徳永恕―』社会思想社，1995，p.85

（22）同上，p.87

引用・参考文献　　*303*

(23) 佐野和彦『小林宗作抄伝』話の特集，1985
(24) 青木久子『保育は芸術なり』国立音楽大学附属幼稚園，2000，p.2
(25) 灰谷健次郎『灰谷健次郎の保育園日記』新潮社，1990，p.12
(26) 日本聖書協会『ルカによる福音書：口語訳』1954 年，p.94
(27) 吉田敬岳『ちいさな気づきのひとしずく』自由が丘学園出版部，2007，p.204
(28) 田川智『高羽：高羽幼稚園と私の教育哲学』高羽幼稚園，2006，pp.5-6
(29) 柴田昭夫『子どもと保育者の夢チャレンジ―「生きる力」を育むために―』学習研究社，2002，p.20
(30) 中川元『世界遺産・知床がわかる本』岩波書店，2006

〈第 1 部第 1 章 §2〉
(1) 海後宗臣監修／山住正己・堀尾輝久『戦後日本の教育改革 2：教育理念』東京大学出版会，1976，pp.5-23
(2) 文部省『教育基本法制定の要旨について（昭和 22 年 5 月 3 日文部省訓令第 4 号）』1947
宗像誠也編『教育基本法―その意義と本質―』新評論，1966
(3) 新渡戸稲造・須知徳平訳『武士道』講談社インターナショナル，1998
(4) 教育学関連 15 学会共同公開シンポジウム準備委員会編『教育理念・目的の法定化をめぐる国際比較』つなん出版 2004，p92
（教育学関連 15 学会共同公開シンポジウム準備委員会編『新・教育基本法を問う』学文社，2007）
(5) 同上，p.98
(6) 同上，p.176
(7) 藤田英典編『誰のための「教育再生」か』岩波書店，2007
(8) 福沢諭吉『学問のすゝめ』岩波書店，1942
(9) ミル／山岡洋一訳『自由論』光文社，2006
(10) J.S. ミル／水田洋訳『代議制統治論』岩波書店，1997
(11) モンテスキュー／野田良之ほか訳『法の精神　上・中・下』岩波書店，1989
(12) ルソー／桑原武夫・前川貞次郎訳『社会契約論』岩波書店，1954
(13) 城戸幡太郎『城戸幡太郎著作集 7：民主主義のありかた　教育科学的論究』学術出版会，2008，p.87
(14) 同上，p.131
(15) 文部省『文部省著作教科書 民主主義』径書房，1995，p.17

304 　*引用・参考文献*

(16) 同上，p.146

(17) 同上，p.151

(18) 同上，p.163

(19) デューイ／松野安男訳『民主主義と教育　上』岩波書店，1975，p.142

(20) 上掲書（12），p.96

(21) オルテガ／寺田和夫訳『大衆の反逆』中央公論社，2002，p.9

(22) 全国教育研究所連盟編『学校経営の構造と機能』全国教育研究所連盟，1971，p.16

(23) 曽余田浩史「学校経営と学校経営の連続性と統合性に関する理論的・実証的研究」
広島大学，1998，pp.96-97
曽余田浩史「Ⅱ章　保育士のキャリア開発を支援する」pp.12-22，「Ⅷ章　学校の
組織マネイジメントに関する理論の展開」pp.77-87（岡東壽隆監修『教育経営学
の視点から教師・組織・地域・実践を考える』北大路書房，2009）

〈第1部第1章 §3〉

（1）プラトン／森進一・池田美恵・加来彰俊訳『法律　上』岩波書店，1993，pp.30-31

（2）プラトン／藤沢令夫訳『国家　下』岩波書店，1979，pp.107-108

（3）ルソー／桑原武夫・前川貞次郎訳『社会契約論』岩波書店，1954，pp.33-34

（4）同上，p.36

（5）財務省『日本の財政関係資料 平成29年4月』p.6

（6）樋口修資『教育行政概説―現代公教育制度の構造と課題―』明星大学出版部，
2007，pp.370-371

（7）イヴァン・イリッチ／東洋・小澤周三訳『脱学校の社会』東京創元社，1977，
pp.18-19

（8）市川昭午「私学の特性と助成政策」大学財務経営研究（国立大学財務・経営センター
研究部），1，2004，p.172

（9）結城忠『教育の自治・分権と学校法制』東信堂，2009，p.133

(10) 俵正市／私学経営研究会編集『改正私立学校法』法友社，2006

(11) 田村哲夫『渋谷教育学園はなぜ共学トップになれたのか』中央公論新社，2015

(12) 岡田正章・森上史朗・山内昭道編『幼児のための園とクラスの経営』第一法規出版，
1978

(13) 伊藤良高『幼児教育の明日を拓く幼稚園経営―視点と課題―』北樹出版，2004
伊藤良高『現代保育所経営論―保育自治の探究―』北樹出版，1999

(14) 青木久子『幼児教育 知の探究2：教育臨床への挑戦』萌文書林，2007，pp.245-256

引用・参考文献　*305*

　　　　磯部裕子・青木久子『幼児教育 知の探究4：脱学校化社会の教育学』萌文書林，
　　　　2009，pp.118-127
（15）木下竹次／中野光編『世界教育学選集64：学習原論』明治図書出版，1972，p.98
（16）日本教育経営学会・学校改善研究委員会編『学校改善に関する理論的・実証的研究』
　　　　ぎょうせい，1990，p.33
（17）浅井幸子・青木久子『幼児教育 知の探究3：幼年教育者の問い』萌文書林，2007，
　　　　pp.77-91
（18）無着成恭『山びこ学校』岩波書店，1995
　　　　青木久子『幼児教育 知の探究2：教育臨床への挑戦』萌文書林，2007
（19）上笙一郎・山崎朋子『日本の幼稚園―幼児教育の歴史―』理論社，1965
（20）倉橋惣三『育ての心 上』フレーベル館，1976
（21）城戸幡太郎『城戸幡太郎著作集5：幼児教育論』学術出版会，2008
　　　　池田稔記念論集編集委員会『教育人間科学の探求』学文社，2011，pp.196-210
（22）上掲書（16），p.33
（23）千葉命吉『独創教育十論』厚生閣書店，1927
　　　　千葉命吉『教育現象學』南光社，1927
（24）上掲書（16），pp.36-37
（25）NPO法人東京シューレ編『子どもは家庭でじゅうぶん育つ―不登校,ホームエデュ
　　　　ケーションと出会う―』東京シューレ出版，2006

〈第1部第2章 §1〉
（1）P. ペーターゼン／三枝孝弘・山崎準二訳『世界新教育運動選書4：学校と授業の
　　　　変革―小イエナ・プラン―』明治図書出版，1984，p.98
（2）同上，pp.114-174
（3）同上，p.148
（4）同上，pp.40-44
（5）磯部裕子・青木久子『幼児教育 知の探究4：脱学校化社会の教育学』萌文書林，
　　　　2009，pp.130-131
（6）城戸幡太郎『城戸幡太郎著作集7：民主教育のありかた教育科学的論究』学術出
　　　　版会，2008，p.135
（7）城戸幡太郎ほか編『復刻版 教育學辭典1』岩波書店，1983，p.422
（8）リヒテルズ直子『オランダの個別教育はなぜ成功したのか―イエナプラン教育に
　　　　学ぶ―』平凡社，2006，pp.26-44

（9）同上，pp.236-238

（10）同上，pp.190-195

（11）安部富士男『これからの幼稚園教育経営―いま危機を乗り切るために―』青也書店，
1984，p.27

（12）同上，p.28

（13）同上，pp.29-32

（14）安部富士男『遊びと労働を生かす保育』国土社，1983，p.130

（15）泉千勢・一見真理子・汐見稔幸『世界の幼児教育・保育改革と学力』明石書店，
2008，pp.16-20

〈第1部第2章 §2〉

（1）持田栄一ほか編『講座現代教育経営2：学校経営の現代化』明治図書，1968

（2）P. F. ドラッカー／上田惇生編訳『マネジメント エッセンシャル版―基本と原則―』
ダイヤモンド社，2001，pp.i-ii

（3）同上，p.9

（4）同上，pp.22-28

（5）同上，p.40

（6）金子郁容『新版 コミュニティ・ソリューション―ボランタリーな問題解決に向け
て―』岩波書店，2002，pp.148-151，pp.269-274

（7）上掲書（2），pp.198-216

（8）同上，p.58

（9）鈴木敏正『生涯学習の教育学―学習ネットワーキングから―』北樹出版，2004
鈴木敏正『教育学をひらく―自己解放のために―』青木書店，2003
澤田治夫・和田真也・喜多明人・荒牧重人『子どもとともに創る学校―子どもの
権利条約の風を北海道・十勝から―』日本評論社，2006

（10）日本教材文化研究財団編『わが国におけるコミュニティ・スクールの現状と課題』
日本教材文化研究財団，2004，pp.102-104

（11）同上，pp.107-108

（12）寺澤弘忠『管理者のためのOJTの手引』日本経済新聞社，1991

（13）師岡章・金田利子・無藤隆・由田新「幼稚園における組織文化のあり方の検討」
平成17年度－平成19年度科学研究費補助金報告書　基盤研究（c）課題番号
17530599，2008

（14）上掲書（2），pp.180-181

引用・参考文献　*307*

(15) エドガー・H・シャイン／金井壽宏訳『キャリア・アンカー——自分のほんとうの価値を発見しよう——』白桃書房，2003，pp.21-24

(16) エドガー・H・シャイン／二村敏子・三善勝代訳『キャリア・ダイナミクス——キャリアとは，生涯を通しての人間の生き方・表現である。——』白桃書房，1991，p.3

(17) 上掲書（2），pp.150-156

(18) 池井戸潤『下町ロケット』小学館，2010

(19) P. F. ドラッカー／上田惇生訳『ポスト資本主義社会』ダイヤモンド社，2007，p.10

(20) 阿部菜穂子『イギリス「教育改革」の教訓——「教育の市場化」は子どものためにならない——』岩波書店，2007

(21) 安部富士男『これからの幼稚園教育経営——いま危機を乗り切るために——』青也書店，1984，p.179

〈第2部第1章 §1〉

（1）小熊英二『単一民族神話の起源——「日本人」の自画像の系譜——』新曜社，1995

（2）同上，pp.166-167

（3）同上，p.171

（4）同上，p.340

（5）松原正毅・NIRA 編集『新訂増補 世界民族問題事典』平凡社，2002，p.424

（6）総務省「住民基本台帳に基づく人口，人口動態及び世帯数のポイント（平成29年1月1日現在）」
http://www.soumu.go.jp/main_content/000495346.pdf（参照 2019/7/12）

（7）Statistisk sentralbyrå Statics Norway
http://www.ssb.no/a/english/minifakta/jp/（参照 2019/7/15）

（8）DESTATIS Statistisches Bundesamt
https://www.destatis.de/EN/FactsFigures/SocietyState/Population/Population.html（参照 2013/11/16）

（9）The National Institute of Statistics and Economic Studies（INSEE）
http://www.insee.fr/fr/themes/tableau_local.asp?ref_id = IMG1A&millesime = 2012&niveau = 1&typgeo = FE&codgeo = 1（参照 2013/11/16）より筆者算出

(10) 示村陽一『異文化社会アメリカ 改訂版』研究社，2006，p.26

(11) 同上，p.26

(12) 同上，p.33

(13) M. M. Gordon, *Assimilation in American Life*, Oxford University Press USA,

1964，示村，同上 pp.61-63 より重引

(14) アメリカンセンター JAPAN「CELEREBRATE! 米国の祝日」
https://americancenterjapan.com/aboutusa/monthly-topics/2040/（参照 2018/4/27）

(15) 村井忠政「メルティングポットの誕生—メルティングポット論の系譜（1）」人間文化研究（名古屋市立大学），2，2004，pp.17-30

(16) 上掲書（10），pp.65-67
仲正昌樹『集中講義！ アメリカ現代思想—リベラリズムの冒険—』日本放送出版協会，2008，p.163
※アメリカの宗教社会学者 James D. Hunter が次の本で使った言葉である。
Culture Wars, *The Struggle to Define America*, Basic Books, 1991

(17) Jean Gallagher-Heil, Culture and Diversity in the US Early Care and Education Classroom: Cases from Cabrillo College Children's Center Lab School（講演題「米国幼児教育・保育における文化と多様性：カブリヨ大学子どもセンター保育養成校の事例から」），文京学院大学，講演日 2016/10/5

(18) 上掲書（10），pp.69-70

(19) 井上英明「日本のきつねとイギリスのきつね—日英比較文化論の試み—」神奈川大学言語研究，11，pp.103-105，1988

(20) John Burningham, *Harquin*, Random House The Red Fox edition, 2000（初版1967）

(21) 上掲書（19），p.104

(22) 上掲書（19），p.104

(23) 新美南吉『ごんぎつね』偕成社，1986

(24) 上掲書（19），p.104

(25) まど・みちお・宮脇紀雄・松谷みよ子『小さい白いにわとり ほか』光村図書出版，2002

(26) Paul Galdone, *Little Red Hen*, Houghton Mifflin Company, 2001

(27) 上掲書（19），p.104

(28) 上掲書（9），p.105

(29) 朝日新聞「しつけ細やか，学校で」2014 年 1 月 8 日付朝刊，13（34）

(30) バラク・オバマ／白倉三紀子・木内裕也訳『マイ・ドリーム—バラク・オバマ自伝—』（原題 *Dreams from My Father*）ダイヤモンド社，2007

(31) 阿南東也「2010 年中間選挙の過程と投票行動の分析—『茶会の逆襲』の本質と平

常への回帰—」愛知県立大学外国学部紀要（地域研究・国際学編），44，2012，pp.1-24

(32) 高橋善隆「2012年米国大統領選挙における社会運動と投票行動—世代・所得・エスニシティによるグレイ対ブラウンの分断—」跡見学園女子大学文学部紀要，48，2013，pp.125-139

(33) 三宅一郎『投票行動』東京大学出版会，1989，p.3

〈第2部第1章 §2〉

（1）James J. Heckman, *Skill Formation and the Economics of Investing in Disadvantaged Children*, Science, 312, 2006, pp.1900-1902
ジェームズ・J・ヘックマン／古草秀子訳『幼児教育の経済学』東洋経済新報社，2015

（2）E. H. シャイン／清水紀彦・浜田幸雄訳『組織文化とリーダーシップ—リーダーは文化をどう変革するか—』ダイヤモンド社，1989，pp.12-18

（3）今津孝次郎「学校組織文化と教師」名古屋大學教育學部紀要，39 (1)，1992，pp.35-50

（4）同上，p.38

（5）服部治・谷内篤博編『人的資源管理要論』晃洋書房，2000，p.20

（6）「保育プロセスの質」研究プロジェクト 代表 小田豊『子どもの経験から振り返る保育プロセス—明日のより良い保育のために—』2010，幼児教育映像制作委員会

（7）大宮勇雄『学びの物語の保育実践』ひとなる書房，2010

（8）国土交通省「都市公園における遊具の安全確保に関する指針（改訂第2版）」2014，p.8
http://www.mlit.go.jp/common/000022126.pdf（参照 2019/7/15）

（9）開本浩矢『入門組織行動論』中央経済社，2007，p.153

（10）師岡章・金田利子・無藤隆・由田新「幼稚園における組織文化のあり方の検討」平成17年度－平成19年度科学研究費補助金報告書 基盤研究 (c) 課題番号 17530599，2008

（11）野本茂夫「保育者が保育のゆきづまりを乗り越えるとき—保育実践における保育者相互の支え合いの意味—」保育学研究，46 (2)，2008，pp.189-200

（12）大豆生田啓友・三谷大紀・高嶋景子「保育の質を高める体制と研修に関する一考察」関東学院大学人間環境学会紀要，11，2009，p.23

（13）秋田喜代美「実践の創造と同僚性」佐伯胖・黒崎勲・佐藤学・田中孝彦・浜田寿

美男・藤田英典編『教師像の再構築』岩波書店，1998，p.239

(14) 同上，p.258（2）

(15) 同上，pp.256-257

(16) 高間邦男『学習する組織—現場に変化のタネをまく—』光文社，2005，p.13

(17) Peter M. Senge, *The Fifth Discipline*：*The Art and Practice of the Learning Organization*, Doubleday Business, 1990
ピーター・M・センゲ／守部信之ほか訳『最強組織の法則—新時代のチームワークとは何か—』徳間書店，1995

(18) ピーター・M・センゲ／枝廣淳子・小田理一郎・中小路佳代子訳『学習する組織—システム思考で未来を創造する—』2011，英治出版，p.37

(19) 上掲書（16），pp.150-151

(20) 上掲書（18），pp.22-23

(21) 上掲書（18），p.37-47

(22) 上掲書（18），pp.319

(23) 上掲書（18），p.324-325

(24) 上掲書（18），p.326

(25) 中島義道『〈対話〉のない社会—思いやりと優しさが圧殺するもの—』PHP研究所，1997，pp.100-101

(26) 同上，pp.104-105

(27) 同上，p.109

(28) 同上，p.102

(29) 同上，p.122

(30) 同上，p.123

(31) 同上，p.124-129

(32) 同上，pp.132-133

(33) 同上，p.144

(34) 同上，pp.160-181

(35) 同上，pp.200-201

(36) 北川達夫・平田オリザ『ニッポンには対話がない—学びとコミュニケーションの再生—』三省堂，2008

(37) 同上，p.4

(38) 同上，p.18-26

(39) 同上，p.26

（40）同上，pp.39-42
（41）同上，pp.48-50
（42）ジャン＝ピエール・ポッツィ＆ピエール・バルジエ監督『ちいさな哲学者たち』ファントム・フィルム，2010
（43）上掲書（36），p.166
（44）上掲書（36），pp.166-167
（45）上掲書（36），p.170
（46）上掲書（36），p.138
（47）上掲書（36），p.204
（48）上掲書（36），p.204
（49）上掲書（36），pp.171-173
（50）上掲書（36），p.171
（51）上掲書（36），p.203

〈第2部第2章 §1〉
（1）有本真紀『卒業式の歴史学』講談社，2013，p.25
（2）同上，pp.37-38
（3）同上，pp.40-42
（4）同上，pp.33-34
（5）同上，p.50
（6）石附実『教育の比較文化誌』玉川大学出版部，1995，p.37
（7）上掲書（1），p.57
（8）エドワード・モース（1917），*Japan Day by Day*，上掲書（1），pp.81-83 より重引
（9）東京日日新聞（1878/12/21），上掲書（1），pp.35-36 より重引
（10）上掲書（1），p.60
（11）上掲書（1），p.99
（12）上掲書（1），pp.100-102
（13）佐藤秀夫『教育の文化史2 学校の文化』阿吽社，2005，pp.109-110，上掲書（1），p.104 より重引
（14）上掲書（6），pp.25-26
（15）上掲書（6），pp.26-27
（16）上掲書（6），pp.38-39

（17） 結城恵『幼稚園で子どもはどう育つか―集団教育のエスノグラフィ―』有信堂高文社，1998，p.10

（18） 電子版 Washington Post "Pomp as students finish elementary school. But is it a real graduation?"（2011/6/14）
http://www.washingtonpost.com/local/pomp-as-students-finish-elementary-school-but-is-it-a-real-graduation/2011/06/14/AGX5eCVH_story.html（参照 2019/7/15）

（19） Jay P. Greene, *Public School Graduation Rates in the United States*, Manhattan Institute for Policy Research, 2002（参照 2019/7/15）
http://www.manhattan-institute.org/pdf/cr_31.pdf

（20） New York Times "U. S. School Graduation Rate Is Found to Be Rising"（2010/11/30）
http://www.nytimes.com/2010/11/30/education/30graduation.html（参照 2019/7/15）

（21） NBC News "Not a sporting event': Excessive cheering hogs spotlight at high school graduations"（2012/6/8）
http://usnews.nbcnews.com/_news/2012/06/08/12126670-not-a-sporting-event-excessive-cheering-hogs-spotlight-at-high-school-graduations?lite（2017/8/24）

（22） 上掲書（6），p.50

（23） 上掲書（6），p.53

（24） 上掲書（6），p.48

（25） 上掲書（6），p.55

（26） 上掲書（6），p.55

（27） 上掲書（6），p.55

（28） 内閣府「『国旗・国歌』について」
http://www8.cao.go.jp/chosei/kokkikokka/kokikkka.html（参照 2019/7/15）

（29） 暉峻康隆『日の丸・君が代の成り立ち』岩波書店，1991，pp.18-20

（30） 同上，pp.21-26

（31） 同上，pp.33-34

（32） 同上，pp.35-37

（33） 同上，pp.40-41

（34） 同上，pp.2-3

（35） 同上，pp.5-7

（36） 文部科学省「学校における国旗及び国歌に関する指導について」

http://www.mext.go.jp/b_menu/hakusho/nc/t20020731001/t20020731001.html（参照 2019/7/16）

(37) 上掲書（29），pp.43-45

(38) 上掲書（29），pp.45-47

(39) 上掲書（29），pp.48-54

(40) 上掲書（29），pp.57-60

(41) 永家光子『星条旗と日の丸―アメリカの体験から日本の教育を考える―』太郎次郎社，1987，pp.132-142

　　　山住正己『日の丸・君が代問題とは何か』大月書店，1988

　　　田中伸尚『日の丸・君が代の戦後史』岩波書店，2000

　　　注）Jackie Militello「コラム8　外国人の日本での子育て」松村和子・澤江幸則・神谷哲司編著『保育の場で出会う家庭支援論―家族の発達に目を向けて―』建帛社，2010，pp.190-191

〈第2部第2章 §2〉

(1) 青野篤子「園の隠れたカリキュラムと保育者の意識」福山大学人間文化学部紀要8，2008，pp.19-34

(2) 氏原陽子「中学校における男女平等と性差別の錯綜―二つの「隠れたカリキュラム」レベルから―」教育社会学研究，58，1996，pp.29-45

(3) 吉武久美子「学校現場での男女別名簿とジェンダーに関する社会心理学的一考察」純心現代福祉研究（長崎純心大学），10，2006，pp.37-46

(4) 同上，p.39

(5) 宮崎あゆみ「学校における『性役割の社会化』再考―教師における性別カテゴリー使用をてがかりとして―」教育社会学研究，48，1991，pp.105-123

(6) 同上，p.112

(7) 同上，p.117

(8) 河出三枝子「ジェンダー・フェイズからの幼児教育試論―保育現場におけるジェンダー・プラクティス―」岡崎女子短期大学研究紀要，26，1993，pp.11-35

(9) 同上，p.21

(10) 同上，p.20

(11) 同上，p.21

(12) マイラ・サドカー，デイヴィッド・サドカー／川合あさ子訳『「女の子」は学校でつくられる』時事通信社，1996（原題『FAILING AT FAIRNESS How our

schools cheat girls』1994)

(13) 同上，p.12

(14) ポール・ブルーム／竹田円訳『ジャスト・ベイビー―赤ちゃんが教えてくれる善悪の起源―』NTT 出版，2015，p.206

(15) 上掲書（8），p.22

(16) 上掲書（8），p.22

(17) 上掲書（8），p.22

(18) 宮崎あゆみ「欧米におけるジェンダー研究の理論的実証的展開―ポストフェミニズム言説を超えて―」日本教育社会学会発表要旨集録，65，2013，p.155

(19) 河出三枝子「ジェンダー・フェイズからの幼児教育試論―基本的考察と問題設定―」岡崎女子短期大学研究紀要 25，1992，pp.1-12

(20) 藤田由美子「幼児期における『ジェンダー形成』再考―相互作用場面にみる権力関係の分析より―」教育社会学研究，74，2004，pp.329-348

(21) てぃ先生『ほぉ…、ここがちきゅうのほいくえんか。』ベストセラーズ，2014

(22) 上掲書（20），p.337

(23) 作野友美「5 歳児のジェンダーをめぐるコミュニケーション行動の研究」人間文化研究科年報（奈良女子大学），21，2005，pp.141-151

(24) スーザン・ゴロンボク，ロビン・フィバッシュ／小林芳郎・瀧野揚三訳『ジェンダーの発達心理学』田研出版，1997（原著 1994）

(25) ローレンス・コールバーグ「子供は性別役割をどのように認知し発達させるか」エレノア・E・マッコビィ編／青木やよひほか訳『性差―その起源と役割―』家政教育社，1979，pp.131-254

(26) 大滝世津子「幼児の性自認に関する諸理論に対する批判的検討―社会学的観点から―」鎌倉女子大学紀要，22，2015，pp.13-22

(27) 大滝世津子「集団における幼児の性自認メカニズムに関する実証的研究―幼稚園における集団経験と幼児の性自認時期との関係―」教育社会学研究第 79 集，2006，p.105

(28) 大滝世津子「集団における幼児の性自認形成過程についての実証研究―幼稚園 3 歳児クラスの観察から―」東京大学博士論文，2009，p.241

(29) 上掲書（18），p.155

(30) 上掲書（28），pp.235-236

(31) 伊藤理恵・白川佳子「青年期のジェンダー意識が保育架空場面における幼児の行動評価に及ぼす影響―保育者養成校と他大学との比較から―」共立女子大学家政

学部紀要，61，2015，pp.145-153

(32) 森繁男「『ジェンダーと教育』研究の推移と現況―『女性』から『ジェンダー』へ―」教育社会学研究，50，1992，pp.164-183

(33) ジェームズ・J・ヘックマン／古草秀子訳『幼児教育の経済学』東洋経済新報社，2015

(34) 上掲書（24），p.28

(35) ディック・ブルーナ／いしいももこ訳『ちいさなうさこちゃん』福音館書店，1964

(36) ルイーズ・ダーマン・スパークス／玉置哲淳・大倉三代子編訳『ななめから見ない保育―アメリカの人権カリキュラム―』解放出版社，1994

(37) 中川素子編『女と絵本と男』翰林書房，2009

〈第3部第1章 §1〉
（1）持田栄一ほか編『講座現代教育経営1：現代教育経営の基本』明治図書，1968，p.40
（2）小川正人・最首輝夫編『子どもと歩む市川市の教育改革―地方教育委員会からの挑戦―』ぎょうせい，2001
　　参考：日本教材文化研究財団編『わが国におけるコミュニティ・スクールの現状と課題』日本教材文化研究財団，2004，pp.57-62
（3）エドワード・G・オルゼン／宗像誠也・渡辺誠・片出清一訳『学校と地域社会―学校教育を通した地域社会研究と奉仕の哲学・方法・問題―』小学館，1950
（4）ポール・ラングラン他著／新堀通也・原田彰編訳『世界の生涯教育―その理論と実情―』福村出版，1972
（5）安部富士男『これからの幼稚園教育経営―いま危機を乗り切るために―』青也書店，1984，p.36
（6）ガエタノ・コンプリ編著『若者を育てるドン・ボスコのことば』ドン・ボスコ社，2009
（7）原田種成『中国古典新書・貞観政要』明徳出版社，1967
（8）山本七平『帝王学―「貞観政要」の読み方―』日本経済新聞社，1983，p.11
（9）内田幸一『長ぐつをはいた天使たち―飯綱高原で実践される保育活動の記録―』銀河書房，1991，p.146
（10）下村一彦・村上智子・佐東治「山形県での里山保育の普及に向けた保育者養成の取組（1）」東北文教大学・東北文教大学短期大学部紀要，4，2014
　　下村一彦・佐東治・村上智子・本間日出子「山形県での里山保育の普及に向けた

保育者養成の取組（2）―行政機関・専門的指導者との連携を中心に―」東北文教大学・東北文教短期大学部紀要，6，2016

(11) 園庭・園外での野育を推進する会編『野育』No. 1-，2014- 現在

(12) 熊尾重治監『園の文化を育み伝える園庭物語』アネビー，2011

(13) 小泉英明・秋田喜代美・山田敏之編著『幼児期に育つ「科学する心」―すこやかで豊かな脳と心を育てる７つの視点―』小学館，2007

(14) 磯部裕子・青木久子『幼児教育 知の探究４：脱学校化社会の教育学』萌文書林，2009，p.174

(15) 上掲書（3），pp.62-71

(16) 「アラバマ社会経済状況が教育に対して持つ意味」p.5，モントゴメリー『アラバマ教育協会』，1937，上掲書（3），p.59 より重引

(17) 上掲書（3），pp.9-16

(18) 上掲書（3），p.17

(19) 上掲書（3），pp.20-21

(20) 上掲書（14），p.175

(21) P. F. ドラッカー／上田惇生訳『ポスト資本主義社会』ダイヤモンド社，2007，pp.9-10

(22) 同上，p.10

(23) P. F. ドラッカー／上田惇生編訳『マネジメント エッセンシャル版―基本と原則―』ダイヤモンド社，2001，p.105

〈第３部第１章 §2〉

（1）福本昌之「カリキュラムを経営する」岡東壽隆監『教育経営学の視点から教師・組織・地域・実践を考える―子どものための教育の創造―』北大路書房，2009，pp.158-162

（2）コメニュウス／鈴木秀勇訳『大教授学1』明治図書出版，1962

（3）デューイ／宮原誠一訳『学校と社会』岩波書店，1957

（4）梅根悟『梅根悟教育著作選集６：コア・カリキュラム』明治図書出版，1977
梅根悟『梅根悟教育著作選集３：カリキュラム改造他』明治図書出版，1977

（5）文部省編『学習指導要領一般編 試案』日本書籍，1947，p.12

（6）文部省編『学習指導要領一般編』明治図書出版，1951

（7）奥田真丈『教育学大全27：教育課程の経営』第一法規出版，1982，pp.6-7

（8）同上，p.92

引用・参考文献　*317*

（ 9 ）同上，p.7
（10）文部省編『小学校指導書教育課程一般編』ぎょうせい，1989，p.13
（11）文部省『小学校学習指導要領解説 総則編』東京書籍，1999，p.14
（12）安彦忠彦編『小学校新教育課程教科・領域の改訂解説 平成 20 年版』明治図書出版，2008，pp.118-119
（13）岡田正章ほか編『戦後保育史 第 1 巻』フレーベル館，1980，pp.118 ～ 119
　　　「幼稚園教育要領」1956 年版
（14）同上，p.119
（15）同上，p.120
（16）文部省『幼稚園教育要領』ひかりのくに昭和出版，1964，p.3
（17）文京区立西片幼稚園研究紀要「教育課程の編成」1975-1977
（18）東京都教育委員会「東京都公立幼稚園教育課程編成資料」東京都教育委員会，1983
（19）文部省編『幼稚園教育指導書　増補版』フレーベル館，1989
（20）ヴィゴツキー／井上捷三・神谷栄司訳『「発達の最近接領域」の理論—教授・学習過程における子どもの発達—』三学出版，2003
（21）バーバラ・ロゴフ／當眞千賀子訳『文化的営みとしての発達—個人，世代，コミュニティ—』新曜社，2006
（22）ピアジェ／中垣啓訳『ピアジェに学ぶ認知発達の科学』北大路書房，2007
（23）文部省・厚生省児童家庭局編『幼稚園教育要領・保育所保育指針』チャイルド本社，1990
（24）総務省統計局『世界の統計 2018』日本統計協会，2018，p.256
（25）アルノルト・ファン・ヘネップ／綾部恒雄・綾部裕子訳『通過儀礼』弘文堂，1977
（26）永松真紀『私の夫はマサイ戦士』新潮社，2006，pp.83-90
　　　ジョセフ・レマソライ・レクトン／ハーマン・ヴァイオラ編／さくまゆみこ訳『ぼくはマサイ—ライオンの大地で育つ—』さ・え・ら書房，2006
（27）上掲書（24）に同じ
（28）上掲書（24）に同じ
（29）大津和子「エチオピアにおける教育開発の取り組み—住民参加型基礎教育改善プロジェクトを事例として—」国際教育協力論集（広島大学教育開発国際協力研究センター），10（2），2007，pp.115-128
（30）倉橋惣三『幼稚園真諦』フレーベル館，1976，pp.59-60
（31）文部科学省「国際バカロレアについて」

http://www.mext.go.jp/a_menu/kokusai/ib/（2018/5/08）

(32) 新村出編『広辞苑 第六版』岩波書店，2008，p.2959

山口明穂・竹田晃編『岩波 新漢語辞典 第二版』岩波書店，2000，p261，p.1256

(33) EME プロジェクト／角尾稔・永野重史訳『幼児期の数体験―生活の中で身につく―』チャイルド本社，1989

平山許江『幼児の「かず」の力を育てる』世界文化社，2015

(34) 泉千勢・一見真理子・汐見稔幸編著『未来への学力と日本の教育9：世界の幼児教育・保育改革と学力』明石書店，2008，pp.98-101

(35) 遠山啓『数学の学び方・教え方』岩波書店，1972

(36) M. チクセントミハイ／今村浩明訳『フロー体験―喜びの現象学―』世界思想社，1996，pp.20-21

(37) ジェームズ・J・ヘックマン／大竹文雄解説／古草秀子訳『幼児教育の経済学』東洋経済新報社，2015，p.17

(38) 佐藤学『カリキュラムの批評―公共性の再構築へ―』世織書房，1996，p.15

(39) 上掲書（37），p.17

(40) ジーン・レイヴ，エティエンヌ・ウェンガー／佐伯胖訳『状況に埋め込まれた学習―正統的周辺参加―』産業図書，1993，pp.7-11

(41) 岡田正章監『明治保育文献集9：中村五六・和田實「幼児教育法」』日本らいぶらり，1977，p.125

(42) 青木久子・磯部裕子『幼児教育 知の探究4：脱学校化社会の教育学』萌文書林，2009，pp.204-206

(43) 荒井勉『信州の教育―洋才・土俗・源流性―』合同出版，1972

長野県教育史刊行委員会編『長野県教育史1：総説編1』長野県教育史刊行委員会，1978

(44) エドワード・G・オルゼン編／宗像誠也・渡辺誠・片山清一訳『学校と地域社会―学校教育を通した地域社会研究と奉仕の哲学・方法・問題―』小学館，1950，p.72

(45) 同上，p.99

(46) 上掲書（38），p.22

(47) 石垣恵美子『就学前教育の研究―日本とイスラエルの比較を軸に―』風間書房，1988，pp.539-545

(48) 上掲書（38），p.3

(49) 小池栄一『教育工学の現代的課題』酒井書店，1991

(50) 今野喜清『教育学大全集26：教育課程論』第一法規出版，1981，p.126

引用・参考文献　　*319*

(51) 芥川龍之介著／吉田精一編『芥川龍之介名作集』偕成社，1964

芥川龍之介／三好行雄注解・吉田精一解説『地獄変・偸盗』新潮社，1968

(52) 文部科学省「幼稚園教育要領、小中学校学習指導要領等の改訂のポイント」

http://www.mext.go.jp/a_menu/shotou/new-cs/1384661.htm（2019/8/17）

〈第3部第1章 §3〉

(1) 安部富士男『遊びと労働を生かす保育』国土社，1983

安部富士男『幼児に土と太陽を―畑づくりから造形活動へ―』新読書社，2002

安部富士男『人との交わりを支えに生まれた幼児教育―「子育て支援」の前提を考える―』新読書社，2005　他多数

(2) 寺田信太郎ほか『子どもと親が行きたくなる園』すばる舎，2010

川和保育園保育データ，観察記録，保育映像記録

NHK スペシャル『ドキドキ・ヒヤリで子どもは育つ―遊具プロジェクトの挑戦―』日本放送協会，2017 年初回放送

寺田信太郎「川和保育園保育理念―人間らしく成長していく子ども」「保育の計画」「指導計画」，実践ノート，学年だより，園長へのインタビュー等

(3) 塚本哲人・渡辺信夫・米地文夫編『風土にみる東北のかたち』河北新報社，1992

(4) 寺田信太郎「川和保育園保育理念―人間らしく成長していく子ども」

(5) 同上

(6) 同上

(7) 同上

(8) フレーベル／岩崎次男訳『世界教育学選集9：人間の教育Ⅰ』明治図書出版，1960，pp.35-41

(9) ミハイル・バフチン／望月哲男・鈴木淳一訳『ドストエフスキーの詩学』筑摩書房，1995，p.406

(10) 網野善彦『東と西の語る日本の歴史』そしえて，1982，pp.262-298

(11) 仙田満『子どもとあそび―環境建築家の眼―』岩波書店，1992，pp.18-20

(12) 仙田満・環境デザイン研究所著／藤塚光政撮影『遊環構造 BOOK SENDA MAN 1000』美術出版社，2011

(13) 箕浦康子『フィールドワークの技法と実際』ミネルヴァ書房，1999

R. M. エマーソン，R. I. フレッツ，L. L. ショウ／佐藤郁哉・好井裕明・山田富秋訳『方法としてのフィールドノート―現地取材から物語（ストーリー）作成まで―』新曜社，1998

320 引用・参考文献

(14) 寺田信太郎・宮原洋一／川和保育園編『ふってもはれても―川和保育園・園庭での日々と113の「つぶやき」―』新評論，2014
(15) 川和保育園年中組「ぐりとぐらだより アドベント号」2009.12.21，p.13
(16) 同上，p.25
(17) 川和保育園 2009年文集「ふってもはれても」
(18) 川和保育園年長組「エルマーとりゅうだより 秋から冬へ号」2009.12.8，p.13
(19) 上掲書，(17)
(20) J. S. ブルーナー／鈴木祥蔵・佐藤三郎訳『教育の過程』岩波書店，1963
(21) 今野喜清『教育課程論』第一法規出版，1981，p.197
(22) 同上，p.109

〈第3部第2章 §1〉
(1) 東洋『子どもの能力と教育評価』東京大学出版会，1979，p.110
(2) J. O. アームソン／雨宮健訳『アリストテレス倫理学入門』岩波書店，2004，p.50
(3) 同上，p.46
(4) 同上，p.49
(5) アリストテレス／高田三郎訳『ニコマコス倫理学　上』岩波書店，1971，p.20
(6) 西田幾多郎『善の研究』(改版) 岩波書店，2008，pp.161-163
(7) 同上，p.164
(8) 同上，p.167
(9) 同上，p.173
(10) 同上，p.176
(11) 同上，p.189
(12) 同上，p.190
(13) 同上，pp.195-196
(14) 同上，p.204
(15) 同上，p.218
(16) 同上，p.222
(17) プラトン／藤沢令夫訳『国家 下』岩波書店，1979，p.83
(18) 中村雄二郎『共通感覚論』岩波書店，2000，p.10
(19) 同上，pp.9-10
(20) イヴァン・イリッチ／東洋・小沢周三訳『脱学校の社会』東京創元社，1977，p.13
(21) 同上，p.14

(22) 無着成恭『続・山びこ学校』麦書房，1970，p.224

(23) 橋詰良一「家なき幼稚園の主張と実際」岡田正章監『大正・昭和保育文献集5』日本らいぶらり，1978，p.71

(24) 同上，p.86

(25) 鈴木とく『戦中保育私記―昭和十六年から昭和二十二年―』チャイルド本社，1990，p.48

(26) 倉橋惣三『育ての心 上』フレーベル館，1976，p.45

(27) R. M. エマーソン／R. I. フレッツ／L. L. ショウ／佐藤郁哉・好井裕明・山田富秋訳『方法としてのフィールドノート―現地取材から物語（ストーリー）作成まで―』新曜社，1998

(28) 海卓子『幼児の生活と教育 改訂版』フレーベル館，1989

(29) 汐見稔幸・勅使千鶴編・丸尾ふさ・加藤繁美『年齢別保育実践シリーズ・幼稚園編：3歳児 つぶやきにドラマを見いだして―その子らしさを育む保育を―』労働旬報社，1993，p.242

(30) 同上，pp.247-249

(31) 大塚彦太郎講述『更級日記講義』誠之堂書店，1899

(32) 森銑三，鈴木棠三，朝倉治彦編『日本庶民生活史料集成15：都市風俗』三一書房，1971

(33) 田中耕治『学力評価論入門』法政出版，1996，pp.39-44

(34) 同上，pp.172-213

(35) 玉越三朗・宮内孝・小山田幾子『幼稚園幼児指導要録解説』フレーベル館，1965，pp.168-178

(36) 松本市立松本幼稚園百年誌刊行会編『松本市立松本幼稚園百年誌』松本市立松本幼稚園，1987，pp.592-593

(37) 田中教育研究所編著『田中ビネー知能検査法 全訂版』田研出版，1987

(38) 上掲書（35），pp.10-13

(39) 森上史朗「1 保育評価の意義」岡田正章・平井信義編『保育学大事典2』第一法規出版，1983，p.303

(40) 同上，pp.301-308

(41) 神沢良輔「2 保育評価の対象」「3 保育評価の観点と方法」同上書，pp.309-327

(42) 森上史朗「4 保育評価の留意点」同上書，pp.328-332

(43) 間藤侑「5 評価の管理と伝達」同上書，pp.333-342

(44) 松丸礼子「6 保育評価の実際」同上書，pp.343-353

(45) 西久保礼造『幼児教育のための教育課程の編成と評価』ぎょうせい，1977，p.297

(46) スティーブン・J・グールド／鈴木善次・森脇靖子訳『人間の測りまちがい―差別の科学史―』河出書房新社，1989

(47) 上掲書（1），p.95

〈第3部第2章 §2〉

（1）オルテガ／寺田和夫訳『大衆の反逆』中央公論新社，2002

（2）東洋『子どもの能力と教育評価』東京大学出版会，1979，p.95

（3）全日本私立幼稚園幼児教育研究機構「私立幼稚園における学校評価実施支援システムに関する研究」文部科学省委託　幼児教育の改善・充実調査研究，2013，2014

（4）泉千勢・一見真理子・汐見稔幸編著『世界の幼児教育・保育改革と学力』明石書店，2008，p.165

（5）松井玲子編『現代と保育』，69，ひとなる書房，2007，p.81

（6）『最新教育基本用語：新学習指導要領完全対応』小学館，2009，p.398

（7）吉田多美子「フィンランド及びイギリスにおける義務教育の評価制度の比較―学力テスト，学校評価を中心に―」レファレンス，57（5），2007，pp.96-109

（8）日本規格協会編『ポケット版 対訳 ISO9001 ―品質マネジメントの国際規格―』日本規格協会，2001，pp.25-27

（9）解説教育六法編修委員会編『解説教育六法』三省堂，2011，p.183

（10）田村哲夫『渋谷教育学園はなぜ共学トップになれたのか―教えて！校長先生―』中央公論新社，2015
　　　田村哲夫『心の習慣』東京書籍，1998，pp.194-201

〈第3部第2章 §3〉

（1）B. Dシャクリー，N. バーバー，R. アンブロース，S. ハンズフォード／田中耕治訳『ポートフォリオをデザインする―教育評価への新しい挑戦―』ミネルヴァ書房，2001，p.7

（2）同上，p.7

（3）青木久子「トポスの共通感覚」AEER，2009，p.26

（4）上掲書（1），p.5

（5）上掲書（1），p.7

（6）上掲書（1），p.9

（7）青木久子・持田京子・村田光子・東智子・原田放子「学校評価による保育の再考に関する一考察」文京学院大学人間学部研究紀要，12，2010，pp.296-297
（8）学校法人あゆみ学園・あゆみ幼稚園父母の会『あゆみ』あゆみ幼稚園，2004，p.20
（9）鈴木五郎編『生活のうたを描く―幼児の美術教育―』チャイルド本社，1991，p.6
（10）津守真『子どもの世界をどうみるか―行為とその意味―』日本放送出版協会，1987，p.15
（11）佐藤純子「普段使いのテ・ファリキ―子どもをありのままに見るツール―」松井玲子編『現代と保育』，69，ひとなる書房，2007，pp.38-53
（12）今井和子『保育に生かす記録の書き方』ひとなる書房，1993，p.142
（13）同上，pp.143-145
（14）上掲書（7），p.291
（15）青木久子編『保育実践研究2』国立音楽大学附属幼稚園，2004
（16）磯部裕子・山内紀幸『幼児教育 知の探究1：ナラティヴとしての保育学』萌文書林，2007，pp.238-248
（17）上掲書（7），pp.298-300
（18）泉千勢・一見真理子・汐見稔幸編著『未来への学力と日本の教育9：世界の幼児教育・保育改革と学力』明石書店，2008，p.100
（19）宮内孝編『幼稚園教育課程の基底』フレーベル館，1966
（20）A園保護者用「子育て講座 No.7」2015.11.7
（21）喜多明人『新時代の子どもの権利―子どもの権利条約―』エイデル研究所，1990
（22）田中康秀「教育サービスと『準市場』論について―イギリスにおける事例を中心にして―」Discussion Paper（神戸大学大学院経済学研究科），No.309，2003
（23）上掲書（7），p.291

【索　引】

〈ア　行〉

安部富士男……………… 58, 60, 188
アメリカ社会………… 98, 102, 104
安藤昌益……………………… 13, 14
EU の質基準（保育サービスの質目標）………………………………… 61
イエナ・プラン… 52, 55, 57, 61, 69, 238
意志の統一作用………………… 255
イノベーション… 70, 71, 72, 77, 81, 278, 279
移民社会…………………… 99, 102
OJT ………………………… 80, 88
オルゼン…… 187, 195, 197, 224, 225, 226, 232
オルテガ………………… 29, 268

〈カ　行〉

外的事項……………… 60, 69, 276
外的組織…………………………… 53
学習権…………………………… 38, 39
学習する組織……… 128, 130, 132
隠れたカリキュラム…… 163, 164, 168, 171, 174
家族経営………………… 91, 191
価値の停泊点…………… 282, 283
学校運営…………………………… 4
学校管理……………………… 4, 32
学校経営…………………………… 4

学校評価…… 271, 272, 274, 275, 300
ガラパゴス化………… 90, 92, 120
カリキュラム・マネジメント… 200, 205, 214, 231, 293
川和保育園…… 232, 234, 239, 242
環境カリキュラム………… 229, 230
環境の質…………………………… 218
城戸幡太郎………… 27, 44, 45, 57
機能体……………………… 11, 12
キャリア・アンカー…… 81, 82, 84
教育委員会… 36, 38, 48, 187, 202
教育運営…………………………… 3
教育課程… 55, 66, 200, 201, 203, 204, 213
教育課程経営……… 202, 224, 231
教育課程の構造………………… 228
教育管理……………… 3, 4, 44, 46
教育基本法… 22, 25, 26, 27, 38, 65, 152
教育行政……… 3, 5, 37, 186
教育共同体… 58, 60, 61, 73, 188, 233, 241, 297
教育経営…… 2, 3, 5, 7, 13, 32, 42, 69, 70, 86, 199, 200
教育権………………………… 38, 39
教育における工学的アプローチ ……………… 214, 229, 230
教育の大衆化……………………… 211
教育の論理………………………… 4

教育評価…… 252, 257, 262, 265, 268, 272
教育風俗…………………………… 147
教育理念… 24, 25, 26, 31, 32, 62
行政国家…………………………… 37
共同体…………………………… 11, 12
国と地方の関係…………………… 269
経営現代化…………… 42, 50, 70
経営デザイン………… 52, 55, 56
経験の質……… 218, 219, 274, 277
経験の総体………………… 200, 201
建学の精神………………………… 58
権限移譲………………………… 81, 84
憲法………… 21, 22, 27, 35, 65
公教育…………………………… 8, 9
公務精神……………………… 8, 9, 10
国際バカロレア………………… 214, 216
個体能力主義の評価観………… 265
国歌の歴史………………………… 159
国旗の歴史………………………… 157
子ども（たち）の発達要求…… 258, 261, 277
小林宗作………………………… 17, 18
コミュニケーション……… 85, 133, 136, 139
コミュニティ・スクール… 45, 46, 50, 56, 75, 77, 187
ごんぎつね………………… 108, 110

〈サ 行〉

サークル活動……… 238, 248, 249
差異……… 90, 99, 102, 104, 115, 119, 120, 125, 140, 220

産業構造………………………… 46, 47
三者の対等な関係性（三者が対等に出会う）………………… 153, 156
ジェンダー…… 163, 164, 175, 177
ジェンダー（の）社会化… 175, 182
ジェンダーバイアス…… 164, 168, 170, 172, 173, 174, 180, 181, 184
私学の独自性・主体性…………… 41
自己評価……… 206, 270, 271, 273
自己（己）を知る… 256, 259, 269, 272
施策法…………………………… 23, 36
実践ノート…… 244, 245, 260, 287
質的評価………………………… 282
指導計画の作成………… 203, 206
指導要録……… 263, 264, 265, 288
シャイン………… 82, 83, 122, 126
社会過程と社会問題……… 226, 232
社会資産………………………… 5, 6
宗教性…………………………… 115
住民自治………………………… 50
主体側面………… 221, 222, 223
循環型社会………………… 195, 198
生涯学習（社会）…… 26, 152, 186
私立学校（園）…… 39, 40, 41, 91
新教育運動……… 43, 44, 52, 201
人材育成………………… 78, 80, 88
ずれの（を）顕在化…… 295, 297, 298
生活基盤型… 212, 213, 214, 225, 250
生活共同体……………………… 52

生活デザイン……………… 242，245
生活の構造化…………………… 69
生活への習熟………………… 54
性自認…………… 175，177，178
正統的周辺参加………… 224，234
性別カテゴリー…… 164，166，167，
　168，180
説明責任………………… 270，282
センゲ…………… 130，131，134
センスス・コムーニス（共通感覚）
　………… 256，257，280，282，283
全体的な計画……… 205，207，239
測定と評価………………… 268
組織体………………… 11，12，13
組織文化……… 120，122，123，128
組織マネジメント… 294，295，296，
　298
卒園式………………… 140，152
卒業式…………… 142，146，151

〈タ　行〉

第三者評価…… 206，270，271，273
対話…… 132，139，238，283，297
対話の 12 の基本原理 ………… 133
対話力…………………… 139
妥協点………………… 134，139
脱学校化…………………… 47
多文化主義……………… 104，107
多民族国家………………… 96
多民族社会………………… 99
単一民族国家………… 95，96，97
地域社会学校… 187，195，197，199
小さい白いにわとり……… 111，135

チーム保育………………… 247
知識社会……… 86，194，198，200
知識や技能…………… 86，221
通過儀礼………………… 208，209
テ・ファリキ…………… 274，292
寺子屋……… 8，143，144，152
同化理論…………… 102，103，104
同質性…………………… 112
投票決定因………………… 118
ドキュメンテーション…… 245，249
トップダウン…………… 93，155
場所（トポス）… 6，7，12，46，51，
　55，68，88，186，195，301
ドラッカー… 71，75，80，84，85，
　198，199

〈ナ　行〉

内的事項………… 60，69，231，276
内的組織………………… 53，54
内容側面…………… 221，222，223
西田幾多郎………… 253，254，255
日本の（就学前教育の）質基準… 64，
　68

〈ハ　行〉

Harquin ………………………… 108
灰谷健次郎………………… 18，19
橋詰良一………… 15，16，259
非認知能力………………… 221，224
評価………………… 252，253
平田オリザ………… 134，138，139
武士道…………………… 23
二葉幼稚園………………… 16，17

Plan-Do-Check-Act（PDCA）… 72,
　273, 276
プロジェクト・スペクトラム… 290,
　291, 292
文化的多元主義…… 103, 104, 107
ペーターゼン…… 52, 55, 56, 69,
　195
ペリー就学前教育計画… 101, 121,
　182
偏見や先入観…………………… 120
保育の評価……………………… 265
保育評価の対象………………… 267
法治国家…………… 33, 34, 35
ポートフォリオ（評価法）…… 281,
　282, 284, 288
ボトムアップ…………… 94, 128

　　　〈マ　行〉

マネジメント…………………… 71
民主主義…… 21, 22, 26, 27, 28,
　29, 35, 236, 238, 240
民族の，家族の歴史…………… 117
6つの原空間…………………… 243
物語を綴る……………………… 238

　　　〈ヤ　行〉

幼児期の終わりまでに育ってほしい
　姿…………………… 69, 288

　　　〈ラ　行〉

ラーニング・ストーリー……… 274,
　280, 286
羅生門的アプローチ…… 229, 230,

250, 261
リーダーシップ制……… 70, 74, 79
リスクとハザード………………… 127
理念…… 10, 11, 13, 14, 18, 20,
　21, 22
理念法………………… 23, 36, 64
領域…… 217, 218, 225, 290, 293

〈本巻著者〉 　青 木 久 子（あおき　ひさこ）

〈執筆分担：第1部，第3部〉

〈学歴・職歴〉

　青山学院大学大学院修士課程修了。国家公務員から東京都公立幼稚園教諭，東京都教育庁指導部・都立教育研究所指導主事，同統括指導主事，国立音楽大学教授兼同附属幼稚園長等を歴任。現在，青木幼児教育研究所主宰，実践研究・研修支援，執筆等を中心に活動している。

〈専門領域等〉　幼児教育学　教育実践研究　発達臨床心理士

〈所属学会〉　日本保育学会　日本教育学会　日本発達心理学会　日本臨床発達心理士会

〈主な著書〉『よりよい保育の条件』（共著，フレーベル館，1986）／『生きる力を育てる保育』全3巻（共著，世界文化社，1999）／『子ども理解とカウンセリングマインド』（共著，萌文書林，2001）／『子どもに生きる』（単著，萌文書林，2002）／『環境をいかした保育』全4巻（編者，チャイルド本社，2006）／『教育臨床への挑戦』（単著，萌文書林，2007）／『幼年教育者の問い』（共著，萌文書林，2007）／『脱学校化社会の教育学』（共著，萌文書林，2009）／『領域研究の現在〈言葉〉』（共著，萌文書林，2013）／『遊びのフォークロア』（共著，萌文書林，2015）／『領域研究の現在〈人間関係〉』（共著，萌文書林，2017）

〈本巻著者〉 　松 村 和 子（まつむら　かずこ）

〈執筆分担：第2部〉

〈学歴・職歴〉

　お茶の水女子大学大学院家政学研究科児童学専攻修了。

　新生学園鶯谷さくら幼稚園教諭を経て，文京学院大学人間学部児童発達学科，同大学院人間研究科人間学専攻保育学コース特任教授。元同大学附設ふじみ野幼稚園園長。鶯谷さくら幼稚園副園長。

〈専門領域等〉幼稚園教育，幼稚園運営等について実践研究をしている。

〈所属学会〉日本保育学会，OMEP（世界幼児教育・保育機構）など

〈主な著書・論文〉「イギリスにおける幼児期の男女平等教育」亀田温子，館かおる編『学校をジェンダー・フリーに』（共著，明石書店，2000）／『4歳児の保育カリキュラム』（共著，チャイルド本社，2009）／『教育課程総論』（共著，北大路書房，2009）／「教材としての絵本を検討する―ジェンダー及びエスニシティの視点から読み解く」（文京学院大学人間学部研究紀要，2017）／『就学前教育の計画を学ぶ―教育課程・全体的な計画（保育課程）から指導計画へ』（共著，ななみ書房，2017）／『子ども家庭支援論』（編著，建帛社，2018）

〈シリーズ〉 〈編　者〉	青木久子

青山学院大学大学院修士課程修了

幼稚園教諭より，東京都教育庁指導部 都立教育研究所統括指導主事，国立
音楽大学教授 兼 同附属幼稚園長職等を歴任。

現在，青木幼児教育研究所主宰。

磯部裕子

聖心女子大学文学部教育学科卒業

8年間幼稚園教諭職を経，青山学院大学大学院後期博士課程満期退学。

現在，宮城学院女子大学教育学部教育学科教授。

〈装幀〉レフ・デザイン工房

幼児教育 知の探究 12

トポスの経営論理

2019年12月3日　初版発行 ©

	著　者	青　木　久　子
		松　村　和　子
検印省略	発行者	服　部　直　人
	発行所	株式会社 萌文書林

〒113-0021　東京都文京区本駒込6-25-6

TEL（03）-3943-0576　FAX（03）-3943-0567

URL:http://www.houbun.com

E-mail:info@houbun.com

落丁・乱丁本はお取替えいたします。

印刷／製本　シナノ印刷（株）

ISBN978-4-89347-112-3　C3037